Politische Justiz in unserem Land

KONTEXT:
WOCHENZEITUNG

Die AnStifter

Politische Justiz in unserem Land

Eine Sammlung von Beispielen,
herausgegeben von Jörg Lang
für Die AnStifter
und die Kontext:Wochenzeitung

Mit einem Vorwort
von Herta Däubler-Gmelin

und Beiträgen von Hermann G. Abmayr,
Jürgen Bartle, Thomas Fischer,
Peter Grohmann, Janka Kluge, Roland Kugler,
Jörg Lang, Lothar Letsche, Dieter Reicherter,
Gangolf Stocker, Wolfram Treiber und
(in memoriam) Richard Schmid

Peter-Grohmann-Verlag

Die Autorinnen und Autoren
haben auf Honorare verzichtet.
Überschüsse aus dem Buch
kommen den AnStiftern zugute.
Danke.

Politische Justiz in unserem Land
Herausgegeben von Jörg Lang
für das Bürgerprojekt Die AnStifter
und die Kontext:Wochenzeitung

Titel, Satz und Gestaltung:
Atelier Jochen Stankowski
www.atelier-stankowski.de

Stuttgart 2013

Peter-Grohmann-Verlag
Kremmlerstraße 51 A
D 70597 Stuttgart
+49 711 24856 77
peter-grohmann@die-anstifter.de

ISBN 978 -3-944137-35-3

Foto: dpa/oliver berg

Herta Däubler-Gmelin
Vorwort

Mit dem vorliegenden Reader legen die Autoren ein spannendes Buch zum Vorgehen von Polizei und Justiz in Stuttgart und Umgebung vor.

Die Autoren, Juristen, Journalisten und andere sorgfältige Beobachter des Verhaltens der Justizbehörden und der Polizei in Stuttgart, teilweise auch Betroffene, alle klar auf der Seite von Bürgerrechten, treibt in jeder Zeile erkennnbar die Sorge um den Rechtsstaat um, um das Vertrauen der Bürgerinnen und Bürger in die Unabhängigkeit der Justiz und die Neutralität der Polizei.

Sie geben eindrucksvolle Hinweise auf einseitiges Vorgehen, insbesondere zum Schutz des mehr als umstrittenen Großprojekts Stuttgart 21, und legen dabei bedrückende Belege für Exzesse beim Einsatz der Polizei, für einseitige Verdächtigung und dann Verfolgung von Demonstrierenden durch Polizei und Staatsanwaltschaft, aber auch für die Vertuschung politischer Einflussnahme, für Niederschlagung von Ermittlungen gegen mögliche Verantwortliche in den eigenen Reihen und insbesondere für beschämende Verantwortungslosigkeit bei Polizei und Politik vor.

Diesen Hinweisen und Belegen nachzugehen ist notwendig, aber – und das ist ein weiterer Teil der Sorge der Autoren – bisher nicht mit der erforderlichen Konsequenz betrieben worden.

Eindrucksvoll ist zudem, dass und wie die Autoren dieses Verhalten in eine Art Fortsetzungszusammenhang mit anderen, auch früheren Ereignissen und Anlässen stellen: Da wird mehr als einseitiges Vorgehen gegen Ausländer und deren Anwälte geschildert; da werden typische Verhaltensweisen im Zusammenhang mit der Anerkennung, bzw. Nicht-Anerkennung des Bürgerrechts auf Demonstration oder der mehr als problematische Umgang mit Antifaschisten geschildert und analysiert, die man ausgerechnet wegen des Vorwurfs der Nutzung von Nazisymbolen vor den Strafrichter stellte. Da ist schon eine auffällige Menge an merkwürdigem Denken im Spiel!!

Die Sorge, dass Tendenzen zum Hören auf Autoritäten, auch zur einseitigen Bewertung von Fakten zu Lasten von Bürgerrechten und Minderheiten vorhanden sein oder entstehen könnten, wird hier besonders deutlich. Ebenso wie die Empörung nicht nur der Autoren, sondern vieler Bürgerinnen und Bürger über den Umgang von Verantwortlichen mit Menschen, die sich oder ihr Verhalten als unerwünscht empfinden; die sich nur schwer wehren können. Auch die richterliche Entscheidung des zuständigen Gerichts in Baden-Württemberg, das Landesgrundrecht auf Heimat einem in Deutschland geborenen und hier voll integrierten jungen Mann mit ausländischer Staatsangehörigkeit nicht gelten zu lassen, sondern ihn mit seinen Eltern abzuschieben, gehört in die gleiche Kategorie. Und mich erinnern die im Zusammenhang mit dem Demonstrationsrecht angeführten Verhaltensweisen in bedrückender Weise an die Hilflosigkeit, die ich als Anwältin empfunden habe, als der zuständige Strafsenat des Stuttgarter OLG die Verurteilung von Inge und Walter Jens und Norbert Greinacher wegen ihrer Teilnahme an der friedlichen Demonstration vor den Toren des Militärgeländes in Mutlangen gegen die dort stationierten Pershing bestätigte: Der wenige Minuten in Anspruch nehmende Umweg, der Soldaten beim Zugang oder Verlassen des Geländes zugemutet wurde, war in deren damaliger Wertung Nötigung und wichtiger als das verfassungsmäßige Grundrecht auf friedliche Demonstration.

Zum Schwerpunkt des Buches, dem Vorgehen von Polizei, Justiz und Politik gegen den Protest gegen S 21, machen besonders jene Beiträge betroffen, die sich mit den Exzessen beim Vorgehen gegen Kinder und Demonstrierende am 30. September 2010, aber auch mit der Willfährigkeit und dem vorauseilenden Gehorsam einiger beim Vorgehen der Polizei auseinandersetzen. Die Unbekümmertheit, mit der da verantwortliche Staatsanwälte sogar ihnen bekannte und klar vertrauenswürdige ehemalige Justizangehörige als wahnhaft verunglimpft haben, weil sie als Beobachter Vorgehen und Exzesse der Polizei bei jener Demonstration kritisierten, die Tatsache, dass die Verantwortlichen der Staatsanwaltschaft es für richtig hielten, aufseiten der Polizei ein Ermittlungsverfahren nach dem anderen einzustellen, das Wegducken und verschämte Verschwinden der Verantwortlichen in Justiz und Politik, aber auch das Fehlen jeder glaubhaften persönlichen Entschuldigung der Verantwortlichen bei den schockierten Kindern und ihren Eltern, wie auch den teilweise schwer verletzten Opfern der Exzesse – das alles sind Mosaiksteine eines bedrückenden Gesamtbildes.

Mich erinnert das an meine Studienzeit in Berlin, an den Umgang der damals Verantwortlichen mit der Anti-Schah-Demonstration vor der Deutschen Oper Berlin am 2. Juni 1966, während der ein Polizist, der viel später als Stasi-Spitzel enttarnt wurde, den Studenten Benno Ohnesorg mit seiner Dienstpistole erschoss. Damals war zur Bekämpfung der Demonstration die berüchtigte „Leberwurst-Strategie" („an den Enden abbinden und dann in der Mitte draufschlagen!") in Absprache zwischen Polizeiführung und Politik ausgegeben worden. Ich erinnere das damalige Chaos, die Hetze und Falschmeldungen über ein in Wirklichkeit nicht vorhandenes aggressives, ja gefährliches Verhalten der Studierenden, mit der die Polizeibeamten immer mehr aufgeheizt wurden; ich erinnere auch noch lebhaft die Versuche in den Tagen nach der Demonstration, alle Schuld den Demonstrierenden in die Schuhe zu schieben – das gelang glücklicherweise nicht: Es gab damals Politiker und Verantwortliche in Polizei und Justiz, die ihre Verantwortung annahmen, konsequent aufklärten und dann die richtigen Folgerungen zogen, für sich persönlich, aber auch für die notwendigen Veränderungen in Polizei und Justiz.

Deshalb ist es doppelt bedrückend zu sehen, wie wenig so in Stuttgart – zumindest bisher – verfahren wurde.

Dabei ergibt sich der Wert dieses Sammelbandes aus folgenden Überlegungen:

Er macht eindringlich klar, wie wichtig das Vertrauen der Bürgerinnen nicht nur in unsere Verfassung und den Rechtsstaat, sondern in jeden einzelnen Verantwortungsträger in Polizei und Justiz ist. Nicht nur die Vertreter der Regierungsmehrheit, von Wirtschaftsinteressen oder Mehrheitsmeinungen müssen sich darauf verlassen können, nach Recht und Gesetz behandelt zu werden, sondern gerade auch diejenigen, die diese Interessen und Auffassungen nicht teilen.

Wo Hinweise, ja Belege, auf Probleme sich so massieren, wie im vorliegenden Band, muss dem gründlich und schonungslos nachgegangen werden. Sonst verfestigt sich der Eindruck weiter, als seien Wertesystem und Neutralität bei einigen der Verantwortlichen gründlich verrutscht, als seien „systemrelevant" in ihrem Wertesystem weniger die Grundrechte der Bürgerinnen und Bürger als der Schutz einer - wie sie von der Bundeskanzlerin in einem Anfall wohl unbeabsichtigter Schilderung ihrer Vorstellungen so bezeichnet wurde - „marktkonformen Demokratie".

Fritz Bauer, einer der Juristen, die wie Richard Schmid prägende Persönlichkeiten in der Zeit meiner Ausbildung waren, hat in einer seiner eindrücklichen Stellungnahmen dringlich davor gewarnt, das „Wohl" des Staates mit der Politik der jeweiligen Regierung gleichzusetzen, weil das der „vollständigen Verkennung der Demokratie" und der Rechte der Bürgerinnen und Bürger gleichkomme. Diese Worte, gemünzt auf die Spiegel-Affäre und die Bundesregierung der damaligen Zeit, ist mit Sicherheit auch auf die heutige Lage anzuwenden, in der die „Systemrelevanz" von Wirtschafts- und Marktinteressen als stärker werdende Faktoren hinzugekommen ist. Die Werteordnung unserer Verfassung sieht das anders und gibt den Grundrechten der Bürgerinnen und Bürger, gibt Rechtsstaatlichkeit und Demokratie eindeutig hohe Priorität. Dass Richterinnen und Richter,

Staatsanwälte und insbesondere auch die Verantwortlichen in Regierung und Landtag dies bedenken und Konsequenzen ziehen sollten, dazu will dieses Buch beitragen.

Es steht damit in der Tradition von Richterpersönlichkeiten, die in meiner Ausbildungszeit prägend waren: Juristen wie Richard Schmid und Fritz Bauer. Beides Stuttgarter. Beides heute noch Vorbilder? Hoffentlich.

Herta Däubler-Gmelin, Prof. Dr. jur, RA. MdB (SPD) von 1972-2009; u.a. Vorsitzende des Rechtsausschusses und des Ausschusses für Menschenrechte und Humanitäre Hilfe; Bundesministerin der Justiz 1998 – 2002; stv. SPD-Vorsitzende 1988-1998; Gastprofessuren u.a. FU Berlin, RWTH Aachen, Shanghai und Peking; Vorlesungen, Vorträge und Publikationen u.a. zum Völkerrecht und Europarecht und zu Verfassungs-, Datenschutz- und Menschenrechtsfragen), Mitglied der High Level Expert Group der EU zu „Freiheit und Pluralität der Medien".

Stuttgart 21 und mehr:

Zur politischen Justiz in unserem Land

Von Jörg Lang

Politische Justiz in Deutschland? In Baden-Württemberg? Politische Justiz in Stuttgart?

Herkömmlicherweise verbinden wir den Begriff der politischen Justiz heute mit willfährigen Organen einer Scheinjustiz in unterentwickelten Ländern oder diktatorischen Staaten und korrupten Systemen. Und im Rahmen von Entwicklungs- oder besonderen „Dialog"-Programmen zum Aufbau von Rechtssystemen in solchen Ländern hält sich die Bundesrepublik Deutschland auch viel darauf zugute, dass sie das ausdifferenzierte System und die hohen Standards ihres rechtsstaatlichen Verwaltungs-, Polizei- und Rechtswesens einschließlich der Justiz auch anderen Ländern, insbesondere sogenannten Entwicklungsländern, nahebringt und vermittelt.

Dass es gelungen ist, in Deutschland seit dem Zusammenbruch von 1945 und der Niederlage des Faschismus insgesamt auch einen stabilen Rechtsstaat und ein funktionierendes Justizsystem aufzubauen, darf keinesfalls unterschätzt werden. Wer schon in anderen Staaten gelebt hat, in denen dies fehlt, weiß dies nur zu gut. Zu einem entwickelten Rechtsstaats-

Bundesverfassungsgericht: Grundsätzliche Bedeutung des Demonstrationsrechts und der Versammlungsfreiheit. *Foto: Martin Storz*

System gehört allerdings auch, dass ein solcher Staat und seine rechtlichen Instanzen immer wieder überprüfen und überprüfen lassen, ob ihre eigene Praxis den beanspruchten hehren Standards tatsächlich entspricht. Jedenfalls bedarf ein demokratisch verantwortlicher rechtsstaatlicher Verwaltung- und Justizapparat der eigenen Reflexion wie auch der öffentlichen Kritik und Kontrolle, um Missstände zu erkennen und diese so weit als möglich abzustellen. Dies ist unter anderem ein Ziel der vorstehenden Publikation.

Das Ergebnis wird zeigen, dass durchaus Anlass besteht, auch vor der Tür des eigenen Rechtsstaats zu kehren, und dass Deutschland Grund hat, im Umgang mit anderen Staaten jedenfalls weniger anmaßend und herablassend aufzutreten.

Was ist politische Justiz?

Politischer Einfluss auf und die politische Beeinflussung von Organen des Rechtsstaats, insbesondere der „Justiz", hat verschiedene Ausprägungen und Intensitätsgrade. Dabei soll in der vorstehenden Publikation die Betrachtung des Auftretens und der Ausformung einer „politischen Justiz" nicht nur auf das eigentliche Gerichtswesen im Sinne der Judikative beschränkt sein, sondern auch auf die den Gerichten vor- oder nebengelagerten Ordnungsbehörden und Polizeiapparate bezogen sein sowie die Ermittlungsorgane, insbesondere die Staatsanwaltschaft einbeziehen, ja aus aktuellem Anlass auch die Arbeit und Funktion von parlamentarischen Untersuchungsausschüssen zu politischen Themen.

Unter politischer Justiz im engeren Sinne verstehen wir zunächst eine Erscheinungsform in nicht rechtsstaatlich verfassten Staaten, bei denen die entsprechenden Organe und insbesondere die Gerichte abhängig bzw. nur scheinbar unabhängig sind von der politischen und auch wirtschaftlichen Herrschaft und deren Instrumenten einschließlich von Parteien, Verbänden, Lobbygruppen oder Oligarchien. Hier kontrolliert und reguliert die Justiz nicht anhand der Gesetze die staatliche Herrschaft beziehungsweise die Ausübung von politischer und wirtschaftlicher Macht, sondern wird umgekehrt von deren Institutionen und Instrumenten kontrolliert und reguliert. Eine solche politisch abhängige Justiz ist auch inhaltlich nicht der materiellen Gerechtigkeit, insbesondere auch nicht einer verfassungsmäßigen Grundordnung mit Grund- und Menschenrechten, verpflichtet oder kann diese nicht garantieren.

Dass eine solche Perversion von Justiz nicht nur in historischen Zeiten oder unterentwickelten Ländern denkbar ist, hat Deutschland insbesondere mit der totalitären Ausformung des hoch organisierten NS-Verfolgungs- und Verbrechensapparats und seiner ihm willfährigen Justiz gezeigt.

Dabei ist auch immer wieder erschreckend und zugleich lehrreich, mit welcher Geschwindigkeit und mit welchem Diensteifer eine zuvor jedenfalls äußerlich rechtsstaatlich verfasste Justiz sich beispielsweise der NS-Herrschaft im Wesentlichen widerstandslos unterwarf, ja ihr teilweise noch den Weg bereitete, um dann nach der Machtergreifung von 1933 dieser Herrschaft in vielfacher Weise mit menschenrechtswidrigen und menschenverachtenden Entscheidungen zu dienen beziehungsweise sie durchzusetzen zu helfen.

Als politische Justiz kann es auch bezeichnet werden, wenn das Rechtswesen eines Staates einschließlich seiner Justiz gesetzlich und von Verfassungs wegen nicht etwa nur auf die Einhaltung einer Verfassung und die Achtung der Gesetze verpflichtet wird, sondern auf die übergeordnete Umsetzung eines konkreten politischen Staatsziels, etwa der angeblichen Durchsetzung des „Sozialismus", wie dies beispielsweise die Verwaltungs- und Rechtsorgane in der DDR charakterisiert hat. Letztlich kann dies aber nicht die spezielle und unmittelbare Aufgabe eines entwickelten unabhängigen Rechtsstaatswesens sein. Und wenn die politischen Organe eines Gemeinwesens insgesamt damit scheitern, propagierte politische Ziele umzusetzen, so kann die Durchsetzung auch nicht durch die Entscheidungen der Justiz garantiert oder ersetzt werden.

Elemente politischer Justiz auch in einem Rechtsstaat wie der Bundesrepublik

Aber auch im Rahmen und in der Bandbreite einer insgesamt rechtsstaatlich verfassten und formal unabhängig organisierten Justiz gibt es Tendenzen und Erscheinungsformen einer politisch beeinflussten und geprägten Justiz. Und es gehört gerade zu den Aufgaben eines Rechtsstaats und der ihn tragenden Organe, dass sie sich dessen bewusst sind und sich immer wieder selbst fragen und kontrollieren, inwieweit sie in ihrer Praxis und ihren Entscheidungen derartigen Tendenzen und Einflüssen unterlegen.

Dabei ist es weiter symptomatisch für politische Justiz (abgesehen von einer Justiz, die sich explizit einem politischen Staatsziel verpflichtet fühlt, siehe oben), dass sie dazu neigt, entschieden zu leugnen, sie sei politisch beeinflusst. Je mehr ihre Entscheidungen tatsächlich von politischen und wirtschaftlichen Interessen beeinflusst und daran ausgerichtet sind, desto stärker wird sie beteuern, dass sie unabhängig, unpolitisch und rein rechtsstaatlich agiere.

In Wahrheit aber stellt das Recht, auch in einem rechtsstaatlich organisierten Staatswesen mit einer verfassungsmäßigen Grundordnung, an sich schon keineswegs ein monolithisches und unwandelbares, feststehendes System dar. Seine Umsetzung und Auslegung und seine praktische Anwendung im Einzelfall unterliegen vielmehr einem ständigen Wandel und vor allem der Anpassung an den Wandel von gesellschaftlichen und politischen Anschauungen und Interessen und die Auseinandersetzungen hierüber. Sie sind also durch einen „Kampf ums Recht" geprägt (so die berühmte Publikation des deutsch-österreichischen Rechtsgelehrten Rudolf von Jehring schon aus dem Jahr 1872). Die Gründe beziehungsweise Instrumente hierfür sind insbesondere die folgenden.

Politisch geprägte Auslegung von Rechtsbegriffen

Gesetze und sonstige Rechtsvorschriften enthalten von vornherein eine Fülle von auslegungsbedürftigen sogenannten „unbestimmten Rechtsbegriffen". Ihre Inhalte werden von den in den in der Justiz tätigen Funktionsträgern entsprechend den herrschenden Anschauungen, insbesondere in Wahrheit aber auch entsprechend ihren eigenen und schichtgeprägten Lebensanschauungen und Weltbildern und ihren Wertvorstellungen, einschließlich politischer Wertvorstellungen, und nicht zuletzt entsprechend persönlichen Bestrebungen und Ängsten und den eigenen materiellen Interessen ausgelegt und angewandt.

Um hier nur ein alltägliches Beispiel zu nennen: Während der Referendarzeit des Verfassers Ende der 60er-Jahre war er mit einem Fall befasst, in dem ein Jugendamt beziehungsweise das damals zuständige Vormundschaftsgericht für ein junges, fast achtzehn Jahre altes Mädchen (die Volljährigkeit begann damals erst mit der Vollendung des 21. Lebensjahrs) Fürsorgeerziehung mit Einweisung in ein geschlossenes Heim anordnen wollte. Der Grund war, dass die junge Frau entgegen dem Willen der Eltern und insbesondere des Vaters (der das Mädchen unter anderem auch noch mit Mitteln der körperlichen Züchtigung entsprechend erziehen wollte) eine ernsthafte Beziehung zu einem Freund aufrechterhielt und sich schließlich sogar zu diesem flüchtete. Die Begründung von Amt und Gericht war die, dass die Einweisung zum „Wohl des Kindes" beziehungsweise der Jugendlichen erforderlich sei. Heute würde ein Familiengericht vermutlich gerade umgekehrt entscheiden: Verböten Eltern einer zudem bereits knapp volljährigen Tochter den Umgang mit ihrem ständigen Freund und wendeten sie dabei sogar Gewalt an, so müsste den Eltern „wegen Gefährdung des Kindeswohls" notfalls das elterliche Sorgerecht entzogen, jedenfalls aber entsprechend beschränkt werden, sodass das junge Mädchen die Möglichkeit erhalten würde, gegebenenfalls auch mit ihrem Freund zusammenzuziehen, sofern nicht etwa besondere Gründe dem entgegenstünden. Gerade dies würde also heute als eine Entscheidung zum Schutz des „Wohls des Kindes" oder der Jugendlichen angesehen.

Für politisch gefärbte Entscheidungen spielen beispielsweise die Auslegung und Bedeutung von Begriffen wie die der „verfassungsmäßigen Grundordnung" wie auch der Wirkung der Grundrechte eine entscheidende Rolle. Dies gilt auch für den Begriff der „(Landes-)Verteidigung" bzw. des „Verteidigungsfalls" nach dem Grundgesetz. Unmittelbar nach der Wiedereinführung der Wehrpflicht in den 1950er-Jahren wäre es noch undenkbar gewesen, dass der ursprünglich rein defensiv gemeinte Begriff der Verteidigung Deutschlands (an seinen eigenen Grenzen) Anfang der 2000er-Jahre vom Bundesverfassungsgericht hätte so weit „ausgelegt" bzw. politisch ausgedehnt werden können, dass darunter auch (was bei Begründung der Grundgesetzänderung gerade noch vehement ausgeschlossen worden war) militärische Interventionen in Drittländern, beispielsweise in Afghanistan, „subsumiert" werden können.

Auch die Sozialgesetze sind von einer Fülle von auslegungsbedürftigen Begriffen durchzogen, bei deren Anwendung die persönlichen Anschauungen und Prägungen einschließlich der sozialen und politischen Einstellung von Richtern und Richterinnen eine erhebliche Rolle spielen.

Bei der Anwendung insbesondere des Strafrechts auf Aktivisten im Rahmen von Demonstrationen, Protest- und Widerstandsbewegungen hat in den vergangenen Jahrzehnten die umstrittene Auslegung des Begriffs von „Gewalt" (ist dies nur unmittelbar physische Gewalt oder auch psychische Zwangswirkung und muss sie unmittelbar gegen eine andere Person gerichtet sein; oder stellt sogar die Ausübung mittelbaren psychischen Drucks auf das Handeln einer andere Person Gewalt dar?) eine erhebliche Rolle gespielt, beispielsweise bei der Auslegung bzw. der Anwendung des Nötigungsparagrafen nach § 240 StGB; und vor allem auch des weiteren Begriffs der „Verwerflichkeit" nach § 240 Abs. 2.

§ 240 StGB lautet:

(Absatz1) „Wer einen Menschen rechtswidrig mit Gewalt oder durch Drohung mit einem empfindlichen Übel zu einer Handlung, Duldung oder Unterlassung nötigt, wird mit Freiheitsstrafe bis zu drei Jahren oder mit Geldstrafe bestraft."

(Absatz 2) „Rechtswidrig ist die Tat, wenn die Anwendung der Gewalt oder die Androhung des Übels zu dem angestrebten Zweck als verwerflich anzusehen ist."

Gerade auch in Baden-Württemberg wurden im Zusammenhang mit Demonstrationen der Friedensbewegung die Teilnehmer auch limitierter und eher symbolischer Sitzblockaden vor den Standorten der Atomraketen etwa in Mutlangen bei Schwäbisch Gmünd oder in Großengstingen auf der Alb oder vor dem EUCOM in Stuttgart von den Staatsanwaltschaften wegen Nötigung nach § 240 StGB angeklagt und von einigen Amtsrichtern und -richterinnen auch entsprechend bestraft. Andere Gerichte fanden sich hierzu nicht oder nur sehr eingeschränkt bereit. Das Bundesverfassungsgericht hat schließlich unter anderem in einer Grundsatzentscheidung vom 10. 1. 1995 (1 BvR 718/89) – unter Aufhebung eines Urteils des Landgerichts Tübingen vom 19. Oktober 1988 – 1 (2) Ns 27, 28, 29 und 30/85 sowie einer Revisionsentscheidung des Oberlandesgerichts Stuttgart vom 9. Mai 1989 – 4 Ss 119/89 – die strafrechtliche Verfolgung solcher Aktionen als verwerfliche Nötigungen mit Gewalt wieder erheblich eingeschränkt.

Gerade auch im Zusammenhang mit der strafrechtlichen Verfolgung der Teilnehmer an Demonstrationen und Widerstandsaktionen gegen die Durchsetzung des privatwirtschaftlichen Projekts Stuttgart 21 auch mit staatlichen Polizeikräften hat die Staatsanwaltschaft Stuttgart den Begriff der Gewalt sowohl bei der Aktivierung des Nötigungsparagrafen wie auch des § 113 StGB (Widerstand gegen Vollstreckungsbeamte) immer wieder auszuweiten versucht, um so die Teilnehmer an entsprechenden Widerstandsaktionen von Demonstrationen auch mit Mitteln des Strafrechts zu kriminalisieren und nicht etwa gegebenenfalls nur ordnungsrechtlich zu verfolgen. Auch das Amtsgericht Stuttgart ist dem wiederum nur teilweise gefolgt.

Die erkannte notwendige Auslegungsbedürftigkeit des Rechts und seine Wandelbarkeit und die notwendige gesellschaftliche Anpassung seiner Auslegung bieten aber für demokratische Bewegungen, einschließlich von außerparlamentarischen, und in begrenztem Umfang für den Einzelnen, der vor Gericht steht, auch die Chance, auf die Auslegung und Handhabung des Rechts und die Tätigkeit der Ordnungskräfte sowie der Justiz durchaus legitimen Einfluss zu nehmen.

Gerade die Veränderung der Rechtsprechung im Gefolge der Entscheidungen des Bundesverfassungsgerichts beispielsweise zur grundsätzlichen Bedeutung der Demonstrations- und Versammlungsfreiheit oder zur Einschränkung des Nötigungsparagrafen beim Einsatz gegen demokratische Protestbewegungen spiegelt nicht zuletzt auch die Wirkung der nachhaltigen, im Wesentlichen friedlichen demokratischen Protest- und Widerstandsbewegungen in Deutschland, etwa der Friedens- oder der Antiatomkraftbewegung, aber auch die Demokratiebewegung in der DDR, auf das Recht selbst und dessen Anwendung wider. Die Rechtsordnung in Deutschland und seine Justiz sind auch durch diese demokratischen Bewegungen positiv mitgeprägt worden.

Politisch geprägte Verfahrensentscheidungen

Ein Einfallstor für oft verdeckte, aber nicht desto weniger politisch motivierte Anwendungen oder auch Manipulationen des Rechts bietet auch der Umstand, dass es zunächst einmal in der eigenen Kompetenz der Polizei steht, ob sie ermittelt, beziehungsweise der Staatsanwaltschaft, ob sie beispielsweise ein förmliches Ermittlungsverfahren nach § 160 StPO überhaupt einleitet und durchführt oder eben nicht, beziehungsweise, ob die Staatsanwaltschaft letztlich eine Anklage im Sinne von § 152 StPO erhebt oder eben nicht. Zu berücksichtigen ist dabei weiter, dass Polizei und die Staatsanwaltschaft von Gesetzes wegen weisungsgebunden sind. Insoweit sind sie offenen wie vor allem aber auch verdeckten oder indirekten Anordnungen seitens der Regierung insbesondere über das Innen- und Justizministerium ausgesetzt – obwohl solches im Zweifelsfall regelmäßig bestritten wird.

Im gerichtlichen Verfahren selbst hat dann ein Gericht einen großen Spielraum, in welchem Umfang es etwa seinerseits Beweise erhebt oder nicht; beziehungsweise mit welcher Intensität oder Geschwindigkeit es überhaupt ein Verfahren betreibt oder eben nicht. Ebenso weit ist der Spielraum der Gerichte bei der „freien Beweiswürdigung" der in der Verhandlung festgestellten Sachverhalte.

Auch auf diesem Feld, insbesondere bei der Entscheidung, ob jeweils Anklagen erhoben werden sollen oder nicht, ist gerade die Staatsanwaltschaft Stuttgart in den vergangenen Jahren und Jahrzehnten mit auffallenden Diskrepanzen aufgefallen. Verdächtige und Täter im Zusammenhang mit bestimmten politisch gefärbten Komplexen wurden offensichtlich nicht verfolgt, während andere vehement verfolgt wurden. Hierzu gehört insbesondere die Nichtverfolgung der SS-Täter des Massakers von Sant'Anna di Stazzema 1944 in Italien; und die verbissene Verfolgung des Zeigens von gerade durchgestrichenen Hakenkreuzen durch Antifaschisten andererseits. Volkszählungsgegner und die entsprechende Protestbewegung wurden eifrig sogar strafrechtlich verfolgt. Das Gleiche gilt für die massenweise Verfolgung von Demonstranten und Teilnehmern an Sitzblockaden vor dem EUCOM-Hauptquartier in Stuttgart-Vaihingen. Vor allem gilt dies auch für die exzessive und umgehende strafrechtliche Verfolgung der Teilnehmer an Widerstandsaktionen unter anderem gegen die Baumfäll- und Grundwasserentnahmeaktionen der Deutschen Bahn im Zusammenhang mit Stuttgart 21 unter massivem Polizeieinsatz. Andererseits erklärte die Staatsanwaltschaft schon wenige Tage nach dem blutigen Polizeieinsatz mit zahlreichen verletzten Demonstranten an jenem Schwarzen Donnerstag des 30. September 2010 im Schlossgarten, es bestehe keine Veranlassung, gegen die Verantwortlichen überhaupt strafrechtliche Ermittlungsverfahren einzuleiten. Es bedurfte eines anhaltenden öffentlichen Drucks, bis dann einige wenige Strafverfahren gegen Polizeibeamte eingeleitet und nach fast drei Jahren wenige Strafbefehle beantragt wurden.

Dabei wird gerade bei dem privatwirtschaftlichen Projekt Stuttgart 21 immer deutlicher, dass es sich keineswegs um ein Verkehrsprojekt zugunsten oder entsprechend den Interessen der Bevölkerung handelt, sondern um ein nach den politischen und wirtschaftlichen Interessen seiner Träger und der an der Ausführung beteiligten und verdienenden Kreise ausgerichtetes Projekt – zulasten und auf Kosten der Allgemeinheit auf viele Jahre hinaus.

Willkürliche Verfolgungspraktiken, etwa bei der auch präventiven Verfolgung von Teilnehmern an antifaschistischen Demonstrationen, sind im Übrigen aber immer wieder auch bei den betreffenden Ordnungsbehörden, darunter auch dem Amt für öffentliche Ordnung der Stadt Stuttgart, und der Polizei zu beobachten.

Politisch geprägte Freund-Feind-Justiz

Wir alle sollten uns zunächst ins Bewusstsein rufen, dass die deutsche Justiz – anders beispielsweise als die angelsächsische – das Erbe einer jahrzehntealten Tradition einer Justiz zu bewältigen hat, deren Angehörige schon seit der Kaiserzeit mehrheitlich von nicht demokratischen Wertvorstellungen, von Standesinteressen und Obrigkeitshörigkeit und von einem politischen Freund-Feind-Denken geprägt waren. Dies kumulierte in der NS-Justiz.

Der bekannte frühere Strafverteidiger Heinrich Hannover schreibt in seinem Buch „Terroristenprozesse" (Band 1, Seite 25 f.):

„Politische Strafjustiz ist dadurch gekennzeichnet, dass ihre Ergebnisse von politischen Bewusstseinshaltungen bestimmt werden. Diese Bewusstseinshaltungen entsprechen in der Regel auch der Einstellung des Richters und ersparen ihm durch die Wohltat der Rechtsblindheit jede Gewissensbelastung wegen ungerechter Urteile. Ziel des Prozesses ist nicht die Findung einer materiellen Wahrheit, sondern die formale Bestätigung der vorgegebenen Freund-Feind-Unterscheidung. Also muss die zu dieser Freund-Feind-Unterscheidung passende Wahrheit hergestellt werden. Die Mittel dazu bietet der Grundsatz der freien Beweiswürdigung, dem bei Bedarf durch gezielte Umgehungen der Strafprozessordnung nachgeholfen wird."

Heinrich Hannover belegt seine These durch eine Fülle von Beispielfällen aus der politischen Strafjustiz schon in der Weimarer Republik und dann auch in der Bundesrepublik. Er zeigt dabei auch eine bedrückende Kontinuität der deutschen Justiz in der Nachsichtigkeit bis hin zu kaum verhüllter Sympathie für rechte Straftäter und Terroristen auf.

Fehlende Bewältigung der NS-Justiz

Das zeigt sich auch bei der vor allem in den ersten Jahrzehnten der Bundesrepublik nur auf Sparflamme betriebenen Verfolgung von NS-Verbrechen und deren Tätern. Nicht nur wurden lange Zeit die entsprechenden Ermittlungen gar nicht oder nur schleppend betrieben. Wenn es zu Anklagen kam, stießen die Angeklagten häufig auf verständnisvolle, wenn nicht wohlwollende Richter (bei den Ermittlungs- und Strafverfolgungsbehörden sowie den Gerichten auch der Bundesrepublik waren ja noch lange Zeit wesentlich dieselben Richter wie vor 1945 tätig, darunter auch zahlreiche frühere Mitglieder der NSDAP). Die politische Justiz der Bundesrepublik bediente sich dabei auch einiger bemerkenswerter rechtlicher Konstruktionen, um nicht zu sagen juristischer Tricks:

Eigentlich war (so Hannover, a. a. O., S. 19) „1945 … eine perfekte bürokratische Organisation des massenhaften Tötens und Quälens von Menschen … zum Stillstand gebracht worden. Tausende von Tätern, die den Terrorapparat betrieben hatten, harrten der Aburteilung. Aber noch nie hat es eine Suspendierung des Strafrechts in solchem Ausmaß gegeben wie nach dem Ende dieses größten Staatsterrors aller Zeiten."

Die bundesrepublikanische Justiz der Nachkriegszeit sah nämlich zunächst die tatsächlichen Exekutoren des massenhaften Terrors und der Tötungsaktionen, insbesondere in den Konzentrations- und Vernichtungslagern, juristisch in der Regel nicht als „Täter" an, sondern lediglich als befehlsausführende „Gehilfen". Denn sie hätten ja „nur" einem Apparat gedient. Dies wurde auch bei Personen unterstellt, die sich selbst als überzeugte und bekennende Nationalsozialisten erklärt hatten. Teilweise wurde sogar der Umstand, dass sie aus angeblicher Überzeugung handelten, noch strafmildernd berücksichtigt ebenso wie der Umstand, dass sie sich darauf beriefen, sie hätten nur in Erfüllung ihrer Dienstpflichten gehandelt.

In der Regel konnten diese Täter daher nach der damaligen Rechtsprechung des Bundesgerichtshofs nur wegen „Beihilfe" und nicht wegen „Täterschaft" belangt werden. Dazu kam 1968 noch eine zunächst kaum beachtete, aber nichtsdestoweniger gezielte Änderung des heutigen § 28 StGB. Danach ist die Strafe eines „Gehilfen" in den Fällen, in denen bei ihm selbst besondere persönliche Verhältnisse oder Umstände, die die Strafbarkeit beim eigentlichen Täter begründen, nicht persönlich vorliegen (beispielsweise niedrige Beweggründe bei Mordtaten), zwingend nach den Vorschriften über die Bestrafung des Versuchs nach § 49 StGB zu mildern. Vor dieser Änderung war ein „Gehilfe" bereits dann gleich dem „Täter" zu bestrafen gewesen, wenn er wissentlich Hilfe zu der Tat des Täters geleistet hatte (was ja für die NS-Verbrecher durchweg galt). Die Konsequenz der Gesetzesänderung von 1968 war zunächst, dass nun die Höchststrafe für „einfache" Gehilfen über § 49 StGB auf 15 Jahre begrenzt war. Die weitere Folge war: Für Taten auch aus der NS-Zeit mit einer Höchststrafe von 15 Jahren war nach einer vorherigen Regelung des Gesetzgebers auch die Verjährung bereits zum 8. 5. 1960, also 15 Jahre nach dem Sieg über Nazideutschland eingetreten!

Im Ergebnis kamen deshalb das Gros der NS-Verbrecher, insbesondere auch Schreibtischtäter, sofern sie nach der vorgenannten Rechtsprechung lediglich als einfach „Gehilfen" ohne persönliche Mordqualifizierungsmerkmale eingestuft worden waren, seit 1960 straflos davon.

Heinrich Hannover schildert außerdem als exemplarischen Fall für die „freundliche" Behandlung von NS-Verbrechern durch die bundesdeutsche Justiz – hier mittels einer wohlwollenden „Beweiswürdigung" – das Thälmann-Mord-Verfahren. In diesem Verfahren versuchten die Hinterbliebenen des am 17./18. August 1944 im Konzentrationslager Buchenwald ermordeten früheren KPD-Vorsitzenden Ernst Thälmann die Verurteilung eines der Mörder zu erreichen. Thälmann war zum Zweck seiner Ermordung im dortigen Krematorium extra aus dem Zuchthaus Bautzen nach Buchenwald verbracht worden war. Obwohl der damals in Buchenwald als Spieß verantwortliche SS-Stabsscharführer Wolfgang Otto bekannt war und obwohl konkrete Aussagen von Zeugen vorlagen, wonach Otto unmittelbar an der Ausführung des Mords beteiligt war, dauerte es bis zum August 1983 – und bedurfte noch eines sogenannten Klageerzwingungsverfahrens –, bis die zuständige Staatsanwaltschaft wenigstens Anklage gegen Otto zumindest wegen Beihilfe zum Mord erhob. Erst am 5. November 1985 verurteilte dann das Landgericht Krefeld Otto tatsächlich zu einer milden Strafe wegen Beihilfe zum Mord. Der Bundesgerichtshof hob diese Entscheidung jedoch mit der fadenscheinigen Begründung wieder auf, das Gericht hätte noch genauer prüfen müssen, ob Otto zum Zeitpunkt der Exekution tatsächlich im Lager gewesen sei. In einer erneuten Verhandlung vor dem Landgericht Düsseldorf wurde dann Otto aufgrund seiner eigenen Behauptung – im Widerspruch zu den Zeugenaussagen –, er habe sich in der Nacht der Exekution ausnahmsweise nicht im Lager aufgehalten, freigesprochen.

Heinrich Hannover weist auch darauf hin, dass beispielsweise in den Verfahren gegen die Angehörigen beziehungsweise „Terroristen" der RAF (ganz abgesehen davon, dass der Begriff „Terroristen" auffälligerweise in der Bundesrepublik oder von der bundesdeutschen Justiz nie auf NS-Verbrecher verwandt wurde!) die Justiz ganz anders verfuhr. Hier wurden regelmäßig Angehörige der RAF wegen Mordes selbst dann angeklagt und auch verurteilt, wenn ihnen keine konkrete Beteiligung an einer Tat nachgewiesen werden konnte. Zur Begründung diente die Konstruktion einer angeblichen „Kollektivität" aller Entscheidungen über Aktionen innerhalb der RAF; deshalb seien auch nicht unmittelbar an der Tat Beteiligte als Täter zu verurteilen.

Freisprüche für NS-Richter

NS-Juristen selbst wurden in der Bundesrepublik (im Gegensatz zur DDR) mit ganz wenigen Ausnahmen überhaupt nicht zur Rechenschaft gezogen oder – wenn es überhaupt zur Anklage kam – von ihren „Kollegen" freigesprochen. Hier ist beispielhaft auf das Strafverfahren gegen den früheren

Richter am Volksgerichtshof, Hans-Joachim Rehse, zur verweisen. Rehse hatte neben den Vorsitzenden Otto Georg Thierack und später Roland Freisler nach Wikipedia unter anderem an mindestens 231 Todesurteilen mitgewirkt. Während das LG Berlin in einem Urteil vom 3. Juli 1967 Rehse noch zu fünfeinhalb Jahren Zuchthaus wegen Beihilfe zum Mord und versuchtem Mord verurteilte, hob der Bundesgerichtshof mit Urteil vom 30. April 1968 – 5 StR 670/67 die Verurteilung auf. Denn es sei nicht hinreichend nachgewiesen, dass sich Rehses Vorsatz auch auf die Rechtswidrigkeit seines Handelns bezogen habe. In einem zweiten Durchgang sprach dann das Landgericht Berlin Rehse frei, unter anderem mit der Begründung, dass er ja aufgrund der damals gültigen Rechtsvorschriften gehandelt und geurteilt habe.

In einem von Richter Rehse mitverantworteten Todesurteil vom 14. 10. 1943 gegen den katholischen Priester Max Josef Metzger, der ein internes Manifest an einen schwedischen Bischof über eine demokratische Staatsordnung für Deutschland nach dem Krieg gesandt hatte, hatte es beispielsweise geheißen:

„Jeder Volksgenosse weiß, dass ein solches Ausscheren eines einzelnen Deutschen aus unserer Kampffront eine ungeheuerliche Schandtat ist ... ein Verrat in Richtung auf Defätismus ... ein Verrat, den unser gesundes Volksempfinden für todeswürdig hält.“

Dass die bundesdeutsche Justiz einen Richter und „Kollegen“, der an derart ebenso offensichtlich politischen wie willkürlichen Todesurteilen mitgewirkt hat, einfach hat laufen lassen, war nichts anderes als wiederum ein Ausdruck einer offensichtlichen politischen Justiz. Die fehlende Aufarbeitung sowie der fehlende auch juristische Bruch mit dieser Epoche bleiben darüber hinaus bis heute eine schwere Belastung für eine rechtsstaatliche Justiz in Deutschland und ihre Funktionsträger. Sie hat auch dazu geführt, dass in der demokratischen Öffentlichkeit bis heute das Vertrauen in ihre Unabhängigkeit und Unparteilichkeit im Sinne eines politischen Freund-Feind-Denkens beschädigt ist.

Politische Justiz in Baden-Württemberg

Wie aber war und ist es um die Justiz und die Ordnungsbehörden in Baden-Württemberg bestellt, einem Land, das sich so gerne als „Kernland des Liberalismus“, als Musterland auch von Demokratie und Rechtsstaatlichkeit verstehen möchte?

In der Tat wurden hier in den Jahren nach dem Faschismus wichtige Beiträge zur Begründung eines rechtsstaatlichen und der Demokratie verpflichteten Staatswesens auf der Grundlage einer durch die Grundrechte geprägten Verfassung geleistet. Hier sei beispielhaft auch an eine Persönlichkeit wie die des Sozialdemokraten Richard Schmid erinnert und die weit über die Landesgrenzen hinausgehende Bedeutung seines Wirkens, zunächst 1945 bis 1953 als Generalstaatsanwalt des Landes Württemberg-Baden, dann unter dem liberalen Ministerpräsidenten Reinhold Maier als Staatssekretär im Justizministerium, und schließlich als Präsident des Oberlandesgerichts Stuttgart. Richard Schmid würde sich vermutlich im Grabe herumdrehen, wenn er die in dieser Publikation geschilderten Beispiele politischer Justiz in Baden-Württemberg unter der politischen Verantwortung langjähriger CDU/FDP-Regierungen und unter der Federführung beziehungsweise der Regie gerade der Staatsanwaltschaft Stuttgart, der er einst vorstand, und ihrer Staatsschutzabteilung lesen müsste.

Gedacht sei auch des aus Stuttgart stammenden antifaschistischen Juristen Fritz Bauer, der dann als Generalstaatsanwalt von Frankfurt aus in den 50er- und 60er-Jahren gegen heute kaum noch glaubliche Widerstände die Verfolgung der lange Zeit ungeahndet geblieben Verbrechen gegen die Menschlichkeit und insbesondere der Judenvernichtung und ihrer bis dahin kaum behelligten Täter in die Wege geleitet hat und die sogenannten Auschwitzprozesse in Frankfurt geführt hat. Er versuchte auch, mit der Aufarbeitung gerade der Untaten der NS-Justiz zu beginnen.

Aber der Umstand, dass seit 1958 mit Kurt-Georg Kiesinger (bis 1966) und Hans Filbinger (1966 bis 1978) das Land von zwei Ministerpräsidenten regiert wurde, die aktive Mitglieder der NSDAP gewesen waren, wobei Filbinger, wie sich schließlich herausstellte, auch noch als Marinerichter an Todesurteilen bis zum Kriegsschluss mitgewirkt hatte; und dass weiter die CDU seit 1972 die Regierungen im Lande entweder allein stellte oder mit einem eher rechtslastigen FDP-Koalitionspartner dominierte, ist offensichtlich nicht ohne Auswirkung auch auf die Besetzung und die Haltung der Ordnungskräfte und Justizorgane des Landes einschließlich der Staatsanwaltschaften geblieben.

Diese taten sich zunehmend bei der Verfolgung und Bestrafung jeder Art von Protest-und Widerstandsbewegungen hervor. So schon bei dem Versuch, mit allen Mitteln das Projekt eines Kernkraftwerks Wyhl in der Rheinebene in den siebziger Jahren gegen den erbitterten, nachhaltigen und letztlich erfolgreichen Widerstand der Bevölkerung durchzusetzen. Weiter etwa bei der Verfolgung von Volkszählungsgegnern; dann der Protestbewegungen gegen die Stationierung von Atomraketen sowie gegen die weltweiten Kriegseinsätze, nicht nur im Nahen Osten, die vom US-Einsatzzentrum EUCOM in Stuttgart-Vaihingen aus gesteuert werden.

Nicht zuletzt aber hat sich insbesondere die Stuttgarter Justiz und allen voran die Staatsanwaltschaft Stuttgart bei der nachhaltigen Verfolgung der Gegner des Projekts Stuttgart 21 und der immer stärker anschwellenden Protestbewegung dagegen hervorgetan. Dabei wurde auch die personelle und politische Nähe beziehungsweise Verflechtung der verschiedenen

Justizorgane zu und mit den regierenden Parteien von CDU und FDP und deren Strategien immer sichtbarer.

Ein trauriges Kapitel – und dies geht vor allem auch auf das Konto des inzwischen vorzeitig pensionierten Oberstaatsanwalts Bernhard Häußler – ist der letztlich über drei Instanzen hinweg erbittert fortgeführte Versuch, das Zeigen durchgestrichener Hakenkreuze – auch wenn sie offensichtlich Ausdruck antifaschistischer Gesinnung sind – strafrechtlich verfolgen zu lassen. Noch schlimmer ist die Art und Weise, wie andererseits die politische Abteilung der Staatsanwaltschaft Stuttgart unter Häußlers Führung unter fadenscheinigen juristischen Vorwänden die Verfolgung von bekannten noch lebenden SS-Tätern des Massakers im italienischen Ort Sant'Anna di Stazzema – unter anderem auch mit dem Argument der angeblichen Überlastung seiner Abteilung – über ein Jahrzehnt verschleppt beziehungsweise blockiert und sich sogar geweigert hat, überhaupt Anklage zu erheben, damit der Vorwurf wenigstens in einem öffentlichen Verfahren vor Gericht überprüft werden könnte.

Parallel dazu liefen auf gesetzgeberischer Ebene in den vergangenen Jahren Versuche zu einer empfindlichen Einschränkung des Versammlungsrechts in Baden-Württemberg, die dann lediglich aufgrund einer einstweiligen Verfügung des Bundesverfassungsgerichts zum parallel laufenden bayerischen Gesetzesentwurf auf Eis gelegt werden musste.

In dieses Bild passt im Übrigen, dass gerade auch in Baden-Württemberg, wo am 25. April 2007 die Polizeivollzugsbeamtin Michèle Kiesewetter durch Angehörige der rechtsterroristischen Gruppe Nationalsozialistischer Untergrund ermordet worden sein soll, mögliche Verbindungen zur rechtsradikalen Szene von Anfang an und noch über lange Zeit hinweg ausgeblendet worden waren, wie überhaupt die Verfolgung dieser Terrorgruppe durch Polizei und Verfassungsschutz.

Stuttgart 21 und mehr

Symptomatisch für diese Entwicklung in den vergangenen Jahrzehnten in Baden-Württemberg seien hier nochmals die folgenden Verfahren und Vorkommnisse zusammengefasst, die auch Gegenstand der Beiträge der vorstehenden Publikation sind:

– die strafrechtliche und ordnungsrechtliche Verfolgung aller Arten von Protestbewegungen gegen Atomkraftwerke;

– die strafrechtliche und ordnungsrechtliche Verfolgung von Demonstrationen und Sitzblockaden gegen Atomwaffen, insbesondere in Schwäbisch Gmünd und Großengstingen;

– die strafrechtliche und ordnungsrechtliche Verfolgung von Protesten und Sitzblockaden gegen Kriegseinsätze vom EUCOM-Zentrum in Stuttgart-

Vaihingen aus; die strafrechtliche und ordnungsrechtliche Verfolgung von Gegnern der Volkszählungen;
– die über Jahrzehnte hinweg verschleppte Verfolgung der SS-Täter des Massakers von Sant'Anna di Stazzema vom 12. August 1944 mit dem Versuch am Ende, das Verfahren ohne Anklageerhebung zur gerichtlichen Überprüfung der Taten einzustellen; die strafrechtliche und ordnungsrechtliche Verfolgung des Zeigens von durchgestrichenen Hakenkreuzen;
– die aufwendige Verfolgung von unliebsamen Ausländern mit einer sogenannten Ermittlungsgruppe illegaler Aufenthalt bei der Kriminalpolizei Stuttgart in Koordination mit der Staatsanwaltschaft Stuttgart einschließlich der Verfolgung eines beteiligten Rechtsanwalts;
– die exzessive ordnungs- und vor allem auch strafrechtliche Verfolgung der Aktivisten des Widerstands gegen das „Bahn-Projekt“ Stuttgart 21. Nach einer Verlautbarung des jetzigen Generalstaatsanwalts Brauneisen in den „Stuttgarter Nachrichten“ vom 12. September 2013 sollen insoweit allein seit dem 30. 9. 2010 über 2300 Ermittlungsverfahren geführt und im Ergebnis rund 550 Strafverfahren eingeleitet oder durchgeführt worden sein;
– dabei der erneute Versuch der Staatsanwaltschaft, den „Gewalt“-Begriff des Nötigungsparagrafen und des Paragrafen zum Widerstand gegen Vollzugsbeamte bei der Verfolgung von S-21-Gegnern extensiv auszulegen und anzuwenden;
– die anfängliche erklärte Weigerung, gegen die für den blutigen Einsatz der Polizei mit Wasserwerfern und Pfefferspray im Schlossgarten mit zahlreichen Verletzten am Schwarzen Donnerstag vom 30. 9. 2010 Verantwortlichen überhaupt Ermittlungsverfahren einzuleiten;
– der erst dann nach dem Regierungswechsel und im Übrigen erst circa drei Jahre nach dem Ereignis beantragte Erlass von lediglich vier Strafbefehlen gegen beim unmittelbaren Einsatz der Wasserwerfer beteiligte verantwortliche Polizeibeamte; die bisher ausgebliebene Ahndung des Einsatzes von Pfefferspray gegen Kinder und Jugendliche;
– bis heute keine Verfahren gegen die hinter dem Einsatz vom 30. 9. 2013 stehenden politischen und den Gesamteinsatz leitenden Verantwortlichen ebenso wenig wie gegen den anwesenden Oberstaatsanwalt;
– vielmehr die Leitung der Ermittlungen durch die eigentlich befangene Staatsanwaltschaft Stuttgart, deren Leiter der Staatsschutzabteilung, Oberstaatsanwalt Häusler, gerade während des gesamten Einsatzes im Schlossgarten von 10.00 Uhr morgens bis 3.40 Uhr nachts an Ort und Stelle anwesend war und nichts unternommen hat, um beispielsweise den Einsatz der Wasserwerfer zu stoppen;
– die Einstellung von Ermittlungsverfahren gegen die bei den Projektträgern Verantwortlichen, die lange Zeit vorhersehbare und insgeheim bekannte Kostensteigerungen nach außen und auch gegenüber den politischen Entscheidungsgremien verheimlicht haben;

– die Beteiligung einer Richterin am Amtsgericht Stuttgart an den Strafverfahren gegen die S-21-Gegner, die erst dann wegen ihrer Befangenheit abgelöst werden musste, nachdem sich herausstellte, dass ihr Ehemann zugleich in ihrem eigenen Namen in einem an den ehemaligen Ministerpräsidenten Mappus gerichteten Brief diesem überschwänglich für das entschlossene Eingreifen gegen den Widerstand und für die Polizeiaktion am Schwarzen Donnerstag zur Durchsetzung der Baumfällaktionen gedankt hatte;
– die exzessive strafrechtliche und ordnungsrechtliche Verfolgung durch Staatsanwaltschaft und das Amt für öffentliche Ordnung der Landeshauptstadt Stuttgart eines maßgeblichen Versammlungsleiters bei den Demonstrationen gegen S 21 mit existenzvernichtenden Geldstrafen;
– die Diskriminierung und Verfolgung von S-21-Gegnern und auch von unliebsamen Kritikern des Verhaltens der Justiz, beispielsweise durch Hausdurchsuchungen; der sogenannte Rahmenbefehl der damaligen CDU-FDP-Regierung vom 19. 7. 2010 zur Überwachung sämtlicher Aktivitäten der S-21-Protestbewegung durch Landeskriminalamt und Verfassungsschutz; wobei dieser Rahmenbefehl dann am 20. 12. 2011 vom jetzigen Innenminister Gall (SPD) erneuert und seitdem bis heute nicht aufgehoben wurde;
– der Versuch der Einschränkung der Versammlungs- und Demonstrationsfreiheit durch ein baden-württembergisches Versammlungsgesetz mit zahlreichen belastenden, abschreckenden und kaum erfüllbaren Auflagen für die Leiter und Teilnehmer an öffentlichen Versammlungen und Demonstrationen;
– die Behinderung von antifaschistischen Demonstrationen („Heilbronner Kessel") und die Einschüchterung von potenziellen Teilnehmern schon im Vorfeld;
– die ursprüngliche Weigerung der Abteilung 1 der Staatsanwaltschaft Stuttgart unter der Leitung von Oberstaatsanwalt Häußler, im Zusammenhang mit dem „EnBW-Deal" Ermittlungen gegen den ehemaligen Ministerpräsidenten Mappus wegen des Verdachts der Veruntreuung von Staatsgeldern durch den überteuerten Ankauf von Anteilen von der französischen Gesellschaft EDF aufzunehmen; auch hier bedurfte es erst eines Regierungswechsels, um ein Ermittlungsverfahren in Gang zu bringen;
– schließlich auch die Versuche zur Blockierung und Beschränkung auch der parlamentarischen Aufklärung der gesamten Vorgänge insbesondere zu Stuttgart 21 wie auch zum EnBW-Deal durch parlamentarische Untersuchungsausschüsse; dabei auch die zutage getretenen Durchstechereien beispielsweise zwischen dem ursprünglichen Vorsitzenden des EnBW-Ausschusses und dem früheren Ministerpräsidenten Mappus.

Alle diese einzelnen Vorgänge und Entwicklungen müssen in ihrer Gesamtschau bewertet werden. Bei ihnen war und ist die Staatsanwaltschaft Stuttgart, bis zum Sommer 2013 unter Aufsicht des ihr übergeordneten früheren Generalstaatsanwalts Pflieger, maßgeblich beteiligt. Bei zahlreichen besonders anstößigen Vorgängen war maßgeblich der frühere Oberstaatsanwalt und Leiter der politischen und Staatsschutzabteilung 1, Bernhard Häußler, beteiligt.

Dabei ist davon auszugehen, dass diese Aktivitäten auch in ständiger Abstimmung mit den weisungsberechtigten zuständigen Ministerien und der Staatskanzlei der Landesregierung erfolgt sind.

Alle diese Vorgänge sind auch nicht vorstellbar ohne eine offensichtlich über Jahrzehnte hinweg betriebene Personalpolitik und die entsprechende Verflechtung und Verfilzung zwischen einer gleichfalls über Jahrzehnte hinweg dominierenden Regierung und den sie tragenden Parteien und den verschiedenen Zweigen der Justiz.

Symptomatisch dabei ist auch die Herausbildung eines Typus und Persönlichkeitsbilds von stromlinienförmigen „fähigen" Juristen, die zwar ständig betonen, dass sie lediglich ihre Pflichten nach Recht und Gesetz erfüllen und angeblich objektiv tätig seien, dabei aber offenbar Staats- und Verfassungstreue mit Dienstfertigkeit gegenüber einer herrschenden Regierung beziehungsweise den herrschenden politischen und wirtschaftlichen Kräften im Lande verwechseln. Im Übrigen dient die angeblich objektive und scheinbar unparteiische Tätigkeit offensichtlich auch der eigenen Karriere und einem – gerade auch bei Juristen immer wieder zu beobachtenden – Bestreben, im Kreis der Mächtigen und Wichtigen im Land mit dabei zu sein und anerkannt zu werden.

Notwendigkeit einer unabhängigen und der Demokratie verpflichteten Justiz

Insgesamt gilt, dass sowohl historisch betrachtet wie auch heute jede entwickelte Hochkultur beziehungsweise jedes hoch entwickelte Staatswesen immer auch ein differenziertes und vergleichsweise eigenständiges und unabhängiges Rechts- und Gerichtswesen entfaltet hat oder entfalten muss, eben weil sie darauf angewiesen sind. Dabei ist gerade auch die institutionelle Unabhängigkeit der Justiz – und dazu gehört auch ein Mindestmaß an politischer Unparteilichkeit – Voraussetzung für das Funktionieren jedes hoch entwickelten Staatswesens. Denn nur so kann der notwendige rechtssichere und nicht korrupte Ablauf der privaten und öffentlichen Rechtsbeziehungen in ihm garantiert werden. Dies galt und gilt übrigens nicht nur für demokratisch verfasste Staaten.

Letztlich aber werden sich eine unabhängige Justiz und ein demokratisch organisiertes Gemeinwesen wechselseitig bedingen. Denn die Aufgabe der Justiz sollte eigentlich immer sein, dass das allgemeine Recht für alle gilt und über der politischen und wirtschaftlichen Macht steht und dass der Einzelne beziehungsweise die Minderheit vor entsprechenden Übergriffen der Mehrheit geschützt werden. Schon deshalb ist die Unabhängigkeit der Justiz ihrerseits Zielscheibe der Macht und damit ständig gefährdet. Sie kann deswegen auf Dauer nur gesichert werden, wenn sie auch unter der Kontrolle einer demokratischen Öffentlichkeit und von demokratisch ausgerichteten Medien steht.

Von einer Justiz in einer Demokratie muss darüber hinaus erwartet werden, dass sie gerade auch die Mitwirkung der Menschen als Bürger einschließlich ihrer Kritik und gegebenenfalls ihrer öffentlich organisierten Proteste in ihrer konstitutiven Bedeutung für das Funktionieren eines demokratischen Gemeinwesen wie auch für das Funktionieren des gesamten Staatswesens und für die Erhaltung der demokratischen Grundordnung erkennt und respektiert, ja befördert – anstatt sie zu unterdrücken.

Andererseits beeinflussen nachhaltige demokratische Protest- und Widerstandsbewegungen nicht nur das politische Klima und die politischen Kräfteverhältnisse im Land, sondern durchaus auch die Anwendung des Rechts und die Anschauungen der Justiz selbst und deren Anpassung an veränderte Werte und rechtliche Zielsetzungen. Dies gilt unter anderem auch für die noch nicht beendete Widerstandsbewegung gegen das Projekt Stuttgart 21 und dessen bürgerfeindlichen Auswirkungen.

Jörg Lang war als junger Rechtsanwalt Anfang der 70er-Jahre noch Mitverteidiger der ersten Generation der RAF. Von 1974 bis 1982 lebte er im Libanon, wo er als Redakteur bei einer palästinensischen Zeitschrift tätig war. Seit 1986 arbeitet er wieder als Anwalt in Stuttgart, wobei er zunächst vorwiegend strafrechtliche und ausländerrechtliche Mandate vertrat. Seit Jahren ist er im Wesentlichen mit sozialrechtlichen Fällen und Themen beschäftigt und wirkt bei entsprechenden Fortbildungsangeboten mit.

Wie Justiz und Politik unter einer Decke stecken:

Der nicht aufgearbeitete Schwarze Donnerstag

Von Jürgen Bartle

Am 30. 9. 2010, jenem Schwarzen Donnerstag, gingen aus dem ganzen Land und den angrenzenden Bundesländern zusammengezogene Polizeiverbände offensichtlich auf höhere Anweisung unter anderem mit Wasserwerfern, Pfefferspray und Schlagstöcken auf unbewaffnete Demonstranten im Stuttgarter Schlossgarten los, darunter zahlreiche Kinder und Jugendliche. Der brutale Einsatz forderte mehr als 400 Verletzte. Einige von ihnen wurden schwer verletzt, wie der durch den Wasserstrahl halb erblindete Dietrich Wagner. Dieser Schwarze Donnerstag veränderte das Weltbild so manches Augenzeugen, aber auch vieler anderer Menschen im Land.
Aufgearbeitet wurde der Vorgang bis heute nicht. Schlimmer noch: An einer wirklichen Aufarbeitung hatten und haben offenbar die maßgeblichen Kreise kein Interesse, weder die Justiz noch die Polizei noch die damalige noch die im Frühjahr 2011 gewählte neue Landesregierung.

Mit 16 bar Druck die Vernunft fortgeblasen. Aus Notwehr. *Foto: Martin Storz.*

Beispiel Staatsanwaltschaft

Nach dem Schwarzen Donnerstag wurde schnell klar, was den Ermittlern aus der von Oberstaatsanwalt Bernhard Häußler geführten politischen Abteilung 1 wirklich wichtig war: die Protestler vor Gericht zu bringen. Während beispielsweise die Ermittlungsverfahren gegen die Besatzungen der vier Wasserwerfer Jahre dauerten, hatten jene, die sich denen in den Weg stellten und von der Polizei weggetragen werden mussten, längst Bußgeldbescheide bekommen. Und wer dagegen Einspruch erhob, stand auch rasch vor dem Amtsrichter oder der Amtsrichterin. Juristen stellten bei diesen Verhandlungen verwundert fest: Die Staatsanwaltschaft schickte in jedem einzelnen Fall einen Sitzungsvertreter, nicht selten kam der Leitende Oberstaatsanwalt selber. Wohlgemerkt: Es ging dabei um Ordnungswidrigkeiten. Bei anderen Ordnungswidrigkeiten – etwa Verkehrsdelikten in vergleichbarer Bußgeldhöhe – hat noch kein Amtsrichter je einen Staatsanwalt im Gerichtssaal gesichtet. Obwohl in der rechtlichen Bewertung kein Unterschied besteht zwischen beiden Delikten.

Während sich die Staatsanwaltschaft also auf Bagatellverfahren gegen Demonstranten stürzte und Hunderte von Ordnungswidrigkeiten alsbald abarbeitete, (so wie auch Hunderte neue, die später bei anderen Protesten gegen Stuttgart 21 angezeigt wurden), blieben die strafrechtlich schwerwiegendsten Vorgänge lange Zeit unerledigt und wurden dann nur äußerst punktuell und selektiv geahndet. Dies betrifft vor allem den Einsatz der Wasserwerfer. Mindestens vier Schwerverletzte hat deren Einsatz gefordert, jeweils Gesichts- und Augenverletzungen bis hin zu fast vollständiger Erblindung, obwohl auch nach den polizeilichen Vorschriften mit Wasserwerfern nicht auf die Köpfe von Menschen gezielt werden darf.

Wenige Tage nach jenem Polizeiüberfall, der angeblich „aus dem Ruder gelaufen war“ und auch nach den Worten des im Hintergrund verantwortlichen damaligen Ministerpräsidenten Mappus sich so „nie mehr wiederholen“ dürfe, hatte Oberstaatsanwalt Bernhard Häußler, der selbst während des Einsatzes dauernd vor Ort war, zunächst behauptet, dass es keine Veranlassung gäbe, gegen die für den Polizeieinsatz verantwortlichen bzw. an ihm beteiligten Personen zu ermitteln.

Im Rahmen einer Pressekonferenz am 22. 2. 2011 gab Häußler dann bekannt, dass inzwischen 1500 Anzeigen bei der Staatsanwaltschaft eingegangen seien, und räumte ein, dass darunter immerhin 380 sich gegen am Einsatz beteiligte Polizisten und Verantwortliche richteten.

Inzwischen lagen nämlich auch umfassende Erkenntnisse aus 98 von Dokutrupps der örtlichen Stuttgarter Polizei angefertigten Polizeivideos vor, die selbst nach Polizeiangaben in 162 Fällen Anhaltspunkte für „polizeiliches Fehlverhalten“ an den Tag gebracht hatten. Davon wurden letztlich immerhin 72 „zur strafrechtlichen Bewertung" der Staatsanwaltschaft Stuttgart „vorgestellt". Zwei davon bezogen sich auf überzogene Anwendung von Schlagstöcken, alle übrigen 70 auf den – nach Ansicht von Polizisten – nicht gesetzeskonformen Einsatz von Pfefferspray durch Polizisten, auch gegen Kinder.

Darüber hinaus lagen inzwischen eine Fülle von Bildern und Videos vor, die Privatleute vom Schwarzen Donnerstag selber ins Internet gestellt hatten, und auf denen noch heutigentags sogar Blinde mit Krückstöcken nicht nur „polizeiliches Fehlverhalten" erkennen können, sondern polizeiliche Gewaltexzesse. Sie belegen nicht nur den Missbrauch von Schlagstöcken und Pfefferspray, sondern auch, dass die Wasserwerfer nicht nur sich und damit der Polizei den Weg zum Einsatzort freiräumen wollten, sondern wahllos in die Menge schossen und mit 16 Bar Druck auf Jugendliche zielten, die in Bäume geklettert waren, oder eben auf zufällig im Park anwesende Unbeteiligte wie etwa den pensionierten Richter Dieter Reicherter (siehe unten), die abseits auf einer Wiese standen.

Auf Basis eines solchen Videos wurde Ende 2012 erstinstanzlich dann tatsächlich ein Polizist zu acht Monaten Freiheitsstrafe verurteilt, der bereits um 10.49 Uhr einem friedlichen Passanten seinen Schlagstock über den Scheitel zog – acht Minuten, nachdem der Beamte den Schlossgarten betreten hatte. Zum rechtswidrigen Einsatz von Pfefferspray, der in einer Vielzahl polizeilicher und privater Videos dokumentiert ist, wurde bis Sommer 2013 überhaupt nur ein einziger Fall bekannt, in dem ein Polizist einen 6000 Euro teuren Strafbefehl erhalten und akzeptiert hat, weil er einer Frau grundlos Pfefferspray direkt in die Augen gespritzt hatte und deswegen von eigenen Kollegen angezeigt worden war. Heißt das im Umkehrschluss, dass die Staatsanwaltschaft die anderen 69 – von der Polizei selber – beanstandeten Fälle für rechtmäßig erklärt hat? Schließlich hat das Pfefferspray am Schwarzen Donnerstag mit Abstand zu den meisten Verletzungen geführt. Und Pfefferspray ist, rechtlich betrachtet, auch keineswegs ein milderes „Mittel des unmittelbaren Zwangs" als der Einsatz von Schlagstöcken oder Wasserwerfern (siehe dazu den Beitrag von Dieter Reicherter: „Untersuchungsausschuss – Wahrheitsfindung oder Vertuschung").

Zum offensichtlich unverhältnismäßigen und rechtswidrigen Wasserwerfereinsatz musste die Staatsanwaltschaft schließlich einen besonderen Ermittlungskomplex bilden. Es dauerte allerdings zweieinhalb Jahre, bis dann im Frühjahr 2013 gegen einige wenige, unmittelbar an den Wasserwerfern eingesetzte Polizeibeamte tatsächlich Anklage erhoben bzw. Strafbefehle erlassen wurden. Ein früheres Tätigwerden – so hatte die Staatsanwaltschaft zwischenzeitlich auf die Nachfragen auch aus den Medien immer wieder verlautbaren lassen – sei im Übrigen angeblich wegen „fachlicher Prüfungen zum Wasserwerfereinsatz" „nicht leistbar" gewesen.

Nicht leistbar? Eher wohl nicht gewollt.

Merke: Gegen diejenigen, die überhaupt den Befehl für den Einsatz der Wasserwerfer am Schwarzen Donnerstag erteilt haben, wurde gar nicht ermittelt. Sie hatten – als auf die Beamten in den gepanzerten Fahrzeugen Kastanien geworfen wurden – deswegen den Besatzungen alsbald den Notwehrfall zugestanden und die Erhöhung des Wasserdrucks auf beinahe Volllast freigegeben. Trotzdem wurde nur gegen die Besatzungen der Wasserwerfer selbst und deren Einsatzabschnittsleiter ermittelt und zum Teil Strafbefehle erlassen (siehe hierzu auch den Beitrag „Opfer und Bauernopfer").

Die Gewerkschaft der Polizei Baden-Württemberg beispielsweise bemängelte die Verurteilung lediglich der nachgeordneten Polizeibeamten, die auf Weisung gehandelt hätten. Am 28. 8. 2013 machte der Landesvize der GdP, Hans-Jürgen Kirstein, den ehemaligen baden-württembergischen Ministerpräsidenten Stefan Mappus selbst für den Wasserwerfereinsatz am 30. September 2010 verantwortlich. Mappus habe „Öl ins Feuer gegossen", indem er den Polizeieinsatz für das Fällen der Bäume im Zuge des Bahnprojekts zum frühestmöglichen Zeitpunkt am 30. September 2010 durchgesetzt habe. Zudem habe er schon allein durch seine Präsenz bei einer Einsatzbesprechung der Stuttgarter Polizeiführung Einfluss ausgeübt. „Mappus' strikte Linie bei Stuttgart 21 war klar." Die bisher vollzogenen Strafbefehle gegen am Einsatz unmittelbar beteiligte Beamte empfindet Kirstein vor diesem Hintergrund als „hoch".

Merke: Sämtliche Verfahren gegen die am Schwarzen Donnerstag beteiligten leitenden Beamten oder gar gegen die politisch Verantwortlichen wurden zwischenzeitlich eingestellt.

In einer Einstellungsverfügung bereits vom 15. 12. 2011 hatte Oberstaatsanwalt Häußlers „politische" Abteilung festgestellt, dass der damalige Stuttgarter Polizeipräsident Siegfried Stumpf als Polizeiführer des Einsatzes vom 30. 9./1. 10. 2010 ebenso wenig irgendeine strafrechtlich relevante Verantwortung trage wie der vormalige Ministerpräsident Mappus und sein Innenminister Rech oder auch der Stuttgarter Ex-Oberbürgermeister Schuster. In ihrer 39 Seiten starken Einstellungsverfügung behauptete sie, dass der Hauptgrund für den missratenen Polizeieinsatz das zu späte Eintreffen zahlreicher und großer Einheiten aus verschiedenen Bundesländern am Einsatzort gewesen sei …

Polizeipräsident Stumpf hatte im Übrigen sofort nach dem Schwarzen Donnerstag die „volle Verantwortung" für das Vorgehen der Polizei übernommen. Rechtliche Konsequenzen hatte dies für ihn keine. Erst auf die vielfältigen Proteste hin und nach dem Regierungswechsel, im April 2011, ließ er sich dann auf eigenen Antrag und aus „gesundheitlichen Gründen" vorzeitig in den Ruhestand versetzen (siehe auch den Beitrag „Bis der Balken sich biegt").

„Wir haben in Stuttgart mittlerweile eine Sondergerichtsbarkeit – allerdings nicht vor Gerichten, sondern bei der Staatsanwaltschaft", beschreibt der Richter a. D. Dieter Reicherter die Situation.

Der heute 65-Jährige (siehe seine Beiträge in dieser Publikation) ist vielleicht der schärfste, wohl auch der ungewollt inzwischen prominenteste Kritiker jener Behörde, der er einst, bevor er Richter wurde, selber angehört hatte – „und zwar gern". Dieter Reicherter war seit gerade einem Monat pensioniert, als er am 30. September 2010 verabredet war und beschloss, den Weg dorthin zu Fuß durch den Schlossgarten zu nehmen. Was er sah, konnte er kaum glauben. Und dass ihn, der abseits auf einer Wiese stand, ein Wasserwerfer aufs Korn nahm und bis aufs Unterhemd durchnässte, wollte er so nicht hinnehmen. Noch am selben Abend formulierte Reicherter eine Dienstaufsichtsbeschwerde ans Innenministerium gegen den Leiter des Polizeieinsatzes und bot sich als Zeuge an. Er wurde nie befragt, die Beschwerde wurde niedergeschlagen.

An der Objektivität des Oberstaatsanwalts Häußler und der Arbeit seiner politischen Abteilung gab es allerdings schon vor Stuttgart 21 und dem Schwarzen Donnerstag berechtigte Zweifel (siehe den Beitrag „Der Vorschlaghammer"). Und im Zusammenhang mit Stuttgart 21 wurden dann auch Anzeigen gegen Häußler selbst wegen des Verdachts auf Strafvereitelung erstattet, eine sogar gestellt von einer Staatsanwältin aus Bayern. Andere argumentieren, dass Häußler schon deswegen zum Schwarzen Donnerstag nicht objektiv ermitteln könne, weil er sich selbst von morgens bis spät in die Nacht im Schlossgarten aufgehalten und dabei keinerlei Rechtsverstöße durch Polizisten festgestellt hat, die er von Amts wegen hätte verfolgen müssen. Wären diese nachträglich in großer Zahl festgestellt worden, hätte Häußler damit sich selber attestiert, auf mindestens einem Auge blind zu sein und sich der Gefahr von Ermittlungen gegen ihn selbst ausgesetzt.

Beispiel Polizei

Eine noch unter CDU-Innenminister Heribert Rech eingesetzte „Expertengruppe", die den Polizeieinsatz fachlich analysieren sollte, stellte zwar fest, dass Fehler gemacht wurden, aber Folgen hatte das für keinen der Verantwortlichen. Schließlich leitete diese Gruppe der damalige Inspekteur der Landespolizei, Dieter Schneider, der im Vorfeld an der Planung des Einsatzes und auch an den Gesprächen mit Mappus in der Villa Reitzenstein teilgenommen hatte. Der hätte sich selber mit verantwortlich machen müssen. Eine ganze Reihe von „Handlungsempfehlungen" für künftiges polizeiliches Vorgehen in ähnlichen Fällen – wie etwa der völlige Verzicht auf Wasserwerfer und den Einsatz von Schlagstöcken außer in Notwehr sowie das vorherige Ankündigen von Polizeieinsätzen – wurden zwar unter anderem von Thomas Züfle, dem inzwischen verstorbenen unmittelbaren Nachfolger des vormaligen Stuttgarter Polizeipräsidenten und Einsatzleiters am Schwarzen Donnerstag, Siegfried Stumpf, als polizeiliche Maßnahmen zur Deeskalation begrüßt. Inhaltlich aber waren sie nichts weiter als die Rückkehr zur „Stuttgarter Linie", die Stumpf ohne Vorwarnung und angeblich aus eigener Entscheidung und Verantwortung verlassen hatte. Während der neue Mann Züfle dazuhin interne Planungsstrukturen und Befehlsketten verbessern ließ und außerdem die Zahl der „Anti-Konflikt-Teams" in der Stuttgarter Polizei von neun auf 15 erhöhte, nagte zu einem anderen – durchaus heiklen Punkt – auch bei ihm nicht der geringste Zweifel: In Notwehr, so Züfles Ansage an 2200 Stuttgarter Polizisten, dürfe man weiterhin handeln.

Notwehr aber war das Zauberwort, das zum Freifahrtschein wurde selbst für die übelsten Gewaltexzesse, die sich Polizisten am Schwarzen Donnerstag geleistet haben. Nehmen wir nur mal – als den bisher absurdesten Beleg dafür – den Leiter der Böblinger Beweissicherungs- und Festnahme-Einheit (BFE), der zwar einen Allerweltsnamen trägt, sich aber unter dem Begriff „Prügelglatze" vielen unvergesslich machte. Die Bilder, wie Kommissar Müller als kahlköpfiger Gladiator durch den Schlossgarten tobt, brüllt, rempelt, Reizgas versprüht und vor allem mit seinem Schlagstock alles kurz und klein haut, was ihm im Wege steht, gingen um die Welt. Sie waren schon Stunden danach im Internet abrufbar, und sie sind es noch heute. Wenn auch wegen der darin dargestellten Brutalität nur für Menschen über 18 Jahre.

Gegen Müller gingen Anzeigen zuhauf ein. Gegen ihn wurde auch ermittelt wegen Körperverletzung im Amt, Nötigung und Beleidigung. Allerdings, sagen Kritiker und auch Anwälte von Betroffenen, mit dem klaren Ziel, den Beamten „da rauszupauken". Genau das geschah. Die Staatsanwaltschaft stellte das Verfahren ein und legte in einer 13-seitigen Begründung dar, dass dem Mann gar nichts anderes übrig geblieben war, als wahllos mit dem Schlagstock in die Menge zu dreschen, und zwar – „aus Notwehr".

Wie weit sich Wahrheit biegen lässt, wenn ein Staatsanwalt es nur will, zeigt dabei der Fall des Anzeigeerstatters Marc D., der einen der Filme produziert hat, die Müllers Furor zeigen. Und eben auch, dass der Filmende weder verbal noch körperlich aggressiv wurde. Dennoch traf ihn der Polizeiknüppel schmerzhaft, nachdem Müller die Kamera erspäht und einige Schritte auf den Kameramann zu getan hatte. Für die Staatsanwaltschaft war auch das immer noch Notwehr: Weil Marc D. im Rücken des Beamten gestanden und dessen Bewegungsfreiheit eingeschränkt habe, sei D.s Verhalten als „Angriff im Sinne der Notwehrvorschrift" zu werten. „Angriff durch Herumstehen", betitelte der „Focus" daraufhin seine Story.

Wer die Einstellungsverfügung verfasste? Der Leitende Oberstaatsanwalt Bernhard Häußler.

Beispiel Politik

Seit dem 27. März 2011 regiert Grün-Rot.

Seither reitet nicht nur der Richter a. D. Reicherter weiter genau so erfolglos gegen die Flügel der Windmühle an, die früher schwarz angestrichen waren. Wie kann das sein? Was ist passiert seit dem Regierungswechsel? Welche Konsequenzen wurden gezogen aus dem Schwarzen Donnerstag?

Wer gegen Stuttgart 21 protestiert, ist potenziell gewalttätig und hat vor allem im Wahlkampf von 2010/2011 gestört. So hatte das noch die alte CDU-FDP-Regierung gesehen, die um ihre Wiederwahl fürchten musste. Das damals CDU-geführte Innenministerium traf Vorsorge und erließ einen sogenannten Rahmenbefehl, wonach sämtliche Polizeibehörden bei der Überwachung der Protestbewegung zusammenzuarbeiten hatten und darüber hinaus der Verfassungsschutz tätig werden musste. Von da an nahmen auch zivile Spitzel an den bis dahin ausnahmslos friedlich verlaufenen Demonstrationen teil und halfen mit, sogenannte Gefährdungslagebilder zu erstellen und Buch zu führen darüber, wer, wann und wo Protestveranstaltungen organisiert hat. Und seien es nur „Parkgebete", Gottesdienste unter Bäumen, die damals noch nicht abgeholzt waren.

Wer gegen Stuttgart 21 protestiert, ist potenziell gewalttätig und stört vor allem den Koalitionsfrieden. So scheint das auch die neue grün-rote Regierung zu sehen. Das inzwischen SPD-geführte Innenministerium erneuerte nämlich im Dezember 2011 ebenjenen Rahmenbefehl – ohne inhaltliche Abstriche. Und der neue Innenminister Reinhold Gall ließ bei mehreren Gelegenheiten wissen, dass er seine Polizei in Sachen Schwarzer Donnerstag außen vor sieht: „Die Gewalt ging damals von den Demonstranten aus."

Zum Jahrestag des Schwarzen Donnerstag am 30. 9. 2013 fand auch Gall in einem Fernsehinterview mit SWR 3 kein Wort des Mitgefühls mit den Opfern oder des Bedauerns über die Unverhältnismäßigkeit des Einsatzes. Stattdessen erklärte er, dass er die Option des Einsatzes von Wasserwerfern jedenfalls auf Dauer nicht aufgeben wolle.

Ähnlich eindeutig äußert sich auch der neue Justizminister Rainer Stickelberger (SPD), wenn es zum Beispiel um den Vorwurf der Parteilichkeit gegenüber der Staatsanwaltschaft Stuttgart geht. So lehnte er sich auch ganz weit aus dem Fenster, als im Juli 2012 eine von 2863 Bürgern unterschriebene Online-Petition zur „unverzüglichen Entlassung" des Oberstaatsanwalts Bernhard Häußler Schlagzeilen machte – ein einmaliger Vorgang gegenüber einem Angehörigen der mittleren Landesbeamten-Hierarchie. „Eine Kampagne, die die Grenzen einer angemessenen öffentlichen Auseinandersetzung überschreitet", nannte Stickelberger das und stellte sich gleichzeitig vor, hinter und neben Häußler, der stets „objektiv und personen- und sachangemessen" ermittle. Dessen Arbeit hatte Stickelberger übrigens noch im Frühjahr 2011 gar nicht so zu schätzen gewusst, als er selbst noch gewöhnlicher Abgeordneter im Landtag war und die SPD im von den damaligen Regierungsparteien dominierten Untersuchungsausschuss zum 30. 9. vertrat. Dessen Ergebnisse trug Stickelberger damals nicht mit.

Als Minister, finden seine Kritiker, trägt er zu viel mit. Mehrfach wurde er aufgefordert, der Staatsanwaltschaft Stuttgart die Verfahren zum Schwarzen Donnerstag zu entziehen und sie an eine andere Staatsanwaltschaft zu übertragen. Immer hat Stickelberger dies abgelehnt. Deren Chef war ja keineswegs Bernhard Häußler selbst. Der hatte viel mehr hausintern einen Hauptabteilungsleiter und den Leiter der Behörde über sich sowie in der Justizverwaltung des Landes den Generalstaatsanwalt Klaus Pflieger (seit Juli 2013 im Ruhestand). Keiner dieser Vorgesetzten hatte je an Häußlers Amtsführung etwas auszusetzen.

Im Sommer 2013 hat sich dann auch Oberstaatsanwalt Häußler schließlich selbst entschlossen, „aus familiären Gründen" vorzeitig in den Ruhestand zu gehen.

Als Pfliegers Nachfolger wiederum ernannte Justizminister Stickelberger dann Achim Brauneisen zum Generalstaatsanwalt – einen erklärten Befürworter von S 21 – und langjährigen Leiter der Strafrechtsabteilung im Justizministerium und somit mittelbar verantwortlich für die Arbeit auch der Staatsanwaltschaft Stuttgart in den vergangenen Jahren.

Neu ist allerdings, dass behördenintern bei der Staatsanwaltschaft Stuttgart die Ermittlungen zu dem milliardenteuren Wahlkampf-Coup des früheren Ministerpräsidenten Stefan Mappus von Häußlers „politischer" in die Abteilung Wirtschaft transferiert wurde. Anderthalb Jahre lang hatte Oberstaatsanwalt Häußler noch nicht mal einen Anfangsverdacht finden können, dass irgendetwas unrecht gewesen sei. Inzwischen laufen insoweit ernsthafte Ermittlungen. Dabei konnte sogar die von Mappus geschredderte Festplatte seines Dienstcomputers wieder hergestellt werden. Ob sich auf dieser auch Hinweise oder gar Beweise für die alte These finden, dass der Polizeieinsatz am 30. 9. 2010 eben doch vom Ministerpräsidenten Mappus gewünscht war, und zwar in genau dieser aggressiven Form, um danach als starker Mann dazustehen, der durchgreifen kann, ist immer noch offen.

Darauf hat schon immer vieles hingedeutet, vor allem die plötzlich im Vorfeld gezeigte verbale Aggressivität von Mappus („Nehme den Fehdehandschuh auf!") und erst recht das Fehlen jeglicher Logik im Ablauf des Polizeieinsatzes. Und es gibt sogar Hinweise aus CDU-Kreisen, auf dieser Festplatte müsse sich sehr wohl „Aufschlussreiches" über die Vorgänge in den Tagen vor dem Schwarzen Donnerstag finden lassen.

Der auf Antrag der damaligen Opposition eingesetzte Untersuchungsausschuss des Landtags zum Schwarzen Donnerstag hat nach einem Schnellverfahren in seinem von der CDU-/FDP-Mehrheit getragenen Abschlussbericht vom 2. 2. 2011 befunden, dass alles rechtens geschah (siehe den Beitrag „Untersuchungsausschuss: Wahrheitsfindung oder Vertuschung?“). Das war, als noch die CDU regierte.

Und die neue Landtagsmehrheit? Obwohl entscheidende rechtliche und politische Fragen und Verantwortlichkeiten bisher nicht aufgeklärt sind beziehungsweise unter den Teppich gekehrt wurden, hat sie sich bislang allen auch öffentlichen Forderungen widersetzt, einen neuen Untersuchungsausschuss zu den Ereignissen vom Schwarzen Donnerstag und den hierfür auch politisch Verantwortlichen einzusetzen.

Jürgen Bartle (55) war in verschiedenen Funktionen insgesamt 26 Jahre lang für die Zeitungsgruppe Stuttgart als Lokalredakteur in Stuttgart tätig, bis Ende 2012 als Geschäftsführer und Redaktionsleiter der sublokalen Produkte („fünfte Bücher“). Seit Sommer 2013 ist Bartle geschäftsführender Redakteur bei der Kontext:Wochenzeitung. Unter anderem war Bartle auch viele Jahre als Polizeireporter der „Stuttgarter Nachrichten“ unterwegs und wurde 1993 von der damaligen Landespolizeidirektion Stuttgart II per Urkunde zum „Ehrenkommissar der Mordkommission“ erhoben. Der vorstehende Beitrag fußt teilweise auf Artikeln, die der Autor zuvor in der Kontext:Wochenzeitung veröffentlicht hat.

Bis der Balken sich biegt

Von Jürgen Bartle

Biegt er sich? Biegt sich der Balken, an den auch in diesem Gotteshaus der Gekreuzigte genagelt ist? Biegt er sich, weil drei Meter unter und vier Meter vor dem Kruzifix der Stuttgarter Hospitalkirche einer steht und lügt, dass sich die Balken biegen?

Eberhard Schwarz ist als Pfarrer ein berufserfahrener Mann und auch als Organisator und Moderator kirchlicher Veranstaltungen ist der Mann eigentlich ein Profi. Aber diesmal hat er einen Fehler gemacht. Er weiß das selber und hisst die weiße Fahne, noch während er die Zuhörer in den besser als sonst gefüllten Kirchenbänken begrüßt. „Wenn es nicht geht", sagt Seelsorger Schwarz, „dann muss die Veranstaltung abgebrochen werden." Noch fünfmal wird er mit dem Abbrechen der Veranstaltung drohen – um sie dann tatsächlich abzubrechen.

Es ist Dienstag, der 5. April 2011. Sechs Monate und sechs Tage sind vergangen seit dem 30. September, seit dem Schwarzen Donnerstag, als ein Polizeieinsatz im Stuttgarter Schlossgarten einen anderen Verlauf als vorgesehen genommen hat. Die Bilder davon gingen um die Welt. Seither ist in der Stadt nichts mehr, wie es einmal war. Sogar die Regierung haben sie abgewählt, fünf Monate und 27 Tage danach.

Stuttgarts Ex-Polizeipräsident Siegfried Stumpf: Gegen die wirklich Verantwortlichen des Schwarzen Donnerstag wurde bis heute nicht ermittelt. *Foto: Martin Storz.*

Siegfried Stumpf, der Stuttgarter Polizeipräsident, hat diesen Einsatz höchstpersönlich selber geleitet und hinterher – tatsächlich ohne zu zögern – auch die Verantwortung dafür übernommen, dass er spektakulär schiefging. Jetzt steht er da, in einer der wichtigsten Kirchen dieser Stadt, mit dem Rücken zum Kruzifix, und versucht, ein Kurzreferat zu halten über „Wie viel Sicherheit braucht unser Zusammenleben". Das interessiert aber unter den Zuhörern keinen. Die wollen hören, was Stumpf darunter eigentlich versteht – unter diesem „Verantwortung übernehmen".

Der Pfarrer Eberhard Schwarz hat in der Gesprächsreihe „Stuttgarter Profile" Leute zu Gast in seiner Kirche, die „kreative Köpfe, kritische Geister, Tüftler und Querdenker" sein sollen. Stumpf ist nichts von alledem. Sogar sein Referat belegt das – solange sie ihn reden lassen. Dann sagt er einen Satz, den er überall auswendig sagt und als Polizist sicher auch so meint, den alle anderen hier aber anders verstehen. Aufgabe der Polizei sei es, „zu gewährleisten, dass wer morgens sein Haus verlasse, dieses abends unversehrt wieder betreten" könne. Bei „unversehrt" gehen die Emotionen hoch und sind hernach nicht mehr zu bändigen. Am 30. 9. haben Hunderte morgens ihr Haus verlassen und sind abends heimgekehrt – versehrt. Verprügelt von Polizeiknüppeln, geblendet von Reizgas, windelweich geschossen von Wasserwerfern. Vor allem aber verletzt in der Seele, im Glauben an Gerechtigkeit.

„Sie hätten doch bloß aus dem Weg gehen müssen"

Dietrich Wagner sitzt in der zweiten Bankreihe, vielleicht vier Meter von Stumpf entfernt, und schaut in die Richtung, aus der Stumpfs Stimme an sein Ohr dringt. Sehen kann der 67-Jährige sein Gegenüber nicht wirklich. Wagner ist fast blind seit jenem 30. September. Das berühmte Foto von ihm, das ihn mit blutenden und bereits erblindenden Augen hilflos in den Armen zweier Helfer zeigt, kennt die halbe Menschheit – Wagner kennt es nur aus Erzählungen. Wie auch das Video, auf dem er – noch sehend – sich vor den Wasserwerfer stellt und die Arme ausbreitet. Wagners Haltung, kurz bevor ihn mit 16 Bar der Strahl aus der Kanone des Wasserwerfers traf, war die des Mannes, der weiter hinten im Kirchenraum an dem Balken hängt, der sich biegt. Es gibt auch ein Video, das den pensionierten Bauingenieur Dietrich Wagner zeigt, wie er Minuten vor seinem Unglück weniger demütig mit Kastanien in die Richtung der Polizei warf. Unter anderem mit diesem Video haben Siegfried Stumpf und die Seinen zu beweisen versucht, dass die Gewalt an jenem Schwarzen Donnerstag zuerst von Demonstranten ausging. Und bis heute sieht sich der Polizeipräsident deshalb im Recht.

„Sie hätten doch bloß aus dem Weg gehen müssen", sagt Stumpf zu Wagner. Da ist die Kirche längst zu zwei Dritteln leer, und das ist gut so. Die meisten, die ihm für diesen Satz an die Gurgel gegangen wären, sind längst unter Protest und Beschimpfungen gegangen. Und dann wird bald auch endgültig Schluss sein an diesem Abend. Dann wird Wagner von Freunden aus der Kirche geführt, Stumpf wird zum Hintereingang geleitet, wo ein Polizeifahrzeug auf ihn wartet. Es war die erste Begegnung der beiden Männer. Es wird nicht die letzte bleiben, hoffen alle, die auf Wagners Seite stehen. Wenigstens einmal noch sollten sich beide treffen. Vor Gericht. Stumpf hat die bis dahin als „Stuttgarter Linie" bekannte Linie der Deeskalation bei Polizeieinsätzen am 30. 9. ohne polizeilichen Anlass verlassen. Er hat es getan, ohne zuvor die Öffentlichkeit zu informieren, ohne zu sagen: „Ab morgen ist ernst!" Niemand hätte sich, in der Pose von Jesus Christus, sonst vor einen Wasserwerfer gestellt, auch Dietrich Wagner nicht.

Vielen Fragen hat sich Siegfried Stumpf nicht stellen müssen, weder an diesem Abend noch überhaupt seit dem 30. September. Er war von Rückendeckung nachgerade umzingelt. Das vorgesetzte Innenministerium, das im Vorfeld des Einsatzes außen vor war? Fand alles in Ordnung. Der Ministerpräsident, der im Vorfeld alles andere als außen vor war? Sprach das Vertrauen aus. Der Landtag, der einen Untersuchungsausschuss einsetzte? Kam mehrheitlich zu dem Ergebnis, dass es nichts zu kritisieren gab. Die Staatsanwaltschaft, bei der Anzeigen gegen Stumpf eingingen? Schlug die Ermittlungen nieder.

Ja, es gab auch Rücktrittsforderungen gegen Stumpf. Vier Parteien im Stuttgarter Gemeinderat und auch die Landtags-Grünen forderten das. Und es gab sonstige Ärgernisse. Die Dienstaufsichtsbeschwerde beispielsweise, verfasst von einem pensionierten Richter, der zufällig im Schlossgarten war, als die Lage eskalierte. Die Interviews, in denen ihn sein Vorvorgänger als Leiter der Stuttgarter Schutzpolizei ganz fürchterlich abgebürstet hat. Empörte Stellungnahmen von am Einsatz beteiligten Beamten, die offen – soweit sie aus anderen Bundesländern herangezogen worden waren – oder anonym –, soweit sie Stumpf als Vorgesetzten zu fürchten hatten – den Leiter des Einsatzes vom 30. 9. harsch kritisierten. Und immer wieder, eher zwischen den Zeilen als in Leitartikeln, der Vorwurf, er, Stumpf, habe sich und seine Beamten instrumentalisieren lassen für die Wahlkampfzwecke eines Ministerpräsidenten, der desto häufiger unter Muskelkrämpfen litt, je öfter er den starken Mann markierte.

Trotzdem wurde nach dem Einsatz vom 30. 9. 2010 zunächst öffentlich gar über seine Beförderung spekuliert. Chef des Landeskriminalamts sollte er werden, auch wenn hinter vorgehaltener Hand dazu gesagt wurde, dass es dabei eigentlich nur darum gehe, ihn aus dem Schussfeld zu nehmen. Das, sagen Leute, die Stumpf gut kennen, wäre die Krönung eines Bilderbuch-Karrieristen gewesen. Stumpf bewarb sich als 16-Jähriger bei der Bereitschaftspolizei in Lahr. 1970 ließ er sich nach Stuttgart versetzen und schob einige Jahre Streifendienst in Großstadtrevieren. Dann der zweite Bildungsweg auf Polizeiakademien. Schritt für Schritt ging's nach oben. Inspektionsleiter, schließlich Leiter der Stuttgarter Schutzpolizei (1997). Ab dem Jahr 2000 durfte Stumpf auch der Stuttgarter Kriminalpolizei vorstehen, ohne jemals „Kriminaler" gewesen zu sein, wurde 2003 Chef der Polizeidirektion Reutlingen, 2004 Landeskriminaldirektor im Innenministerium und schließlich 2006 Polizeipräsident von Stuttgart. Ein Job, den vor ihm ausschließlich – und mit einer Ausnahme nur promovierte – Juristen ausübten. Stumpf hat mittlere Reife. Aber eben auch jede Menge Eigenschaften, die in solchen Hierarchien geschätzt werden. Zum Beispiel: Loyalität gegenüber Vorgesetzten bis hin zur Selbstaufgabe. Und vor allem anderen: Er hat das richtige Parteibuch.

Das nützt ihm jetzt nichts mehr. Die CDU wurde am 27. März nach 58 Jahren an der Regierung vom Volk einfach so mal abgewählt. Von Rückendeckung umzingelt? Von wegen. Mappus oder der vorgesetzte Innenminister, der wohlwollende Minister der Justiz, alle weg. Niemand wird ihn jetzt mehr zum LKA befördern. Damit muss er rechnen. Auch damit, dass ihn die CDU fallen lässt wie eine heiße Kartoffel, wenn die Partei erst mal Mappus fallen lassen hat. Weil sie vielleicht doch noch begreift, wer ihr die Wahl verloren hat. Letztlich nämlich nicht das Erdbeben in Japan, sondern der Schwarze Donnerstag und ein sinnfreier Bahnhofsbau in Stuttgart, für den er, der Einsatzleiter Stumpf, 1200 Polizisten in die Schlacht geschickt hat gegen 1500 Schüler. Ohne selber vor Ort zu sein, sogar phasenweise, ohne telefonisch erreichbar zu sein. Eine Schlacht, für die er noch nicht einmal Sanitäter bestellte. Deren einziges Ziel die – wie er später erst erfuhr: illegale – Abholzung von zwei Dutzend Bäumen war. Seither müssen sich Polizisten auch von anständigen Bürgern dieser Stadt zurufen lassen, sie seien „Kinderschläger".

Einer von beiden hat gelogen: Mappus oder Stumpf

Eine Schlacht übrigens, die keine geworden wäre, hätte Stumpf den Einsatzbeginn auf 3 Uhr morgens festgelegt. Dass er es nicht tat, sondern den ursprünglich auf 15 Uhr des 30. 9. terminierten Einsatz sehr kurzfristig um Stunden vorverlegte auf einen Zeitpunkt, zu dem in 500 Meter Entfernung vom Schlossgarten eine genehmigte Schülerdemo lief, belegt für viele den Verdacht, dass es der Politik und ihrem Handlanger Stumpf darum ging, bestimmte Bilder aktiv zu erzeugen. Die wenige Tage vor dem 30. 9. von Ministerpräsident Mappus erhobene Behauptung, wonach sich der Widerstand gegen Stuttgart 21 „zunehmend radikalisiert" und sich darin „immer mehr Gewaltbereitschaft" zeige, wurde von Stumpf zwar wortgleich nachgebetet, irgendeinen Beweis dafür sind allerdings beide bis heute schuldig geblieben. Jener pensionierte Richter, der die Dienstaufsichtsbeschwerde gegen ihn stellte, hat inzwischen auch Mappus angezeigt, wegen „uneidlicher Falschaussage" vor dem Untersuchungsausschuss des Landtags. Wer das liest und über ein wenig logisches Denkvermögen verfügt, weiß eines: dass einer von beiden gelogen hat vor dem Ausschuss, Mappus oder Stumpf.

Stumpf und sechs andere Zeugen, sieben Mann, bezeugten, dass der Ministerpräsident Mappus den Polizeipräsidenten Stumpf kurz vor dem 30. 9. in den Amtssitz Villa Reitzenstein einbestellte und seine freundlich formulierte Erwartung äußerte, dass bis zur Regierungserklärung, die er am 4. 10. zu halten gedenke, das Problem gelöst, also der Saustall im Schlossgarten geräumt zu sein habe. Mappus leugnete den Vorgang. Unbestritten bis heute ist dagegen, dass zwei ranghöhere Polizisten als Stumpf diesen vor diesem Einsatz warnten.

Dietrich Wagner hat sich, solange die Veranstaltung läuft, nicht im Griff. Immer wieder wird er laut, ruft dazwischen und will reden dürfen. Erst am Ende, als Stumpf längst auf dem Heimweg ist, beruhigt er sich und äußert sogar Respekt. Immerhin, sagt Wagner, habe Stumpf den Mut gehabt, sich hierher zu begeben. Bis er ihn wieder trifft, kann der halbblinde Mann darüber noch mal nachdenken, und wenn er Stumpf wieder trifft vor Gericht, könnte er ihn beispielsweise Folgendes fragen: ob Stumpf auch dafür die „Verantwortung übernimmt", dass jener Polizist, der die Kanone des Wasserwerfers bediente, ihm ins Gesicht gezielt hat anstatt auf andere Körperstellen, die einen Mann – zumal mit 16 Bar Druck – auch kampfunfähig machen, aber nicht blind für den Rest seiner Tage. 16 Bar Druck ist ganz knapp vor Volllast. 16 Bar Druck ist das, was Polizei nach dem Gesetz nur in einem einzigen Fall einsetzen darf: Im Falle der Selbstverteidigung.

Gefährliche Körperverletzung gegen einen Wasserwerfer?

Wer weiß, was Dietrich Wagner noch geschrien hätte an diesem Tag in dieser Kirche, hätte er gewusst, dass just am selben Tage die Staatsanwaltschaft Stuttgart ein Verfahren – gegen ihn – wegen „versuchter schwerer Körperverletzung" sowie „Widerstands gegen die Staatsgewalt" eingestellt hat. Der Mann, hieß es in der offiziellen Verlautbarung der Strafverfolgungsbehörde, sei „ohnehin bereits hart getroffen" und eine Strafverfolgung wäre darob also „verfehlt". Der „faustgroße Stein" war nie zu beweisen. In Wirklichkeit konnte die Staatsanwaltschaft nichts beweisen, vor allem nicht den von ihr behaupteten und – natürlich von einem Polizisten –

bezeugten Wurf Wagners mit einem „faustgroßen Stein" gegen einen der Wasserwerfer. Kein Kratzer, keine Delle war an dem Fahrzeug zu finden, und selbst wenn, dann wäre erst noch zu klären gewesen, ob ein Mensch überhaupt einen Wasserwerfer am „Körper verletzen" kann, und das überdies sogar noch „gefährlich". Erst nachdem der zuständige Richter den Zeugen der Anklage gehört, die „Beweise“ gesichtet hatte und sehr wahrscheinlich eine kollegiale, aber deutlich negative Einschätzung zu den Prozesschancen gegeben hatte, stellte die Staatsanwaltschaft ein. Um es dann, öffentlich, als Gnadenakt darzustellen. Zynischer geht's nicht.

Eberhard Schwarz, der Pfarrer der Hospitalkirche, hat an diesem Abend weder sich noch seiner Kirche noch sonst jemandem einen Gefallen getan. Die Annahme, die Kirche könne gesprächshalber vermitteln an ebenjener Stelle, an der der tiefste Graben verläuft, der eine (Stadt-)Gesellschaft nur trennen kann, sei „unfassbar naiv“, sagt einer, der unter lautem Schimpfen („Vertane Zeit“) früh gegangen ist, um vor der Kirche das Gespräch mit anderen aufzunehmen, die es auch nicht mehr aushalten konnten. „Bevor Gespräche mit den Tätern sinnvoll sind“, sagt der Mann, müsse erst der Staat urteilen über die Taten. Und ein anderer, der Kirchenmusiker ist und viel musiziert hat in dieser Hospitalkirche, gibt ihm recht: „Für mich ist dieser Platz seit heute entweiht.“

Bedrängt, je öfter ihn und Stumpf empörte Zwischenrufe unterbrechen, schlägt sich drinnen der Pfarrer Schwarz immer mehr auf die Seite seines Gastes. Am Ende wird er dem verbliebenen Rest an Zuhörern sagen: „Ich wünsche Ihnen, dass Sie nie so eine Hetzjagd gegen sich selbst erleben müssen, wie das Herrn Stumpf geschieht.“

Hätte Schwarz Augen auch hinten am Kopf und Ohren, um zu hören, hätte er genau in dem Moment eine Erscheinung gehabt: Drei Meter über und vier Meter hinter ihm knarzte erst und bog sich dann ein ganz bestimmter Balken.

Nachsatz: Exakt drei Wochen nach der Veranstaltung in der Hospitalkirche reichte

Siegfried Stumpf seinen Rücktritt als Polizeipräsident „aus gesundheitlichen Gründen“ ein und wurde zum 30. 4. 2011 in den Ruhestand versetzt. Welche gesundheitlichen Gründe ihn zu diesem Schritt veranlasst hatten, blieb unerwähnt.

Aus der Kontext:Wochenzeitung vom 26. 9. 2012 (gekürzt)

Opfer und Bauernopfer

Von Jürgen Bartle

Zweieinhalb Jahre hat sich die Staatsanwaltschaft Stuttgart Zeit gelassen, um den Wasserwerfereinsatz am 30. September 2010 im Stuttgarter Schlossgarten aufzuklären. Was dabei herauskam, ist wieder mal politisch eingefärbt.

Durch „Wasserstrahle“ wurden laut Ermittlungsergebnis „mindestens neun Personen im Kopfbereich“ getroffen und „erheblich“ verletzt. Von den zwölf deswegen beschuldigten Polizeibeamten müssen sich zwei auf jeden Fall vor Gericht verantworten, in vier weiteren Fällen wurden Strafbefehlen beantragt und akzeptiert, die Verfahren gegen die übrigen sechs wurden wegen geringer oder gar keiner Schuld eingestellt.

Die Staatsanwaltschaft Stuttgart, das sagen auch diesmal wieder ihre Kritiker, habe – bei aller Akribie in der Recherche – die Aktenlage wieder nach ihrem politischen Gusto bewertet. Es ist der alte Vorwurf, der seit dem völlig missglückten Polizeieinsatz vom 30. September 2010, dem größten und folgenreichsten in Stuttgarts Geschichte, immer wieder erhoben wurde: Gegen Demonstranten gehe die Staatsanwaltschaft stets unnachgiebig und mit aller juristischen Härte vor, gegen Polizisten dagegen übe sie Nachsicht. Zumindest „Anzeichen dafür, dass die Staatsanwaltschaft ergebnisorientiert gearbeitet hat“, meint der Freiburger Anwalt Frank-Ulrich Mann zu erkennen, der

Einige der Beamten in den Wasserwerfern erhielten Geldstrafen, andere gingen straffrei aus. Mit Eifer am Werk waren alle. *Foto: Martin Storz.*

die Interessen der vier am Schwarzen Donnerstag am schwersten Verletzten vertritt, darunter diejenigen des fast erblindeten Rentners Dietrich Wagner. Aber nicht nur für Mann reiht sich so manches, was er den Akten entnehmen konnte, „nahtlos in das Vorgehensschema des Herrn Häußler ein".

Und schon ist sie wieder da, die Reizfigur all jener, die seit dem Schwarzen Donnerstag Zweifel am Rechtsstaat hegen. Bernhard Häußler, 63, Leitender Oberstaatsanwalt und Chef der „politischen" Abteilung 1 in der Neckarstraße 145, unter dessen Verantwortung nicht nur der Schwarze Donnerstag, sondern sämtliche Verfahren rund um den Widerstand gegen das Bahnprojekt Stuttgart 21 abgearbeitet werden.

Dabei lag die Federführung im jetzt abgeschlossenen Ermittlungskomplex der Wasserwerfer-Verfahren gar nicht bei ihm, sondern bei seinem Stellvertreter *(Anmerkung der Redaktion: und dazumal designierten Nachfolger; es kam dann anders.)* Stefan Biehl. Biehl musste aber mit den Vorgaben geschirren, die sein Chef Häußler bereits vor Aufnahme der Ermittlungen und zum Teil öffentlich gesetzt hatte. Der hatte den Schwarzen Donnerstag über nahezu den ganzen Einsatz im Schlossgarten und im engen Kontakt mit der Polizeiführung verbracht und dabei weder Erkenntnisse dazu erlangt, dass der Polizeieinsatz womöglich nicht ganz verhältnismäßig gewesen sein könnte, noch war ihm anderweitiges Fehlverhalten von Polizisten zu Augen oder Ohren gekommen. Noch im Dezember 2010 hatte sich Häußler abschließend so geäußert, und erst im November 2011 erklärte die Staatsanwaltschaft, es lägen ihr nun doch Anhaltspunkte für Fehlverhalten bei den Wasserwerfer-Einsätzen vor.

Rechtsanwalt Mann und andere Opferanwälte mehr haben darüber hinaus vor allem zu zwei inhaltlichen Punkten noch mehr Kritik anzubringen als nur zum Ablauf der Ermittlungen.

Regierung und leitende Beamten bleiben ungeschoren

Ihnen geht es um die rechtliche Bewertung der Tatvorwürfe gegen die Polizeibeamten als lediglich fahrlässige Körperverletzung im Amt zum einen; zum anderen darum, dass „nur Beamte niedriger und mittlerer Rangordnung zur Rechenschaft gezogen werden sollen" (Mann). Für den Freiburger Anwalt gäbe die Aktenlage nämlich „auch etwas anderes her", denn es werde darin „offensichtlich", dass dem Polizeiführer, also dem damaligen Stuttgarter Polizeipräsidenten Siegfried Stumpf, „Versäumnisse vorzuwerfen sind, die letztlich auch zu den Verletzungen der Bürger führten".

In diese Kerbe hauen übrigens nicht nur kritische Juristen, sondern vor allem auch Polizisten. Und zwar ohne ein Blatt vor den Mund zu nehmen: „Es ist so gekommen, wie wir von Anfang an befürchtet haben, dass man sich rechtlich an den Polizisten schadlos hält", zieht der Landesvorsitzende der Polizeigewerkschaft GdP, Rüdiger Seidenspinner, vom Leder und legt noch nach: „Die Fehler sind im Vorfeld passiert, jetzt müssen die Polizisten den Kopf hinhalten, während die, die die Verantwortung tragen, straffrei bleiben." Verantwortlich sei die Politik, „die S 21 so betrieben hat, dass es zu dem Schwarzen Donnerstag gekommen ist". Aber auch die Rolle Stumpfs, der sich nach der Landtagswahl 2011 „aus gesundheitlichen Gründen" umgehend in den Ruhestand versetzen ließ, wird in den Reihen der Polizei inzwischen äußerst kritisch gesehen. „Das ist eine Sauerei, wie der vor seiner Verantwortung davonläuft und die Kollegen im Regen stehen lässt", sagt ein Mitglied der Stuttgarter Polizei, das selber am Schwarzen Donnerstag im Schlossgarten „den Kopf und die Knochen hingehalten" hat.

Den Ärger der Beamten kann Hans-Ulrich Sckerl, der innenpolitische Sprecher der Grünen im Landtag, „in vollem Umfang nachvollziehen", wenngleich das Fehlverhalten des einzelnen Polizisten dennoch verfolgt und angeklagt gehöre. Trotzdem bleibt auch für den einstigen Obmann der Grünen im Untersuchungsausschuss des Landtags „ein schaler Beigeschmack" und der Verdacht übrig, „dass die Polizisten das Bauernopfer sind".

Doch Siegfried Stumpf, gegen den allein an die 300 Anzeigen sowie diverse Dienstaufsichtsbeschwerden eingingen, ist unverändert außen vor. Besagter Untersuchungsausschuss fand im Frühjahr 2011 an seinem Verhalten nichts zu kritisieren und für die Staatsanwaltschaft Stuttgart schlug Bernhard Häußler das Ermittlungsverfahren gegen Stumpf nieder, weil er – wie so oft – noch nicht einmal einen Anfangsverdacht ausmachen konnte.

Das könnte einen simplen Zusammenhang haben, den gerade der pensionierte Dieter Reicherter seit zweieinhalb Jahren immer wieder aufs Tablett bringt: Würde Häußler im Nachhinein bei Stumpf Fehlverhalten erkannt haben, würde er damit einräumen, seinerseits am Schwarzen Donnerstag nicht korrekt gehandelt zu haben, als er sich die meiste Zeit in Stumpfs Nähe aufhielt und den Polizeifunk mithörte. „Womöglich sogar strafrechtlich relevant" könnte das für Häußler sein, sagt auch Frank-Ulrich Mann, der es aus Häußlers Sicht zumindest „ganz praktisch" findet, „wenn man dann selber die Ermittlungen führt und die Ergebnisse beeinflussen kann".

Zwar hat Häußler, siehe oben, die Wasserwerfer-Ermittlungen nicht selber geführt, aber sehr wohl an diversen Besprechungen teilgenommen, in denen die Marschrichtung der Staatsanwaltschaft festgezurrt wurde, darunter auch an einer gemeinsamen mit der Polizeiführung, in der sehr früh – und noch bevor die Beschuldigten als solche vernommen waren – die Fahrlässigkeitsfrage beantwortet wurde, sehr zugunsten der Polizisten. So jedenfalls haben das gleich mehrere Anwälte, die Akteneinsicht hatten, gegenüber der Kontext:Wochenzeitung interpretiert. Für den federführenden Staatsanwalt Biehl habe es danach nur mehr wenig Spielraum gegeben, sagt ein Anwalt, denn schließlich seien Staatsanwaltschaften „streng hierarchische Institutionen, in denen von oben nach unten dirigiert wird".

Nur fahrlässige oder vorsätzliche schwere Körperverletzung?

An ebenjener Frage, ob es sich bei den Taten, die den beschuldigten Beamten zur Last gelegt werden, um fahrlässige Körperverletzungen handelt oder ob mit Vorsatz gehandelt wurde und schwere oder gefährliche Körperverletzungen anzuklagen wären, scheiden sich nicht nur die juristischen Geister hüben und drüben. Vor allem macht das in der Strafzumessung gewaltige Unterschiede aus. Während nämlich die fahrlässige Körperverletzung noch mit Geldstrafen abgegolten werden kann, haben Verurteilungen wegen schwerer oder gefährlicher Körperverletzung in jedem Fall Freiheitsstrafen zur Folge.

Spannend in dem Zusammenhang liest sich vor allem § 226 StGB (schwere Körperverletzung): „Hat die Körperverletzung zur Folge, dass die verletzte Person 1.) das Sehvermögen auf einem Auge oder auf beiden Augen ... verliert ... 3.) in erheblicher Weise dauernd entstellt wird ... oder in Behinderung verfällt, so ist die Freiheitsstrafe von einem Jahr bis zu zehn Jahren." Und in Absatz 2 heißt es: „Verursacht der Täter eine der in Absatz 1 bezeichneten Folgen absichtlich oder wissentlich, so ist die Strafe Freiheitsstrafe nicht unter drei Jahren."

Fahrlässige Körperverletzung begeht beispielsweise, wer aus einer momentanen Unachtsamkeit heraus einen Verkehrsunfall verursacht, bei dem ein Mensch verletzt wird. Von einer momentanen Unachtsamkeit könne aber wohl keine Rede mehr sein, schreibt beispielsweise Richter i. R. Dieter Reicherter in einer im Internet veröffentlichten Reaktion auf die Pressemitteilung der Staatsanwaltschaft, wenn „über einen Zeitraum von drei Stunden nicht nur gegen die Anordnung, lediglich Wasserregen einzusetzen, verstoßen wurde, sondern auch gegen die allgemeine Einsatzregel, nicht auf Köpfe von Menschen zu schießen".

Und Frank-Ulrich Mann ergänzt, dass für eine Verurteilung wegen vorsätzlicher Körperverletzung bereits die mildeste Form des Vorsatzes ausreiche, der sogenannte Dolus eventualis. Der könnte bereits angenommen werden, wenn der Täter die Verletzung eines Menschen durch den Strahl des Wasserwerfers unter hohem Druck und aus geringer Entfernung „für möglich gehalten" und die „Verletzung billigend in Kauf genommen" hat. Während nach Manns Ansicht diese Voraussetzungen „zweifelsfrei erfüllt sind", konnte die Staatsanwaltschaft ausgerechnet bei den Wasserwerfer-Besatzungen solches nicht erkennen.

Sie stellte die Verfahren gegen einen Kommandanten der insgesamt vier eingesetzten Fahrzeuge ein, ebenso diejenigen gegen fünf Rohrführer, denen nur geringfügige Schuld oder gar kein strafbares Verhalten nachgewiesen werden konnte. Gegen den Staffelführer, zwei andere Kommandanten sowie einen Rohrführer wurden Strafbefehle beim Amtsgericht Stuttgart beantragt.

Harte Wasserstöße statt Wasserregen

Tatsächlich angeklagt, und zwar „wegen des besonderen Umfangs und der besonderen Bedeutung des Falles" sogleich vor dem Landgericht, werden zwei Beamte, die am Schwarzen Donnerstag als „polizeiliche Einsatzabschnittsleiter" ihre „Sorgfaltspflicht verletzt" haben sollen. Der Vorwurf der Staatsanwaltschaft: Die beiden hätten nicht eingegriffen, „als die Wasserwerfer-Besatzungen unter der Leitung des Staffelführers im Zeitraum zwischen ca. 13.30 Uhr und 16.30 Uhr immer wieder Wasserstrahle abgaben, die mindestens neun Demonstranten im Kopfbereich trafen und erheblich verletzten". Bei den Angeschuldigten habe die „Führungsverantwortung" für die Wasserwerfer gelegen, von ihnen sei die Freigabe derselben zum Einsatz erbeten worden. Allerdings sei diese Freigabe durch die Polizeiführung unter der „ausdrücklichen Maßgabe" erfolgt, den „Einsatz auf Wasserregen zu beschränken". Die Situation im Park, die daraufhin erst recht eskalierte, habe dann die Wasserwerfer-Besatzungen veranlasst, von Wasserregen „auf Wassersperren, Wasserstöße und lang anhaltende Wasserstrahle in Richtung der Demonstranten überzugehen".

Dass Andreas F., 40, damals Leiter des für den Schlossgarten zuständigen Stuttgarter Polizeireviers Wolframstraße, und Jürgen von M., 47, damals Leiter der Einsatzabteilung der Bereitschaftspolizei Böblingen, also beide alles andere als unerfahren im Umgang mit S-21-Demos, diese „ausdrückliche Maßgabe" des Polizeipräsidenten Stumpf nicht an die Wasserwerfer-Besatzungen weitergegeben haben sollen, wie es ihnen die Staatsanwaltschaft vorwirft, macht schon staunen. Dass aber die im Park anwesende Führungsebene darüber und Stumpf selber über drei Stunden nichts davon mitbekommen haben sollen, dass gegen die Maßgabe verstoßen wurde, das nimmt schon deswegen wunder, weil zum fraglichen Zeitpunkt längst Fernsehsender Livebilder aus dem Schlossgarten übertrugen und private Aufnahmen und Videos zu Dutzenden im Internet eingestellt waren. Dazuhin sind reichlich Anrufe von Bürgern bei der Polizeiführung dokumentiert, darunter Juristen und Pfarrer, die den Abbruch des Einsatzes forderten und die Zustände beschrieben, die im Schussfeld der Wasserwerfer herrschten.

Nicht vorgelegte Beweismittel

Dieter Reicherter kann so viel Blindheit auf staatsanwaltlichem Auge nur noch mit Ironie ertragen: Da sei doch wohl das Seh- und das Hörvermögen der Verantwortlichen zu prüfen, wenn nur die polizeilichen Einsatzabschnittsleiter die Rechtsverstöße hätten bemerken können, „nicht aber die für den Einsatz insgesamt Verantwortlichen". Ihm wie auch Frank-Ulrich

Mann und zahlreichen weiteren Anwälten stößt diese Sicht der Staatsanwaltschaft auch deswegen besonders sauer auf, weil in umgekehrten Fällen, also wenn es um Vergehen von Demonstranten gegen Polizeibeamte geht, Häußlers Abteilung 1 seit Jahren keine Gnade kennt. Für sie ist beispielsweise selbst dann vorsätzliche Körperverletzung gegeben, wenn bei Blockaden Demonstranten weggetragen werden und Polizeibeamte danach über Rückenbeschwerden klagen.

Bis hin zum Vorwurf des versuchten Totschlags (wegen eines Schubsers in Richtung eines gerade anfahrenden Autos) hat Häußler, der solche Sachen gern selber im Gerichtssaal vertritt, die Palette der Möglichkeiten schon ausgereizt, nicht immer mit Erfolg bei den Richtern, aber häufig genug. Und fast immer dann, wenn Polizisten die einzigen Zeugen der Anklage sind. Andererseits dann häufig nicht, wenn es Bilder gibt vom Geschehen. Ein Beispiel unter vielen, allerdings ein besonders bemerkenswertes dazu, gab ein Prozess vor dem Landgericht ab, der auf der Internetseite von Cams 21 veröffentlicht wurde. Hierbei half dem in erster Instanz verurteilten Angeklagten ein Video aus der Patsche, auf dem nicht nur zu erkennen war, dass der gegen ihn erhobene Vorwurf nicht zutraf, sondern dazuhin zu sehen war, dass auch ein Beamter den Vorgang gefilmt hatte. Das Polizeivideo, auf dem angeblich nichts den Angeklagten Belastendes zu sehen war, war von der Staatsanwaltschaft, die ihrerseits in Berufung gegangen war, um ein strengeres Urteil zu erwirken, gar nicht erst als Beweismittel eingebracht worden. Auf eine Anfrage hierzu der Kontext:Wochenzeitung ließ die Staatsanwaltschaft am Dienstag immerhin wissen, der „mitgeteilte Vorgang" werde „geprüft".

Der erst für das Jahre 2014 zu erwartenden Hauptverhandlung vor dem Landgericht gegen Andreas F. und Jürgen von M. sehen indessen nicht nur die beiden Angeklagten mit Spannung entgegen, sondern so ziemlich alle Polizisten in Stuttgart, für die sich dabei die Frage beantworten wird, wie allein gelassen sie sind, wenn es zum Schwur kommt. Andererseits wird ein ehemaliger Polizist, der ansonsten im Schönbuch den vorgezogenen Ruhestand genießt, das Ganze auf heißen Kohlen hockend verfolgen. Denn wenn vielleicht doch nicht alles so war, wie es der Polizeipräsident Siegfried Stumpf bisher behauptet, dann dürfte es nicht mehr lang dauern, bis die Wahrheit ans Licht kommt.

Aus der Kontext:Wochenzeitung vom 3. 4. 2013 (gekürzt)

Eine völlig unbefangene Richterin

Von Jürgen Bartle

Am Amtsgericht Stuttgart tut eine Richterin Dienst, die einen Prozessmarathon vor sich hat – gegen 48 Beschuldigte, denen „besonders schwerer Landfriedensbruch" vorgeworfen wird. Einen Namen hat sie sich bereits gemacht, so im Dezember 2012 mit einem aufsehenerregenden Urteil: Zwei Parkschützer, die sich in ihrem Zelt an einem Stahlstab in einer einbetonierten Röhre festgekettet hatten und deren Kette deshalb im Zuge der Baumfällaktion von der Polizei erst durchgetrennt werden musste, verurteilte sie wegen Widerstands mit Gewalt gegen Vollzugsbeamte nach § 113 StGB. Sie folgte damit – entgegen der bisher herrschenden Rechtsprechung, die in vergleichbaren Fällen den auf die Beamten ausgeübten Druck nicht als körperliche Gewalt ansieht – dem Antrag des in der Verhandlung die Anklage persönlich vertretenden Leiters der politischen Abteilung der Staatsanwaltschaft Stuttgart, OStA Bernhard Häußler.

Die Richterin hat nun in einer Selbstanzeige erklärt, sie sei in den neuen Fällen nicht befangen, obwohl es gute Gründe gibt, genau das anzunehmen.

Für gewöhnlich ist die Frage, ob Eheleute arg viel miteinander reden, Privatsache. Nicht so im Fall der Stuttgarter Amtsrichterin Katrin von Mengden-Breucker. Darüber, ob sie mit ihrem Ehemann, dem Stuttgarter

Mappus (mit Ministern Rau, Gönner, Rech am Tag nach dem Schwarzen Donnerstag): Dem Druck der Straße nicht nachgeben. *Foto: Martin Storz.*

Anwalt Marius Breucker, über einen bestimmten, durchaus nicht alltäglichen Vorgang geredet hat oder eben nicht, hat jüngst sogar die „Stuttgarter Zeitung" spekuliert. Und darüber wird alsbald auch in so mancher Verhandlung geredet werden, die die Richterin führen soll. Diese hat Ende März Selbstanzeige erstattet und darin behauptet, sie habe in dieser Sache keinen ehelichen Sprechverkehr gehabt. Aber das glaubt ihr kaum jemand.

Darum geht's: Am 14. Oktober 2010, also zwei Wochen nach dem „Schwarzen Donnerstag", schrieb Marius Breucker einen Brief an den damaligen Ministerpräsidenten Stefan Mappus (CDU). Einfach so und aus „Freude" über dessen „klare Haltung in der Auseinandersetzung um Stuttgart 21". Er ziehe seinen Hut vor dessen „Courage", ließ Breucker Mappus wissen, und er versichere ihm, dass „die überwiegende Zahl der arbeitenden Stuttgarter Bevölkerung", die keine Zeit habe zu demonstrieren, „klar hinter dem Projekt und den Projektverantwortlichen" stehe. Seinen Brief stellte der bekannte Sportrechtsanwalt und promovierte Anti-Doping-Experte unter den privaten Briefkopf des Ehepaars von Mengden/Breucker und ließ Mappus überdies wissen, dass sich „diese Haltung ... in gleicher Weise in meiner Familie" finde.

Mit Grüßen des Herrn Ministerpräsidenten

Davon will Breucker seiner Frau so wenig etwas erzählt haben wie von der Antwort, die aus dem Staatsministerium „auf Bitte" und mit „Grüßen des Herrn Ministerpräsidenten" bei ihm einging. Wie sich's gehört, hatte das Ministerium beiden Absendern geantwortet und in der Anrede die Dame des Hauses an erster Stelle genannt: „Sehr geehrte Frau v. Mengden-Breucker ..."

Nun wäre es noch immer Privatsache des Marius Breucker, sich dermaßen aus dem Fenster zu lehnen in einem Streit, der damals schon und der seither die Stadt in zwei Lager teilt. Wenn halt seine Gattin, mit der er über so etwas angeblich nicht redet, nicht ausgerechnet Richterin am Stuttgarter Amtsgericht, Abteilung Strafsachen, wäre. Als solche führt sie seit Jahren regelmäßig Verhandlungen auch gegen S-21-Gegner und verfährt mit denen alles andere als zimperlich. Mehrfach sorgte sie für Schlagzeilen, insbesondere auch mit ihren erwähnten Urteilen, in denen sie der Sichtweise des Oberstaatsanwalts Bernhard Häußler folgte, der bei Fällen von Anketten oder Einbetonieren bundesweit erstmalig auf gewaltsamen Widerstand gegen Vollstreckungsbeamte plädierte und damit, nach Ansicht von Verteidigern, den Versuch unternimmt, „den Gewaltbegriff neu zu definieren".

Mit der Privatsache hatte es freilich Anfang März ein Ende, nachdem die besagten Briefe von und an das Ehepaar von Mengden-Breucker den

Weg aus den Akten des Staatsministeriums in die Öffentlichkeit gefunden hatten. Schon damals spekulierte die „Stuttgarter Zeitung“ über die mögliche Befangenheit der strammen Richterin, und der Vizepräsident des Stuttgarter Amtsgerichts gab zu Protokoll, die Frage werde in künftigen Verfahren „möglicherweise zu prüfen sein“. Das „möglicherweise“ ist mittlerweile zu streichen: Befangenheitsanträge gegen Katrin von Mengden-Breucker liegen dem Amtsgericht inzwischen bereits in mehreren Fällen vor.

Ihrerseits reagierte die Richterin, indem sie dem eigenen Gericht gegenüber eine „Mitteilung gemäß § 30 StPO“ abgab. In der Selbstanzeige führte sie aus, sie habe von den Briefen ihres Mannes „keine Kenntnis“ gehabt und erst durch die Anfrage der Zeitung von deren Existenz erfahren. Deshalb fühle sie sich in ihrer „Unabhängigkeit als gesetzliche Richterin“ auch „nicht beeinträchtigt“.

Die Anwälte sehen keine Unabhängigkeit, sondern eine „Haltung der Familie“

Das sehen Rechtsanwälte nun gleich reihenweise anders, denn ausgerechnet bei der Richterin von Mengden-Breucker ist im Zuge der turnusgemäßen Geschäftsvergabe des Amtsgerichts jenes Mammutverfahren gelandet, das die Vorkommnisse am 20. Juni 2011 auf dem Gelände des Grundwassermanagements im Stuttgarter Schlossgarten aufklären soll. Damals waren im Anschluss an eine Montagsdemonstration vor dem Hauptbahnhof zunächst einige Aktivisten in das umzäunte Gelände eingedrungen und hatten Sachschaden an Rohren und Baumaschinen angerichtet. Hunderte von Kundgebungsteilnehmern hatten das Gelände dann ebenfalls betreten und sich damit – nach Ansicht der Staatsanwaltschaft Stuttgart – des Landfriedensbruchs in besonders schwerem Fall schuldig gemacht.

Gegen 48 Beschuldigte hat die Anklagebehörde beim Amtsgericht den Erlass von Strafbefehlen beantragt, deren Höhe zwischen 90 und 150 Tagessätzen pendelt und in einem Fall sogar eine Freiheitsstrafe vorsieht. Allein die empfindliche Höhe der Geldstrafen werde dazu führen, dass viele der Beschuldigten ihren Strafbefehl nicht akzeptieren und Widerspruch dagegen einlegen werden, prophezeien Anwälte von Beschuldigten. Und sie kündigen an, zuvorderst einmal die Richterin von Mengden-Breucker ablehnen zu wollen. Denn diese habe in ihrer Selbstanzeige lediglich die Kenntnis der Briefe bestritten, nicht aber die darin von ihrem Ehemann ausgeführte „Haltung der Familie“, schreibt beispielsweise der Tübinger Anwalt Karl-Joachim Hemeyer in seinem Ablehnungsantrag. Und diese „Haltung der Familie“ bringe unter anderem eine nicht akzeptable „Geringschätzung der Wahrnehmung von Demonstrationsfreiheit“ zum Ausdruck.

Wie hatte genau das noch Marius Breucker auf den Punkt gebracht, als er Stefan Mappus auch im Namen seiner Frau anfeuerte? Der „sehr geehrte Herr Ministerpräsident“ möge sich, schrieb der eheliche Sprechverkehr-Verweigerer Breucker, nur nicht „vom Getöse der Straße beirren lassen“.

Dieser Beitrag fußt auf einem Artikel, den der Autor am 17. 4. 2013 in der Kontext:Wochenzeitung veröffentlicht hat. Wenige Wochen danach wurde die Amtsrichterin – ohne dass ihre Befangenheit zugegeben worden wäre – von der Leitung des Amtsgerichts von den Verfahren im Zusammenhang mit S 21 wieder abgezogen.

Die Wahnvorstellungen des Richters R.

Von Dieter Reicherter

Aus einem Aktenvermerk des Oberstaatsanwalts Häußler vom 9. 11. 2010: „Bei mir ist der Eindruck entstanden, dass Herr Reicherter eine Wahnvorstellung entwickelt hat." Diesen Satz brachte der bekannte politische Ermittler nicht ohne Grund zu den Akten. Vielmehr ging es darum, mich als Zeugen zum Geschehen vom 30. 9. 2010 (sogenannter Schwarzer Donnerstag) im Stuttgarter Schlossgarten unglaubwürdig zu machen. Dieser Tag sollte zu einem Wendepunkt in meinem Leben werden. Bis dahin braver Richter und davor Staatsanwalt, der zum 1. 9. 2010 in Ruhestand gegangen war und sein Leben genießen wollte, sah ich mich an jenem Tag plötzlich einer Staatsmacht gegenüber, die sich aufführte wie im Krieg.

Der Schwarze Donnerstag und seine Folgen

Dass ich den Polizeieinsatz vom 30. 9. 2010 überhaupt persönlich erlebte, war Zufall. Inzwischen halte ich es allerdings für Vorsehung. Ich hatte mich mit einer ebenfalls pensionierten Kollegin zum Mittagessen in Stuttgart verabredet. Unterwegs hörte ich im Autoradio vom Polizeieinsatz. Da ich

Dieter Reicherter: Bis heute keine Antworten auf drängende Fragen. *Foto: Martin Storz.*

bis dahin noch nie an einer Demonstration teilgenommen hatte und mir nicht vorstellen konnte, wie ein Großeinsatz der Polizei im Schlossgarten ablaufen würde, ging ich nachmittags in den Park. Zu keiner Zeit befand ich mich auf einem der Wege, die von der Polizei geräumt werden sollten, oder nahm aktiv am Geschehen teil. Das sollte mich allerdings nicht vor einem Angriff des Wasserwerfers bewahren, der weder angekündigt noch notwendig und schon gar nicht verhältnismäßig war. Auf der Wiese abseits des Geschehens, auf der ich getroffen wurde, befanden sich Hunderte, wenn nicht Tausende von friedlichen Menschen, die keinerlei Anlass zu dem Einsatz des Wasserwerfers gegeben hatten. Ich selbst wurde nur völlig durchnässt, ebenso meine mitgeführten Einkäufe. Vor weiteren Wasserstößen konnte ich mich zum Glück hinter einen Baum flüchten. Die Möglichkeit wegzugehen bestand in dieser Situation nicht, weil mehrfach weitere Einsätze mit hohem Druck folgten.

Andere Menschen in meiner Nähe hatten weniger Glück. Es gab auch bei diesem Angriff Verletzte. Eine Frau in meiner Nähe erlitt eine schwere Augenverletzung. Darüber hinaus wurden laufend Personen mit Verletzungen durch Pfefferspray vorbeigeführt, darunter viele Kinder. Später erfuhr ich, dass der Einsatz von Pfefferspray gegen Kinder nach den polizeilichen Vorschriften absolut verboten ist. Noch heute warte ich auf die Einleitung von Ermittlungen deswegen. Meine Schreiben dazu an Staatsanwaltschaft, Generalstaatsanwaltschaft und Justizminister blieben bislang ohne jeden Erfolg. Und ich frage mich, ob wegen dieser Untätigkeit nach bald drei Jahren allmählich eine Anzeige wegen Strafvereitelung im Amt fällig wäre.

Das Geschehen an diesem Tag, aber insbesondere das Gefühl der Ohnmacht, das totale Ausgeliefertsein an die Staatsmacht, war eine völlig neue Erfahrung für mich. Bis dahin hatte ich als Teil des Justizapparats auf der anderen Seite gearbeitet, nach dem persönlichen Motto „Streng, aber gerecht“. Schon am selben Abend und erst recht am nächsten Morgen sollte ich erfahren, dass Politik und Medien es mit Wahrheit und Gerechtigkeit nicht so genau nahmen. Friedliche Demonstranten wurden als gewalttätige Chaoten verunglimpft. Ich beschloss, als vermeintlich glaubwürdiger Augenzeuge der Wahrheit zum Sieg zu verhelfen. Deshalb richtete ich eine Dienstaufsichtsbeschwerde gegen die Wasserwerferbesatzung an den damaligen Innenminister Rech, in der ich meine Eindrücke schilderte. Das Schreiben sandte ich zur Kenntnisnahme an zahlreiche Politiker und Medien und verbreitete es per Mail. Ohne mein Zutun tauchte die Dienstaufsichtsbeschwerde alsbald im Internet auf, was einen riesigen Medienhype auslöste. Plötzlich war ich als Interviewpartner für verschiedene Radio- und Fernsehprogramme sowie Zeitungen und Zeitschriften gefragt. Aus der ganzen Welt erreichten mich E-Mails und Anrufe.

Das war der Beginn meines Einsatzes zur Aufklärung des Schwarzen Donnerstags. Zunächst dachte ich noch, mich auf jenen Tag konzentrieren zu können. Als ich mich aber näher mit dem Projekt Stuttgart 21 beschäftigte, merkte ich alsbald, dass dort noch mehr gelogen wurde als beim Schwarzen Donnerstag.

Vertuschung statt Aufklärung

Von da an stürzten immer wieder neue Ereignisse und interessante Begegnungen über mich herein. Als Erstes wurde ich als Zeuge für den Untersuchungsausschuss des Landtags benannt und geladen. Nach viereinhalbstündiger Wartezeit bedeutete man anderen Zeugen und mir, wir würden nicht gebraucht und könnten gehen. Das war ein Umgang mit Zeugen, den ich mir als Richter nie erlaubt hatte. Auch in der Sache war das verhängnisvoll, weil die Polizeigewalt, über welche wir hätten berichten können, im späteren Abschlussbericht des Ausschusses nicht auftauchte. Über den Untersuchungsausschuss werde ich an anderer Stelle des Buches noch näher berichten.

Inzwischen war ich als angeblich Prominenter auch gefragt worden, ob ich an einem Tribunal zur Aufklärung des Schwarzen Donnerstags mitarbeiten wolle. Daraus entstand das „Bürgertribunal zum 30. 9. 2010", welches immer noch aktiv ist. Zum ersten Jahrestag des Polizeieinsatzes erinnerten wir mit einer viel besuchten Veranstaltung an das Geschehen. Erstmals kamen Betroffene zu Wort und konnten öffentlich ihre Erlebnisse sowie die körperlichen und psychischen Folgen des Polizeieinsatzes schildern. Am meisten beeindruckt hat mich die schriftliche Schilderung eines damals 14-Jährigen, der berichtete, ein Polizist habe ihn am Kopf gepackt und ihm mit dem Handschuh Pfefferspray ins Gesicht gerieben.

Das Bürgertribunal erhob konkrete Forderungen zur Aufklärung des Schwarzen Donnerstag und zur Verbesserung der Bürgerrechte. Diese Abschlusserklärung wurde von den Anwesenden bestätigt. Bei der folgenden Unterschriftensammlung schlossen sich über 4500 Bürgerinnen und Bürger den Forderungen an. Immerhin bekamen wir Gelegenheit, die Abschlusserklärung persönlich dem Ministerpräsidenten Kretschmann zu übergeben. Der Empfang fand am 5. 12. 2011 statt und wurde von Flügel-TV übertragen. Leider warten wir noch immer auf konkrete Antworten auf unsere Fragen und Forderungen.

Die Enttäuschung über die Arbeit des Untersuchungsausschusses führte dazu, dass ich die Anfrage, ob ich einen Beitrag zu dem geplanten Buch „Mit Kanonen auf Spatzen" über den Untersuchungsausschuss schreiben wollte, nicht ablehnte. Die Überschrift meines Beitrags, „Die Ohnmacht der Bürger", drückt genau das aus, was ich am 30. 9. 2010 empfunden habe und seitdem immer wieder empfinde. So wundert es mich nicht, dass die CDU-Landtagsabgeordnete Nicole Razavi, die Mitglied des Untersuchungsausschusses gewesen war, in einer Anfrage an die Landesregierung die Frage aufgeworfen hat, ob die Herausgeberin des Buches – die wie ich im Ruhestand ist – mit diesem Buch gegen die Treuepflicht einer Beamtin verstoßen hat. Aber das ist eine andere Geschichte und legt höchstens die Frage nahe, ob die Abgeordnete noch auf dem Boden der Verfassung steht.

Inzwischen hatten sich auch die Juristen zu Stuttgart 21 bei mir gemeldet und mich zur Mitarbeit eingeladen. Die Arbeit in diesem Kreis empfinde ich noch immer als sehr bereichernd. Dazu kommen persönliche Freundschaften, die über den juristischen Austausch weit hinausgehen. Wie überhaupt in der Bewegung gegen Stuttgart 21 gibt es auch im Arbeitskreis Spezialisten für alle möglichen Themen. Bei den Beratungen, was bei einzelnen Themen unternommen werden kann, sind scharfe juristische Diskussionen förderlich. Kein Wunder, dass ausgerechnet ich, der im Ruhestand nichts mehr mit der Juristerei zu tun haben wollte, alsbald wieder Kommentare zum Strafgesetzbuch und zur Strafprozessordnung anschaffen musste.

Das UIG – Segen für Bürger, lästig für Behörden

Im Arbeitskreis befassten wir uns unter anderem mit den Rechten, die das Umweltinformationsgesetz (UIG) bietet. Inzwischen mache ich aktiv von der dadurch eröffneten Möglichkeit Gebrauch, Einsicht in Behördenakten zu erhalten, soweit es um Umweltfragen geht. Dieser Begriff ist weit zu fassen. Der erfolgreichste Antrag war sicherlich derjenige an das Staatsministerium zur Einsicht in alle Akten zu den Baumfällungen vom 30. 9./1.10.2010. Er gab meinem Mitstreiter und mir die Gelegenheit, das Thema sehr weit zu fassen, sodass die gesamte Vorbereitung des Polizeieinsatzes und die Zeit danach bis zur Abwahl der alten Landesregierung darunter fielen. Vier Tage harter Arbeit im Staatsministerium haben sich gelohnt. Es bot sich ein Blick in die Tätigkeit des Staatsapparats, aber auch in Hunderte von Briefen von Bürgerinnen und Bürgern. Bis heute kann ich die Speichelleckerei prominenter Persönlichkeiten in Briefen an den damaligen Ministerpräsidenten Stefan Mappus nicht fassen. Wie kann ich von einem Aufsichtsrat der Deutschen Bahn erwarten, dass er sein Amt ernst nimmt, wenn er Mappus für sein Durchgreifen lobt und ihm versichert, er werde das Bahnprojekt als Aufsichtsrat und als führender Wirtschaftskapitän unterstützen? Was soll ich von der Einstellung einer Amtsrichterin zu den Grundrechten der Demonstrations- und Meinungsfreiheit halten, wenn ihr Ehemann auch in ihrem Namen den Ministerpräsidenten auffordert, dem Druck der Straße nicht nachzugeben?

Erwartungsgemäß wurde uns die Einsicht in einen Teil der vorhandenen Unterlagen verweigert, wie zum Beispiel in die zwischenzeitlich berühmten Mappus-E-Mails. Nach erfolglosem Widerspruch habe ich zwischenzeitlich beim Verwaltungsgericht Stuttgart deswegen Klage erhoben.

Überhaupt bietet das Gesetz interessante Einblicke in die Arbeit der Behörden. Während die Stadt Stuttgart sehr zügig unsere Anträge erledigt hat (die Entscheidungsfrist beträgt nur einen Monat), nehmen es andere Behörden nicht so genau. Nur knapp entging beispielsweise das Finanz- und Wirtschaftsministerium mit seiner erst nach vier Monaten getroffenen Entscheidung unserer bereits beschlossenen Beschwerde an die EU-Kommission.

Polizei und Grundrechte

Eine neue Aufgabe war es, bei zahlreichen Veranstaltungen bis hin zu einer Großdemonstration mit 20 000 Teilnehmern auf der Bühne zu stehen und Reden zu halten. Auch als Vortragender bei vielen Veranstaltungen von einzelnen Gruppen der Widerstandsbewegung bin ich gefragt. Das wird nicht überall gern gesehen: Ein leitender Polizeibeamter, der meine Rede beim Frühstück am Bauzaun verfolgte, sprach mich unmittelbar danach an und meinte, ich hätte im Ton zu scharf gesprochen und solle doch künftig mäßigend auf meine Zuhörer einwirken. Wie ich später erfuhr, sah sich auch der Polizeipräsident diese Rede im Internet an und ärgerte sich, weil ich die Polizei lächerlich gemacht hätte. Allerdings hatte ich nur wahrheitsgemäß von einem Vorfall berichtet, bei dem sich die Polizei selbst lächerlich gemacht hatte.

Und damit bin ich bei der Tätigkeit der Polizei im Zusammenhang mit dem Projekt Stuttgart 21. Konkret ging es darum, dass eine treue Teilnehmerin der Montagsdemonstration nach deren Beendigung zusammen mit Bekannten ein Restaurant direkt im Stuttgarter Hauptbahnhof aufsuchen wollte, um dort noch etwas zu essen. Ihr Alter möchte mir die Dame nicht verraten. Sie dürfte aber weit über 80 Jahre alt sein. Sie ist auffallend klein und führt immer ihr Schild mit der Aufschrift „Kopf bleibt oben" mit sich, das genau so hoch ist wie sie selbst. Das wurde ihr zum Verhängnis. Wegen des Schildes wurde ihr nämlich von Polizeibeamten der Zugang zum Hauptbahnhof verwehrt. Sie wurde aufgefordert, das Schild draußen zu lassen oder es zumindest zu verdecken, zum Beispiel mit einer Plastiktüte, was sie ablehnte.

Als ich davon erfuhr, fragte ich im Polizeipräsidium Stuttgart nach. Es stellte sich heraus, dass es tatsächlich eine Anweisung gibt, nach der Montagsdemonstration keine Teilnehmer mit den Symbolen des Widerstands in den Bahnhof zu lassen. Als Begründung wurde mir genannt, der Schutz des Demonstrationsrechts bestehe nach der Beendigung der Versammlung nicht mehr. Durch das mitgeführte Schild werde die „Entfluchtung“ behindert und es bestehe die Gefahr des Entstehens einer Spontandemonstration. Zunächst hielt ich diese Erklärung für einen Witz, wurde aber alsbald belehrt, dass die Anordnung ernst gemeint sei. Da Fußballfans sich – so ein Polizeiführer auf Nachfrage – nicht für längere Zeit im Bahnhof aufzuhalten pflegen, dürfen diese übrigens mit ihren Fahnen und Transparenten ungehindert den Bahnhof betreten.

Dieses Beispiel zeigt schlaglichtartig, wie kleinlich immer wieder mit den Rechten der Bürgerinnen und Bürger umgegangen wird. Dem gegenzusteuern wurde zu einem Teil meiner Arbeit. An Behinderungen durch die Polizei könnten noch viele weitere Beispiele aufgeführt werden. Man denke nur an ständiges Filmen und Fotografieren von Demonstranten ohne Anlass, aber auch an Einkesselungen und völlig überzogene Aufbietung von Polizeibeamten bei friedlichen Demonstrationen einschließlich des Einsatzes von als S-21-Gegner getarnten Polizeibeamten in Zivil. Zahlt eigentlich der Steuerzahler die Anschaffung der zur Tarnung angesteckten Anti-S-21-Buttons? Immerhin gelang es, zum verstorbenen Polizeipräsidenten Züfle einen guten Kontakt aufzubauen, der in Einzelfällen auch zu Erfolgen führte. Zum Beispiel konnte ich tatsächlich erreichen, dass meines Erachtens rechtswidrig gefertigte polizeiliche Aufnahmen einer Montagsdemonstration wieder gelöscht wurden.

Die Staatsanwaltschaft – objektivste Behörde der Welt?

Besondere Erfahrungen sollte ich ausgerechnet mit der Justiz machen. Zwar war mir in meiner langjährigen Tätigkeit als Staatsanwalt und Richter nicht entgangen, dass gelegentlich, vor allem bei Prominenten, mit zweierlei Maß gemessen wurde. Ich hatte dies aber immer für Einzelfälle gehalten und nicht geglaubt, dass auch die Justiz dazu eingesetzt wird, die Interessen der Herrschenden gegen bestehende Gesetze durchzusetzen.

Allerdings habe ich vor vielen Jahren als Ermittlungsrichter eine Durchsuchung bei einem CDU-Granden aus Stuttgart angeordnet. Die damalige Durchsuchung führte zur Auffindung des gesuchten Beweismittels und damit zum Nachweis eines erheblichen strafrechtlichen Verstoßes. Jedoch habe ich nichts davon gehört, dass der Politiker deswegen in vergleichbarer Weise wie andere Straftäter zur Verantwortung gezogen wurde. Gleiches gilt übrigens auch für einen anderen CDU-Politiker aus dem Land, gegen den ich ebenfalls eine Durchsuchung angeordnet hatte.

Stattdessen wurde mir von einem Staatsanwalt zugetragen, der zuerst erwähnte Politiker habe angekündigt, er werde dafür sorgen, dass ich bei der Justiz keine Karriere machen würde. Dies gab mir damals zu denken. Dennoch reichte es danach zu einer bescheidenen Karriere als Vorsitzender einer Strafkammer des Landgerichts Stuttgart.

Ein anderer CDU-Politiker (es soll hier nicht einseitig Stimmung gegen diese Partei gemacht werden, nur betrafen alle die Fälle, mit denen ich speziell zu tun hatte, Mitglieder dieser Partei) ließ mir durch seinen Verteidiger androhen, er werde seinen mittelständischen Betrieb ins Ausland verlegen, falls ich das im Bußgeldbescheid wegen zu schnellen Fahrens verhängte Fahrverbot nicht wegfallen lassen würde. Diesen Gefallen tat ich ihm dennoch nicht.

Von Kolleginnen und Kollegen erfuhr man gelegentlich auch andere derartige Fälle. Ich denke an den Sohn eines hochstehenden Juristen aus Stuttgart, der – möglicherweise in Rebellion gegen den Vater – immer wieder Ladendiebstähle beging. Vielleicht wollte er durch Strafverfahren Aufmerksamkeit erregen, was ihm aber nicht gelang, weil die politische Abteilung der Staatsanwaltschaft sämtliche Ermittlungsverfahren einstellte, bis er seinem Leben selbst ein Ende setzte. Ich denke auch an den hohen Manager eines Stuttgarter Automobilkonzerns, dessen Verfahren wegen unerlaubten Entfernens vom Unfallort von der Staatsanwaltschaft auf niedrigster Flamme gekocht werden sollte, was allerdings die beteiligten aufrechten Amtsrichter zu verhindern wussten.

Bei diesen Beispielen will ich es bewenden lassen.

Trotz dieser Erfahrungen setzte ich nach dem Schwarzen Donnerstag weiter mein Vertrauen in die Justiz, insbesondere in die Staatsanwaltschaft Stuttgart. In meinem ersten Interview bei Flügel-TV äußerte ich damals – rückblickend äußerst naiv – noch meine Überzeugung, die Staatsanwaltschaft werde den Polizeieinsatz aufklären und die Verantwortlichen zur Rechenschaft ziehen. Damit sollte ich mich getäuscht haben.

Meine erwähnte Dienstaufsichtsbeschwerde hatte ich Oberstaatsanwalt Häußler als Zeugenaussage übersandt und meine Hilfe bei der Aufklärung angeboten. Bald sollte ich merken, dass diese Hilfe nicht erwünscht war. Zwar hatte mir der Oberstaatsanwalt mitgeteilt, er habe aufgrund des von mir geschilderten Geschehens ein Ermittlungsverfahren eingeleitet, was ich als Bestätigung einer umfassenden Aufklärung sah. Meine Versuche allerdings, als im strafrechtlichen Sinn Geschädigter Auskünfte aus der Akte und Einsicht in die Beweismittel zu erhalten, stießen bei ihm auf Granit.

Immerhin gelang es schließlich mithilfe des Generalstaatsanwalts, bei der Ermittlungsgruppe der Polizei Einsicht in die polizeilichen Videoaufzeichnungen eines Teils des Geschehens vom 30. 9. 2010 zu erhalten. Allerdings wurde auf Anordnung des Oberstaatsanwalts beim Abspielen des sogenannten „Kabinenvideos“, der Bild- und Tonaufzeichnung, die direkt im Wasserwerfer 1 gefertigt worden war, der Ton abgestellt, was den vorführenden Polizeibeamten sichtlich peinlich war und mich grübeln ließ, was man zu verbergen hatte (vielleicht den freudig erregten Ausruf eines Mitglieds der Wasserwerferbesatzung, die vom Wasserwerfer beschossenen Demonstranten rannten „wie die Hasen"?). Mehr als vier Stunden lang sah ich polizeiliche Aufzeichnungen des Einsatzes in technisch bester Qualität – vom Einsatz der Wasserwerfer mit hohem Druck gegen völlig Unbeteiligte über offensichtlich rechtswidrige Pfeffersprayanwendung bis hin zu einem Vorfall, bei dem eine ältere Dame von einem Polizisten eine Böschung hinunter direkt vor den Wasserwerfer gestoßen wurde. Der Hinweis des vorführenden Beamten, er habe die Szenen, die Anhaltspunkte für rechtswidriges Verhalten von Polizeibeamten zeigten, auf einer DVD zur Prüfung für Oberstaatsanwalt Häußler zusammengestellt, beruhigte mich, weil ich auch insoweit auf objektive Prüfung hoffte.

Die Hoffnung habe ich inzwischen fahren lassen. Insbesondere die Einstellung der Ermittlungen gegen den damals verantwortlichen Stuttgarter Polizeipräsidenten kann ich nicht begreifen, hatte doch die Vernehmung des Stadtdekans die menschenverachtende Äußerung des Polizeipräsidenten ans Licht gebracht, dass Kinder vor den Wasserwerfern keine Veranlassung böten, die Wasserwerfer zu stoppen. Der Dekan solle stattdessen die Kinder entfernen. Dazu war die Billigung des Polizeipräsidenten eines „sehr rustikalen" Einsatzes dokumentiert. Und ihm konnte das rechtswidrige Vorgehen der Wasserwerfer, das seinen Untergebenen nun strafrechtlich in Strafbefehlsanträgen und einer Anklage vorgeworfen wird, wohl kaum entgangen sein.

Die stundenlange Einsicht in die Videoaufzeichnungen war für mich sehr belastend. Erst ein längerer Spaziergang danach konnte mich so weit beruhigen, dass ich mich wieder in der Lage fühlte, sicher am Straßenverkehr teilzunehmen.

Der Oberstaatsanwalt ließ es sich auch nicht nehmen, mir eine Fahrt von fast 100 Kilometer zur Einsicht in die Wasserwerferprotokolle zu bescheren, da mir Kopien der Unterlagen verweigert wurden. So durfte ich unter Aufsicht einer Urkundsbeamtin direkt bei der Staatsanwaltschaft die drei Seiten umfassenden Protokolle Wort für Wort von Hand abschreiben. Auch eine Erfahrung, die mir mangelnden Respekt im Umgang mit einem die Wahrheit Suchenden zeigte.

Von der eingangs erwähnten Einschätzung meiner Person durch den Oberstaatsanwalt erfuhr ich erst viel später, weil ein Geschädigter des Schwarzen Donnerstag anlässlich der Akteneinsicht seines Anwalts über den Aktenvermerk gestolpert war und mich verständigt hatte. Obwohl ich diese beleidigende Äußerung immer wieder auch in Briefen an die Staatsanwaltschaft und die Generalstaatsanwaltschaft Stuttgart sowie in anderen Veröffentlichungen thematisiert habe, hielt es bislang niemand für erforderlich, sich deswegen zu entschuldigen. Immerhin teilte mir der Chefarzt eines psychiatrischen Krankenhauses, der in der Presse darüber gelesen hatte, unaufgefordert mit: „Als Fachmann auf diesem Gebiet darf ich Ihnen darüber hinaus versichern, dass ich in keinem Moment bei Ihren Statements den Eindruck hatte, dass Sie einem Wahn zum Opfer gefallen seien; im Gegenteil ist die Diskriminierung des Andersdenkenden in dieser Form ja ein bekanntes und perfides Mittel einer politischen Auseinandersetzung, die jeden Stil und jede Achtung vor der Würde des Anderen vermissen lässt."

Auf verschiedene Strafanzeigen, die von mir sicherlich nicht leichtfertig erstattet wurden, möchte ich nicht im Einzelnen eingehen. Allerdings ist auffallend, dass nach Auffassung der Staatsanwaltschaft jeweils keinerlei Tatverdacht ersichtlich war und Ermittlungen erst gar nicht eingeleitet wurden. Diese Handhabung kennt man inzwischen auch vom EnBW-Deal des früheren Ministerpräsidenten und von Staatsanwaltschaften aus anderen Bundesländern. Mit Erschrecken musste ich erfahren, dass auch dort oftmals die Wahrheit nicht erforscht, sondern vertuscht wird. Die Augen geöffnet hat mir vor allem das Buch „Macht und Missbrauch" von Wilhelm Schlötterer über die Verhältnisse in Bayern (von Strauß bis Seehofer).

Konkret muss ich immer wieder feststellen, dass gerade die politische Abteilung der Staatsanwaltschaft Stuttgart mit verschiedenen Maßstäben misst. Auch hierzu ein Beispiel: Ein langjähriges Mitglied dieser Staatsanwaltschaft, inzwischen ebenfalls im Ruhestand, beobachtete nach seiner Schilderung am 30. 9. 2010 im Schlossgarten, wie ein Polizeibeamter gegen einen Bewusstlosen trat. Er stellte den Polizeibeamten zur Rede und erstattete Anzeige. Auf polizeilichen Videoaufnahmen ist zu sehen, wie der pensionierte Oberamtsanwalt den Polizeibeamten zur Rede stellt, weswegen dieser identifiziert werden konnte. Allerdings ist der Tritt selbst nicht zu sehen, weil die Sicht durch andere Personen verdeckt ist. Das Ermittlungsverfahren wurde mit der Begründung eingestellt, die Aussage des pensionierten Kollegen werde durch die Videoaufnahmen nicht bestätigt. Um es deutlicher zu sagen: Die Zeugenaussage wurde für unglaubhaft gehalten. Die Beschwerde gegen die Einstellungsverfügung wurde vom Generalstaatsanwalt verworfen.

Zu dieser Verfahrensweise meinten andere Kollegen, ihnen komme es so vor, als wolle die Staatsanwaltschaft bei derartigen Verfahren nicht Gründe für die Verfolgung suchen, sondern Gründe (man könnte auch sagen Vorwände) für eine Einstellung.

Gegenbeispiele, wie mit Projektgegnern umgegangen wird, gibt es viele. Mir fällt die unbescholtene 60-Jährige ein, die vor der Volksabstimmung mit abwaschbarer Straßenkreide auf einer Straße aufgefordert hatte, am 27. 11. 2011 mit „Ja" zu stimmen, und die wegen unerlaubter Sondernutzung der Straße verfolgt wurde. Oder der Demonstrant, der im Winter mit einer Wasserpistole gegen einen Bagger gespritzt hatte, wobei das Türschloss des Baggers vereiste, und der wegen Sachbeschädigung zur Anzeige gebracht wurde.

Besonders betroffen machte mich auch der Fall des Herrn M. Er trägt denselben Nachnamen wie der Polizeibeamte, der anlässlich seines Einsatzes am 30. 9. 2010 als „Prügelglatze" bekannt wurde. Herr M. steckte sich einen Button an, den er während einer Montagsdemonstration an einem Stand entdeckt hatte. Auf dem Button war sein polizeilicher Namensvetter abgebildet. Dazu stand zu lesen: „Gewaltliebende brutale Schlägercops – Verurteilen und ab in den Knast". In einem Regionalfernsehsender war eine Szene des Einsatzes dieses Polizeibeamten lange Zeit im Trailer vor den Nachrichten zu sehen. Die „Bild"-Zeitung druckte ein Foto des Buttons unwidersprochen ab.

Herr M. wäre deshalb nie auf die Idee gekommen, er könne sich mit dem Tragen des Buttons strafbar machen. Insbesondere ging er davon aus, man dürfe ein Foto des Polizeibeamten ungefragt verwenden, weil es sich um eine Person des öffentlichen Lebens handle. Darin hatte sich Herr M. getäuscht. Er wurde wegen Beleidigung und Verletzung des Urheberrechts zu einer empfindlichen Geldstrafe verurteilt, während die Ermittlungsverfahren gegen den Polizeibeamten wegen seines Verhaltens am 30. 9. 2010 sämtlich eingestellt wurden.

Auch sonst hatte Herr M. Pech. Ein Polizeibeamter hatte seine Kamera – wie sich später herausstellte zu Unrecht – beschlagnahmt. Dem widersprach Herr M. sofort. Da Oberstaatsanwalt Häußler jedoch die Akten mit dem Widerspruch nicht dem Amtsgericht vorlegte, musste Herr M. monatelang auf die Herausgabe warten, obwohl er sich an den Innenminister und den Justizminister gewandt hatte.

Unglücklicherweise wurde Herr M. auch noch von einem Fahrzeug der Firma angefahren, die im Schlossgarten am Grundwassermanagement arbeitet. Er erstattete noch am selben Tag Anzeige und legte ein ärztliches Attest über seine Verletzungen vor. Auch konnte er das amtliche Kennzeichen des Fahrzeugs angeben. Mit der Begründung, möglicherweise habe Herr M. den Tag verwechselt, weil in den Unterlagen der Baufirma der Vorfall nicht verzeichnet war und außerdem ein Zeuge das Kennzeichen falsch abgelesen hatte, wurde das Verfahren eingestellt. In seiner Beschwerde konnte Herr M. verschiedene Fehler der Einstellungsverfügung aufzeigen. Das führte dazu, dass die Generalstaatsanwaltschaft zwar nicht mehr davon ausging, die Tat habe sich gar nicht zugetragen, nunmehr Herrn M. aber auf den Privatklageweg verwies.

Aktuell beschäftigt sich die Staatsanwaltschaft mit der Frage, ob Herr M., der in der DDR aufgewachsen ist, jüngst in Stuttgart Polizeibeamte beleidigt hat, als er kritisierte, die Polizei arbeite mit Stasi-Methoden.

Der Rahmenbefehl des Innenministeriums – Bespitzelung und Überwachung

Der Begriff der Stasi-Methoden führt mich direkt zum zweiten Rahmenbefehl des Innenministeriums Baden-Württemberg aus dem Dezember 2011. In diesem ist geregelt, dass die Polizei unter Beteiligung des Verfassungsschutzes und der Sicherheitsbehörden des Bundes alles erfasst, was mit Stuttgart 21 zu tun hat. Alle drei Wochen wird ein sogenanntes Gefährdungslagebild erstellt. Das Ergebnis ist, dass beispielsweise die Parkgottesdienste als Gefährdung der öffentlichen Sicherheit und Ordnung erfasst werden, ebenso auch nicht öffentliche Treffen von einzelnen Arbeitskreisen, wie zum Beispiel Ärzten und Psychologen, Theologen, Ingenieuren, Senioren und so weiter. Das führt zwangsläufig zur Bespitzelung der Widerstandsbewegung durch die im Rahmenbefehl angeordneten offenen und verdeckten Ermittlungen. Als ich von diesem Befehl erfuhr, war ich fassungslos, hätte ich dies doch gerade unter einer grün-roten Landesregierung nie erwartet. Die Anordnungen halte ich weiterhin für rechts- und verfassungswidrig.

Dies veranlasste mich, in Schreiben an verantwortliche Politiker den Rahmenbefehl zu thematisieren und daraus zu zitieren. Auch eine kritische Öffentlichkeit wollte ich darauf aufmerksam machen. Schließlich wurde mein Schreiben ohne mein Zutun auch auf der Internetseite „Bei Abriss Aufstand“ veröffentlicht. Wie ich heute weiß, führte dies innerhalb von Stunden zur Aufnahme von Ermittlungen wegen Verletzung von Dienstgeheimnissen gegen unbekannt. Inzwischen weiß ich auch, dass sämtliche öffentlich zugänglichen Quellen von den Sicherheitsbehörden systematisch ausgewertet werden, um Erkenntnisse über die Widerstandsbewegung zu gewinnen. Sind deren Mitglieder zu Staatsfeinden aufgestiegen? Wie rechtfertigt man den Druck in vielen Behörden auf Menschen, die sich gegen das Projekt offen bekennen oder Zweifel am Rechtsstaat äußern?

Durchsuchung in einem Hundertseelendorf

Antworten auf meine Schreiben erhielt ich nicht. Allerdings kam es nach rund vier Monaten zu einer Hausdurchsuchung bei mir. Ich war damals gerade auf einer Auslandsreise, sodass niemand angetroffen wurde. Dies hinderte die Durchsuchungskräfte (eine Staatsanwältin und fünf Polizeibeamte) aber nicht daran, in mein Haus einzudringen. Zu diesem Zweck hatte Oberstaatsanwalt Häußler aufgrund von Informationen aus einem anderen Verfahren, in dem ich als Geschädigter Angaben zu den Schlüsselverhältnissen gemacht hatte, den Durchsuchungskräften mitgeteilt, wer im Dorf einen Schlüssel für mein Haus hatte. Obwohl keinerlei Gefahr im Verzug bestand und den Durchsuchungskräften durch einen Anruf bekannt war, dass ich mich im Ausland aufhielt, wurde die Durchsuchung ohne Hinzuziehung einer Vertrauensperson durchgeführt. Dabei war ich kein Beschuldigter, sondern lediglich Zeuge. Beschlagnahmt wurden meine Computer, die später vollständig „gespiegelt" und deren Daten ohne richterlichen Beschluss ausgewertet wurden, aber auch schriftliche Unterlagen wie zum Beispiel der grün-rote Koalitionsvertrag und ein Schreiben der persönlichen Referentin des Justizministers.

Die Durchsuchungsaktion sorgte für großes Aufsehen in den Medien. Ich wurde von Fernsehteams und Journalisten regelrecht belagert. Wieder einmal konnte ich feststellen, wie Medien ticken. Wichtig war nicht der Rahmenbefehl mit seinen Folgen, sondern die Tatsache, dass die Staatsanwaltschaft Stuttgart bei einem ehemaligen Kollegen durchsucht hatte. Immerhin hatten die Veröffentlichungen zur Folge, dass vielen Menschen, auch solchen, die sich nicht mit Stuttgart 21 beschäftigten, bewusst wurde, wie eine politische Justiz arbeitet.

Auch nach einem Jahr sind die juristischen Fragen der Aktion noch nicht gelöst. Gerade erst hat die Staatsanwaltschaft beantragt, eine Reihe von E-Mails, die auf meinem PC gefunden wurden, zu beschlagnahmen, beispielsweise E-Mail-Verkehr mit einem Journalisten der taz, mit einem Landtagsabgeordneten, eine verschlüsselte und damit nicht lesbare Mail sowie falsch rekonstruierte Fragmente von gelöschten E-Mails. Diese Mails wurden längst ausgewertet und ausgedruckt zu den Ermittlungsakten genommen, obwohl hierfür keine richterliche Anordnung bestand. Welchen Beweiswert diese E-Mails für den Vorwurf der Verletzung von Dienstgeheimnissen haben sollen, konnte ich bislang nicht nachvollziehen.

Leider blieb die Durchsuchungsaktion nicht ohne Folgen für einen Polizeibeamten. Dieser wird verdächtigt, mir die geheimen Unterlagen weitergegeben zu haben. Den Tatverdacht entnahm die Staatsanwaltschaft der Tatsache, dass er Projektgegner ist und seine Frau mit mir im Bürgertribunal zum 30. 9. 2010 zusammenarbeitet.

Besonders verdächtig ist nach einem Beschluss des Landgerichts Stuttgart – mit dessen Vorsitzenden, der die Entscheidung unterzeichnet hat, ich übrigens ebenfalls per Du bin – der Umstand, dass ich mit diesem Polizeibeamten per Du bin. Dies und ähnliche Indizien führten zu einer Durchsuchung bei dem Polizeibeamten und seiner Ehefrau. Alles, was mit Stuttgart 21 zu tun hatte, wurde als verdächtig mitgenommen. Dass es sich um Unterlagen der Ehefrau handelte, insbesondere um Unterlagen für ein Buchprojekt des Bürgertribunals zum 30. 9. 2010, störte dabei nicht. Verdächtig erschienen Briefe der Ehefrau an verschiedene Politiker einschließlich des jetzigen Ministerpräsidenten, aber auch ein von mir stammendes Schreiben an den Generalstaatsanwalt. An der Aktion waren zwei Staatsanwälte und sieben Polizeibeamte fast einen ganzen Tag lang beteiligt. Zu den psychischen Folgen für das betroffene Ehepaar möchte ich mich an dieser Stelle nicht auslassen.

Ironie des Schicksals: Eine Strafkammer des Landgerichts stellte unter Vorsitz einer Kollegin, deren private E-Mails auf meinem Rechner ebenfalls der Auswertungswut (mit über 7000 Suchtreffern) zum Opfer gefallen waren, fest, meine ausgewerteten personenbezogenen Daten seien „eher weniger geheimhaltungsbedürftig". Zudem sei „weder vorgetragen noch ersichtlich, dass die Informationen die Intim- oder Privatsphäre" beträfen.

Das Volk hat abgestimmt – basta

Viel Raum in meiner Arbeit, zum Beispiel bei Vorträgen, nimmt die rechtliche Bewertung der Volksabstimmung zu einem Ausstieg des Landes (genauer: zur Prüfung der Geltendmachung von Kündigungsrechten) aus dem Projekt Stuttgart 21 ein. Die Politik, andere Interessierte und die Medien haben es geschafft, den Eindruck zu zementieren, das Volk habe ein für alle Mal ein bindendes Machtwort für die Durchführung des Projekts gesprochen.

Das Gegenteil ist der Fall: Bei der Abstimmung wurde lediglich das sogenannte Quorum nicht erreicht. Der Gesetzesentwurf ist daher gescheitert. Rechtlich hat sich nichts geändert, was durch mir vorliegende Dokumente, nämlich ein Schreiben der Landesabstimmungsleiterin und einen Beschluss des Bundesverfassungsgerichts, bestätigt wird. Was nichts daran ändert, dass nun das bloße Scheitern eines Gesetzesvorhabens dafür herhalten muss, gewählte Volksvertreter von ihrer Verpflichtung, Schaden vom Volk abzuwenden, freizustellen. Angeblich hat es das Volk gewusst, dass die Kosten aus dem Ruder laufen (ja, das Volk war sogar damit einverstanden, in diesem Punkt direkt belogen zu werden). Ebenso ist es damit einverstanden, dass gebaut wird, ohne dass alle Genehmigungen vorliegen und ohne dass die Finanzierung gesichert wäre. Und Volkes Wille ist auch, dass die Belange von Brandschutz, Notfallplanung und Behinderten missachtet werden.

Gerade hat ein Diskussionsteilnehmer verlangt, dass diejenigen, die unsere Gesetze beschlossen haben, sich auch an diese halten. Dem konnte ich nur zustimmen.

Zu welch skurrilen Ergebnissen der Popanz der angeblich abschließenden Entscheidung der Volksabstimmung zu S 21 führt, beweist ausgerechnet die Justiz:

Obwohl das Abstimmungsergebnis insoweit rechtlich ein Nullum ist, forderte Oberstaatsanwalt Häußler für Blockaden als angeblich strafbare Nötigungen, die nach der Volksabstimmung begangen wurden, höhere

Strafen als für Taten, die vor der Abstimmung begangen wurden, da die Taten jetzt noch verwerflicher seien.

Der Generalstaatsanwalt teilte einem Bürger, der Anzeige wegen Betrugs gegen Verantwortliche des Projekts erstattet hatte, sogar mit: „Abschließend gibt Ihre Beschwerde lediglich zu der allgemeinen Bemerkung Anlass, dass man zum Bahnprojekt Stuttgart 21 durchaus geteilter Meinung sein kann, wobei beide Seiten gute Argumente anführen können, es aber nicht nachvollziehbar ist, das Ergebnis der demokratischen Volksabstimmung weiterhin in Zweifel zu ziehen. In strafrechtlicher Hinsicht war jedenfalls nichts zu veranlassen."

Blick in die Zukunft

Da mir keine Kristallkugel zur Verfügung steht, kann ich nur hoffen, dass die Arbeit für Wahrheit, Gerechtigkeit, mehr Demokratie, Offenheit und gegenseitigen Respekt Früchte tragen wird und die vielen Menschen, die sich voller Verzweiflung über unser Gemeinwesen und den Rechtsstaat an mich wenden, wieder Vertrauen fassen können. Es wäre unerträglich, wenn sich gerade kritische und interessierte Bürgerinnen und Bürger auf Dauer innerlich von unserem Staat abwenden würden. Noch ist es für mehr Offenheit der Herrschenden nicht zu spät.

Dieter Reicherter, Jahrgang 1947, wuchs in Stuttgart und Esslingen auf. Bis zum Eintritt in den Ruhestand zum 1.9.2010 war er als Staatsanwalt und Richter tätig, zuletzt als Vorsitzender einer Strafkammer des Landgerichts Stuttgart. Seine Erlebnisse beim Polizeieinsatz vom 30.9.2010 führten ihn in den Widerstand gegen Stuttgart 21. Die Begeisterung für Popmusik drückt sich in einer riesigen Sammlung von Schallplatten und CDs und zahllosen Konzertbesuchen im In - und Ausland aus.

Alle Deutschen haben das Recht, sich ohne Anmeldung oder Erlaubnis friedlich und ohne Waffen zu versammeln. (Art. 8 Abs. 1 Grundgesetz)

Die versuchte Unterwerfung des Gangolf S.

(Oder: Wie man einen Versammlungsleiter der Kundgebungen gegen S 21 verfolgt)

Von Roland Kugler

Warum straft der Staat?

Seit Jahrtausenden macht sich die Menschheit Gedanken über die Frage, ob sozialschädliches menschliches Handeln unter Strafe zu stellen ist. Und wenn ja, welche Sanktionen angemessen und sinnvoll sind. Im Laufe der Jahrhunderte haben Philosophen hierzu gewaltige Gedankengebäude errichtet. Kant und Hegel sehen den Sinn der Strafe in der Vergeltung begangenen Unrechts, der Wiederherstellung des Geltungsanspruchs der gebrochenen Norm. Andere, wie Feuerbach und v. List, sehen den Hauptzweck der Strafe in der Abschreckung der Allgemeinheit oder des Einzelnen vor der Begehung von Straftaten.

Das Bundesverfassungsgericht hat in seiner Leitentscheidung zur lebenslangen Freiheitsstrafe im Jahr 1977 den Zweck des Strafens unter den Aspekten „Ausgleich für begangene Schuld, Sühne und Vergeltung für begangenes Unrecht, Verhütung von Straftaten (Prävention) und Resozia-

Wenn der Versammlungsleiter für Zigtausende verantwortlich ist... *Foto: Martin Storz.*

lisierung des Täters" betrachtet. Eine staatliche Strafmaßnahme ist, so das Verfassungsgericht, nur dann legitim, wenn sie diese Strafzwecke erfüllt.

Warum straft man in Stuttgart?

Warum diese verkopfte Einleitung? Weil es manchmal bei der „Strafverfolgungsbehörde", also der Staatsanwaltschaft, aber auch bei den Gerichten aus dem Blickfeld zu geraten scheint, dass ein Bürger nur dann strafrechtlich verfolgt und nur dann staatlich bestraft werden darf, wenn er Unrecht begangen hat, das einer Sühne bedarf. Der unbefangene Leser denkt hier zuerst an die Bestrafung für Delikte wie Raub, Mord oder Diebstahl. Doch weit gefehlt! Auch völlig unauffällige Handlungen können verfolgt werden. Jedenfalls in Stuttgart. Noch mehr, sogar Handlungen, die unter den Schutzbereich der Versammlungsfreiheit von Artikel 8 des Grundgesetzes fallen, können in Stuttgart staatliche Verfolgung nach sich ziehen. Die in diesem Fall eigentlich zwingend gebotene besondere Prüfung der Verfassungsmäßigkeit staatlichen Handelns findet hierbei regelmäßig nicht statt. So stellen nach Ansicht der Stuttgarter Staatsanwaltschaft Handlungen, wie „das Zulassen des Gebrauchs eines Lautsprechers durch den Versammlungsleiter" oder die „telefonische Nichterreichbarkeit des Versammlungsleiters während einer Demonstration" strafwürdiges Unrecht dar. Und, was noch beunruhigender ist, fast alle Amtsrichter machen bedenkenlos mit!

Worum es geht:

Das Versammlungsgesetz regelt in § 19 die Rechte und Pflichten des Leiters einer Demonstration oder einer Kundgebung, des sogenannten Versammlungsleiters. Hiernach hat dieser für „den ordnungsgemäßen Ablauf zu sorgen", wofür er sich "ehrenamtlicher Ordner bedienen kann". Wer in Stuttgart an einer Demonstration teilnimmt, dem sei als Erstes das genaue Studium des Versammlungsgesetzes empfohlen, sonst läuft er größte Gefahr, sich bald als Angeklagter wegen Verstoßes gegen das Versammlungsgesetz vor den Schranken der Strafgerichte zu finden. Allerdings – und dies ist eine Stuttgarter Besonderheit – schützt auch das genaue Gesetzesstudium und die Beachtung der gesetzlichen Vorschriften nicht vor Strafverfolgung, jedenfalls dann nicht, wenn man Versammlungsleiter von Demonstrationen gegen S 21 ist.

Doch der Reihe nach:

Die Polizei ernennt einen Versammlungsleiter zum Zwecke der Bestrafung

Die erste Montagskundgebung gegen das Bahnprojekt Stuttgart 21 am 26. 10. 2009 hatte vier oder fünf Teilnehmer. Niemand dachte daran, diese

„Versammlung", wie sie in der Gesetzessprache genannt wird, anzumelden. Die ersten Montagsdemos hatten auch keinen „Versammlungsleiter". Es trafen sich unorganisierte Menschen nach einem Aufruf im Internet, um gegen dieses Projekt in einer Art Mahnwache zu demonstrieren. Hier sahen die Stuttgarter Polizei und die Staatsanwaltschaft nun ihre erzieherische Aufgabe: Am 16. 11. 2009 wurde anlässlich der vierten Montagsdemonstration die erste Anzeige gegen den angeblichen Versammlungsleiter Gangolf S. erstattet. Die Anzeige hatte nur einen kleinen Schönheitsfehler. Es gab keinen Versammlungsleiter! Die Polizei notierte hierzu wörtlich:

„Nach Überwachung der Örtlichkeit wurden ab 17.45 Uhr 30 Personen festgestellt. Der Aktivist S. wurde angesprochen, er lehnte es aber im persönlichen Gespräch ab, als Versammlungsleiter zu fungieren und gab umstehenden Aktivisten gegenüber auch bekannt, dass die Versammlungsbehörde beabsichtige, den Versammlungsleiter des heutigen Tages mit einem Bußgeld zu belegen: „Von uns ist doch keiner so blöd, dann den Versammlungsleiter zu machen."

Dies hinderte die Staatsanwaltschaft nicht, gegen ihn einen Strafbefehl in Höhe von 20 Tagessätzen zu 40 Euro, insgesamt also 800 Euro, wegen „Nichtanmeldung einer Versammlung durch den Verantwortlichen" beim Amtsgericht zu beantragen. Der Strafbefehl wurde ohne Bedenken vom Amtsrichter unterschrieben und zugestellt. Dies ist kein Ruhmesblatt für die Staatsanwaltschaft, noch weniger für den Richter. Hätte er doch unschwer beim Lesen des Antrags auf Erlass des Strafbefehls erkennen können, dass man nicht einfach den einzigen der Polizei namentlich bekannten Teilnehmer einer Demonstration zum Versammlungsleiter erheben kann, nur zu dem Zweck seiner Bestrafung. Gangolf S. legte gegen den Strafbefehl Einspruch ein. Üblicherweise kommt es danach zu einer Verhandlung vor dem Amtsgericht. Irgendjemandem bei der Staatsanwaltschaft müssen dann aber doch noch Rechtmäßigkeitsbedenken gekommen sein. Vielleicht hat auch jemand zufällig ins Grundgesetz geschaut. Jedenfalls wurde der Strafbefehlsantrag einen Monat später sang- und klanglos und ohne Begründung von der Staatsanwaltschaft zurückgenommen.

25 Auflagen für eine Versammlung

Dann herrschte zunächst für einige Monate Ruhe. Die Montagskundgebungen bekamen zunehmend Zulauf aus der Bevölkerung und fanden auch bundesweit Beachtung. Gangolf S. hatte sich inzwischen bereit erklärt, bei den Kundgebungen und Demonstrationen als Versammlungsleiter zu fungieren, was ihn noch teuer zu stehen kommen sollte. Er führte als Anmelder vor den Demonstrationen Gespräche mit dem Ordnungsamt, um während der Demonstrationen und Kundgebungen als Versammlungsleiter einen friedlichen und auch geordneten Ablauf sicherzustellen. Vor jeder Kundgebung erging ihm gegenüber ein neuer Versammlungsbescheid mit so genannten „Versammlungsauflagen". Anfangs waren es zwischen 15 bis 18 Auflagen, die sich mit der Zeit auf über 25 Auflagen steigerten. Es gab darunter verfassungsmäßig bedenkliche Auflagen wie: „Je 50 Teilnehmer ist 1 Ordner einzusetzen. Bei den von Ihnen angemeldeten 50 000 Teilnehmern sind somit mindestens 1000 Ordner einzusetzen." Oder: „Weisungen der Polizei sind zu befolgen." Auch gab es so exotische Versammlungsauflagen wie: „Es dürfen ein umgebauter Wasserwerfer und ein Lautsprecherfahrzeug mit dem amtlichen Kennzeichen xxx den Aufzug begleiten, sofern diese über eine gültige Zulassung sowie Umweltplakette verfügen und vor Beginn des Aufzugs durch die Polizei für den Aufzug freigegeben wurden."

Der Versammlungsleiter hat die Einhaltung dieser Auflagen zu überwachen und – falls sie nicht eingehalten werden – gegenüber den Teilnehmern auch durchzusetzen. Dies ist eine fast nicht zu leistende logistische Herausforderung für eine Einzelperson, wenn sich 50 000 oder 70 000 Demonstranten über eine Länge von mehreren Kilometern durch die Stadt bewegen. Während die Polizei an solchen Tagen über ihre Funkleitzentrale Tausende von Beamten zielgerichtet einsetzen kann, hat ein Versammlungsleiter gerade ein Handy, über das er ständig mit Ordnern, Polizei, Ordnungsamt und Demonstrationsteilnehmern kommuniziert. Wäre jeder Verstoß gegen eine der zahlreichen Auflagen strafbar, dann würde sich ein Versammlungsleiter von Großdemonstrationen nahezu zwangsläufig strafbar machen. Oder, was soll er tun, wenn etwa zu einer Demonstration statt der angemeldeten 10 000 Teilnehmer, für die er nach dem „Stuttgarter Schlüssel" (50 Demonstranten = 1 Ordner) 200 Ordner zu stellen hätte, überraschend 20 000 Teilnehmer erscheinen und er nicht die dafür geforderten 400 Ordner hat? Die Demonstration absagen? Oder sie durchführen und sich damit automatisch strafbar machen? Dies haben auch die Mütter und Väter des Versammlungsgesetzes als Problem gesehen. Deshalb macht sich nach § 25 Ziff. 2 Versammlungsgesetz ein Versammlungsleiter nur dann strafbar, wenn er gegen Auflagen verstößt, die erlassen wurden, weil man die Demonstration eigentlich hätte verbieten können, es aber aus Gründen der Verhältnismäßigkeit nicht getan hat, sondern sie stattdessen unter Auflagen genehmigte. Wäre von den Aufrufern der Demonstration beispielsweise angekündigt worden, den Bahnverkehr im Hauptbahnhof stundenlang zu blockieren, dann hätte das Ordnungsamt die Auflage erlassen können, den Bahnverkehr nicht zu behindern und das Betreten der Gleise zu verbieten. Wenn der Anmelder dennoch die Gleise blockieren wollte, könnte die Demonstration verboten werden. Nur Verstöße gegen solche Auflagen, die gegenüber einem Verbot das mildere Mittel darstellen, sind strafbar. Dies besagt § 15 Versammlungsgesetz. Alle anderen Auflagen, die das Ordnungsamt in den Versammlungsbescheid aufnimmt, fallen nicht darunter. Sie sind reine „nicht strafbewehrte" Hinweise an den Versammlungsleiter, mehr nicht. Ansonsten könnte jeder Polizeibeamte während einer Demonstration zum Versammlungsleiter sagen: „Heben Sie das Flugblatt da vorn auf und bringen Sie es zum Mülleimer da drüben! Falls Sie sich weigern, zeige ich Sie an. Das Amtsgericht wird Sie dann wegen Verstoßes gegen die Auflage ‚Weisungen der Polizeibeamten sind zu befolgen' verurteilen." Dass dies nicht sein kann, bedarf eigentlich keines Studiums des Grundgesetzes, sondern nur der Zuhilfenahme der Vernunft.

Nicht so in Stuttgart.

Man suchte akribisch nach jedem kleinen Verstoß und erstattete deshalb fast im Wochenrhythmus Anzeige gegen den Versammlungsleiter Gangolf S., und zwar

- am 27. 8. 2010, weil der Versammlungsleiter während der Demonstration für die Polizei telefonisch nicht erreichbar war,
- am 18. 10. 2010 wegen der Einfahrt von Traktoren der Bürgerinitiative Lüchow-Dannenberg in den Schlossgarten zu einer dort stattfindenden Kundgebung,
- am 23. 10. 2010 wegen des Einsatzes von zu wenigen Ordnern während einer Demonstration,
- am 30. 10. 2010 wegen Benutzung des Lautsprechers auf einem Fahrzeug der Jugendinitiative gegen Stuttgart 21 während einer Großdemonstration,

am 15. 11. 2010 wegen des Aufbaus von 4 Infotischen während einer Kundgebung,

- am 6. 12. 2010 wegen des Aufbaus von 12 Infotischen während einer Kundgebung,
- am 13. 12. 2010 wegen des Verkaufs von Informationsmaterial an den Infotischen,
- am 20. 12. 2010 wegen des Verkaufs von Informationsmaterial an den Infotischen.

Nach acht Anzeigen in vier Monaten des Jahres 2010 kehrte zunächst vorübergehend der Weihnachtsfrieden ein, um das neue Jahr mit frischer Kraft und weiteren Anzeigen zu beginnen. So erfolgten weitere Anzeigen

am 29.1.2011 wegen Mitführens eines Wasserwerfers ohne Oldtimerkennzeichen,

- am 19. 2. 2011 wegen des Einsatzes von zu wenigen Ordnern,
- am 19. 3. 2011 wegen des Einsatzes von zu wenigen Ordnern.

Man sollte meinen, dass mit der Anzeigeninflation wenigstens dann Schluss sein würde, nachdem Gangolf S. kurz nach der Landtagswahl in Baden-Württemberg am 28. 3. 2011 von seiner Funktion als Sprecher des Aktionsbündnisses gegen Stuttgart 21 zurückgetreten war und seitdem nicht mehr als Versammlungsleiter in Erscheinung trat. Dem war jedoch nicht so.

Ohne Unterwerfung keine Ruhe

Anscheinend hatte die Staatsanwaltschaft ein Problem damit, dass die bis dahin eingeleiteten zwölf Ermittlungsverfahren noch zu keiner einzigen rechtskräftigen Verurteilung gegen Gangolf S. geführt hatten. Gangolf S. hatte nach der Landtagswahl in Baden-Württemberg die Idee umgesetzt, Bürger und Politiker direkt miteinander ins Gespräch zu bringen. Unter dem Motto „Wir reden mit" organisierte er auf dem Stuttgarter Marktplatz sogenannte Volksversammlungen, zu denen Politiker eingeladen wurden, um sich direkten Fragen der Bürger zu stellen. Es kamen der neue Ministerpräsident Kretschmann oder der Landesverkehrsminister Hermann. Der harmlose Leser vermutet nicht, dass in Anwesenheit solch honoriger Personen unerkannt neue Straftaten begangen werden könnten. Doch eine aufmerksame Ermittlungsbehörde lässt sich von prominenten Namen nicht ablenken. Am 14. 9. 2011 war der damalige Stuttgarter OB Schuster bei der Volksversammlung zu Gast. Eigentlich nichts Schlimmes, alles blieb friedlich, lediglich Pfiffe begleiteten die Ausführungen des Oberbürgermeisters. Doch die findige Staatsanwaltschaft fand hier eine Gelegenheit, gegen Gangolf S. nachzutreten: Diesmal wurde er als Versammlungsleiter angezeigt, da er es zugelassen haben soll, dass in der Feuergasse eine Fernsehkamera und zwei Lautsprecher aufgestellt worden sein sollen. Hierfür, so meint die Staatsanwaltschaft, sei ein Strafbefehl in Höhe von 50 Tagessätzen zu 60 Euro, insgesamt also 3000 Euro Geldstrafe, angemessen. Die ständig steigende Höhe der beantragten Geldstrafen scheint eine gewisse Verbitterung der Staatsanwaltschaft über deren bisherige Erfolglosigkeit zum Ausdruck zu bringen. Diese drückt sich auch darin aus, dass eine Staatsanwältin in einer der zahlreichen Strafverhandlungen gegen Gangolf S. einmal als „Kompromiss" anbot, er solle doch einfach in einem der angeklagten Fälle ein Geständnis ablegen und wenigstens in einem Fall eine Verurteilung akzeptieren. Dann würde die Staatsanwaltschaft alle anderen Verfahren gegen ihn fallen lassen. Solange er sich jedoch nicht unterwirft, wird er weiterhin das Ziel neuer Attacken sein.

Staatsanwaltschaft beantragt Strafbefehle über insgesamt 10 950 Euro

In sieben Fällen waren gegen Gangolf S. Geldstrafen in Höhe von insgesamt 10 950 Euro von der Staatsanwaltschaft durch Strafbefehl beantragt und teilweise vom Amtsgericht Stuttgart auch erlassen worden. Mehrfach war er nach Einspruchseinlegung vom Amtsgericht zu Geldstrafen verurteilt worden. Gegen jede dieser Verurteilungen legte er Berufung ein. Jedes Mal wurde er dann vom Landgericht im Berufungsverfahren freigesprochen oder das Landgericht stellte das Verfahren ein. In einigen Fällen hatte die Staatsanwaltschaft auch selbst das Ermittlungsverfahren eingestellt.

... das Landgericht schaut in die Verfassung ...

Das vorläufig letzte Urteil in causis Gangolf S. fällte das Landgericht Stuttgart am 7. 12. 2012. Es war wieder einmal ein freisprechendes Urteil. Das Landgericht hat sich in diesem Urteil mit der verfassungsmäßigen Problematik des Art. 8 Abs. 1 Grundgesetz eingehend auseinandergesetzt. Hierbei schrieb es der Staatsanwaltschaft und dem Amtsgericht Folgendes ins Stammbuch:

„§ 15 Abs. 1 Versammlungsgesetz sieht beschränkende Verfügungen (Auflagen) gegenüber Versammlungen nur für den Fall vor, dass die öffentliche Sicherheit oder Ordnung nach den zur Zeit des Erlasses der Verfügungen erkennbaren Umständen bei Durchführung der Versammlung unmittelbar gefährdet ist. Die beschränkende Verfügung soll Rechtsgütern dienen, deren Schutz im betroffenen Fall der Ausübung der Versammlungsfreiheit vorgeht. (...) In seiner Brokdorf-Entscheidung habe das Bundesverfassungsgericht ausgeführt, dass die grundrechtlich geschützte Versammlungsfreiheit nur dann zurückzutreten habe, wenn eine Güterabwägung unter Berücksichtigung der Bedeutung des Freiheitsrechts ergebe, dass dies zum Schutz anderer gleichwertiger Rechtsgüter notwendig sei. Demgemäß rechtfertige keinesfalls jedes beliebige Interesse eine Einschränkung dieses Freiheitsrechts“ (31 Ns 4 Js 104002/10). Dies heißt in Umgangssprache übersetzt: Zwar kann das Ordnungsamt in seinen Versammlungsbescheiden Auflagen machen. Wenn diese Auflagen nicht eingehalten werden, ist dies jedoch nicht strafbar. Nur solche Auflagen, die zur unmittelbaren Abwehr der Gefährdung der Versammlungsfreiheit gleichwertiger Rechtsgüter erlassen wurden, sind bei Nichtbeachtung durch den Versammlungsleiter mit einer Strafandrohung versehen. Das Landgericht sah deshalb sowohl die Auflage, einen Ordner je 50 Teilnehmer einzusetzen als auch das Verbot der Benutzung eines Lautsprecherfahrzeugs, als nicht strafbewehrt an und sprach demzufolge Gangolf S. in allen Punkten der Anklage frei. Das Rechtsproblem ist nicht ganz einfach und auch für den erfahrenen Strafrichter nicht auf den ersten Blick zu erkennen. Es gibt, so das Landgericht, zwei Arten von Versammlungsauflagen: die, die nur als bloße Hinweise auf bestehende gesetzliche Vorschriften zu verstehen sind. Ein Verstoß dagegen ist nicht strafbar. Daneben kann es Versammlungsauflagen geben, die eigens zum Schutz von in der Verfassung geschützten Rechtsgütern erlassen wurde (etwa zum Schutz von Leben und Gesundheit: „Die Bahngleise dürfen nicht betreten werden“). Ein Verstoß hiergegen ist strafbar.

... und hört auf das Bundesverfassungsgericht ...

Es lohnt sich, an dieser Stelle einen genaueren Blick in die vom Landgericht zitierte Brokdorf-Entscheidung des Bundesverfassungsgerichts vom 14. 5. 1985 zu werfen (1 BvR 233, 341/81). Damals hatte das Ordnungsamt des Kreises Steinburg eine Demonstration am Kernkraftwerk Brokdorf wegen erwarteter gewalttätiger Demonstrationsteilnehmer verboten. Das Verfassungsgericht hob das Demonstrationsverbot mit folgender bemerkenswerten Begründung auf:

„Das Recht des Bürgers, durch Ausübung der Versammlungsfreiheit aktiv am politischen Meinungs- und Willensbildungsprozess teilzunehmen, gehört zu den unentbehrlichen Grundelementen eines demokratischen Gemeinwesens." Diese Bedeutung der Demonstrationsfreiheit sei vom Gesetzgeber, den Behörden und den Gerichten zu beachten. Ein auf § 15 Abs. 1 Versammlungsgesetz gestütztes Demonstrationsverbot sei deshalb nur zum Schutz gleichwertiger Rechtsgüter wie etwa Leib, Leben oder Freiheit anderer rechtmäßig, wenn deren Gefährdung unmittelbar drohe. Dem Ordnungsamt war es nach Ansicht des Verfassungsgerichts nicht gelungen, diese unmittelbar drohende Gefährdung der Rechtsgüter anderer mit konkreten Prognosen zu belegen. Insbesondere habe das Ordnungsamt in seiner Verbotsverfügung nicht erwogen, wie den friedlichen Demonstrationsteilnehmern die Verwirklichung ihres Grundrechts auf Versammlungsfreiheit gewährleistet werden könne.

Dies bedeutet für unseren Fall: Auf § 15 Versammlungsgesetz gestützte beschränkende Auflagen sind nur dann nach § 25 Nr. 2 Versammlungsgesetz strafbar, wenn sie bei konkret drohender Gefahr für Leib, Leben oder Freiheit zum Schutz des Grundrechts der Versammlungsfreiheit erforderlich waren. Dies hätte das Ordnungsamt in seinen Versammlungsbescheiden im Einzelnen darlegen müssen. Ansonsten sind es lediglich (straflose) Hinweise. Es ist das Verdienst des Landgerichts Stuttgart, dies in seinem freisprechenden Urteil erstmals erkannt zu haben (31 Ns 4 Js 1004002/10).

... das Oberlandgericht Stuttgart aber hört auf die Staatsanwaltschaft ...

Dennoch: gegen diesen Freispruch legte die Staatsanwaltschaft Revision ein. Sie ist der Meinung, dass das das Verfassungsgericht in seiner Brokdorf-Entscheidung nur die Frage der Pflicht zur Anmeldung einer Demonstration entschieden habe, jedoch nicht die Frage der Strafbarkeit von Verstößen gegen Auflagen. Diese Entscheidung habe für unseren Fall deshalb keine Bedeutung.

Inzwischen hat das Oberlandesgericht Stuttgart das freisprechende Urteil des Landgerichts kassiert und zur erneuten Verhandlung an eine andere Strafkammer des Landgerichts zurückverwiesen. Es hat damit der Staatsanwaltschaft zumindest teilweise recht gegeben.

Dies lässt den vorläufigen Schluss zu, mit dem Schutz des Grundrechts auf Versammlungsfreiheit durch Stuttgarter Gerichte ist es nicht zum Besten bestellt. Das Oberlandesgericht Stuttgart ist der Auffassung, dass auch die „Sicherheit und Leichtigkeit des fließenden Verkehrs" ein Schutzgut sei, zu dessen Schutz strafbewehrte Auflagen nach § 15 Versammlungsgesetz erlassen werden dürften. Es ist der Meinung, dass deshalb die Auflage, eine bestimmte Anzahl von Ordnern einzusetzen, möglich sei, wenn eine „unmittelbare Gefährdung für die Sicherheit und Leichtigkeit des fließenden Verkehrs" gedroht habe. Dies sei noch aufzuklären, weshalb das Oberlandesgericht den Fall zur erneuten Verhandlung an das Landgericht Stuttgart zurückverwiesen hat (1 Ss 114/13). Die Argumentation ist doch bemerkenswert: Die „Sicherheit und Leichtigkeit des fließenden Verkehrs" hat das gleiche Gewicht wie das Recht auf Versammlungsfreiheit oder das Recht auf Leben. Ein Verhandlungstermin beim Landgericht ist noch nicht bekannt.

... und die Staatsanwaltschaft Stuttgart beklagt ihre Überlastung

Auch in der weiteren Strafsache beim Amtsgericht Stuttgart wegen des Lautsprechers in der Feuergasse gibt es noch keinen Verhandlungstermin. Ebenso wie die Bauarbeiten am Bahnhofsprojekt nur sehr schleppend vorangehen, zieht sich auch die strafrechtliche Aufarbeitung des Projekts in die Länge. Noch kann nicht die Prognose gewagt werden, ob zuerst das Projekt oder dessen begleitende Strafprozesse beendet sein werden. Auf jeden Fall sorgt die Staatsanwaltschaft dafür, dass der Nachschub an weiteren Strafprozessen nicht abreißt.

Da fällt dem Leser unwillkürlich die Pressemitteilung der Staatsanwaltschaft Stuttgart vom 13. 3.2012 ein, in der sie sich über ihre Arbeitsbelastung beklagt. Sie schreibt:

> „Keine Entlastung für die Staatsanwaltschaft.
> Die Staatsanwaltschaft Stuttgart konnte sich im vergangenen Jahr wahrlich nicht über einen Mangel an Arbeit beklagen. Insgesamt rund 178 000 neue Verfahren gingen 2011 bei der Anklagebehörde ein."

Mindestens 13 dieser zeit- und kostenaufwendigen Verfahren hätte sich die Staatsanwaltschaft bei genauer Lektüre des Grundgesetzes ersparen können. Zum Schluss ist sicherlich noch die eingangs erwähnte Frage angebracht, ob Gangolf S. nach der Hegel'schen Straftheorie für die gegen ihn erhobenen Vorwürfe bestraft werden müsste, ob ihm also eine Strafe aufzuerlegen ist, deren Maßstab aus der Tat selbst gezogen werden sollte. Oder vereinfacht gefragt: Ist ihm deshalb ein Übel zuzufügen, weil er selbst eines begangen hat? Oder ist das Übel gar nicht bei ihm zu suchen?

Die Leser mögen es entscheiden.

Roland Kugler, Jahrgang 1952, Rechtsanwalt in Stuttgart, saß von 1984 bis 1989 und, nach einer fünfjährigen Rotationspause, nochmals von 1994 bis 2004 für die Grünen im Stuttgarter Gemeinderat. Er hat in dieser Zeit die Vorgeschichte des Bahnprojekts Stuttgart 21 und die rechtlichen Auseinandersetzungen um den Bürgerbescheid gegen das Projekt politisch und später als Strafverteidiger auch juristisch miterlebt. Schwerpunktmäßig ist er heute auf den Gebieten Ausländer- und Asylrecht sowie als Strafverteidiger tätig.

Die Linie der Stuttgarter Polizei zu den Demonstrationen gegen S 21

Von Gangolf Stocker

Im September 2007 nahm der Protest gegen Stuttgart 21 eine neue Form an. Bis dahin organisierten wir Infotische, Veranstaltungen und Flugblätter; jetzt meldete ich zusammen mit Uschi Schorlepp die erste Kundgebung gegen Stuttgart 21 an. Das Ordnungsamt bot ein Kooperationsgespräch zur Vorbereitung der Kundgebung an, also gingen wir da halt mal hin. Wir rechneten damit, dass die Behörde repressiv reagiert. Die öffnete ihre sämtlichen behördlichen Schubladen: Wir passten aber nirgends rein. Und waren angenehm überrascht, denn wir einigten uns. Es konnte losgehen. Der Marktplatz war voll; die Kundgebung war ein Erfolg und ich um etliche Tonnen erleichtert.

In der Folge war die Kooperation mit der Polizei mal so, mal so. Es hing stark vom Einsatzleiter der Polizei ab, ob es Stress gab oder nicht. Aber ernsthafte Probleme gab es in der Folge keine.

Mit dem Beginn der Montagdemos war die Nervosität der Polizei deutlich zu spüren. Wir waren anfangs ja eine Zusammenrottung, also nicht angemeldet. Und wir waren offenbar ein Sicherheitsrisiko. Anders war nicht

"Für die Leichtigkeit des flüssigen Verkehrs ist zu sorgen." *Foto: Martin Storz.*

zu erklären, dass da montags immer die Bereitschaftspolizei auftauchte. Auf meine Bitte hin war dann aber die Bereitschaftspolizei am Kundgebungsort vor dem Nordausgang des Bahnhofs nicht mehr zu sehen. Was sollten denn sonst die Leute denken!

Die Montagsdemos wuchsen und wuchsen und wurden versammlungstechnisch zwischen Ordnungsamt, Polizei und uns peu à peu zur Routine. „Wie immer?" „Wie immer!"

Die harte Mappus-Linie

Aber die S-21-Politiker waren konsequent: S 21 war demokratisch legitimiert, bestgeplantes Projekt und eben halt alternativlos. Der Protest wurde zunächst konsequent ignoriert und, als er immer stärker wurde, verfolgt. Es war die Zeit im Jahr vor den Landtagswahlen, in der Mappus plötzlich vom hingeworfenen Fehdehandschuh sprach. Da war es – schon vor der gezielten Polizeieskalation bei der versuchten Baumfällaktion am Schwarzen Donnerstag – auch bei den angemeldeten Demonstrationen mit dem Frieden zu Ende. Nun wurden Polizeibeamte vorbeigeschickt, damit sie Verkäufe von T-Shirts oder Buttons zur Anzeige brachten, denn versammlungstechnisch waren Abgaben nur gegen Spende erlaubt. Jetzt fiel den Polizeibeamten auch auf, dass die Spendenbüchsen nicht plombiert waren, später monierten sie dann eine fehlende Spendenbescheinigungserlaubnis.

Und jedes Mal gab es einen Strafbefehl gegen mich als Versammlungsleiter. Das setzte sich dann fort bei den Großdemos wegen angeblich fehlender Zulassung des umgebauten Wasserwerfers, weil Jugendliche einen Lautsprecher benutzten, ich hingegen mein Handy nicht und daher nicht erreichbar war. Ja, und weil da plötzlich Traktoren auf einem Tieflader im Park standen, wo sie doch nicht hinein durften, und so fort.

Jetzt interessiert sich die Polizei auch für die Zahl der Ordner. Nun sollten wir – obwohl unsere Kundgebungen ja weiter friedlich verliefen – je 50 angemeldeten Kundgebungsteilnehmern einen Ordner stellen, bei 50 000 Teilnehmern (während der Höhepunkte des Protests waren es mehr als 100 000) waren also 1000 Ordner zu stellen – eine für eine nicht kommerzielle politische Veranstaltung kaum zu bewältigende Aufgabe.

Es waren in der Regel die gleichen Beamten, die jetzt zur Anzeige bringen sollten, was vorher niemanden interessierte. Und die einen taten es mit Freude, die anderen taten es nicht oder warnten mich vor. Die Polizisten sind halt auch nur Menschen, wie Beamte überhaupt, und der Polizeiapparat ist ein bisschen ähnlich zusammengesetzt wie die Gesellschaft, aus der er sich rekrutiert.

Aber klar ist auch, die Polizei führt aus, was die Politik ihr anschafft. Und die Politik schafft nur an, was (ihr und den Interessen und Mächten, denen sie dient) Sicherheit und Ordnung schafft und gegebenenfalls das Volk einschüchtern soll. Damit es Abstand nimmt von der Ausübung von Grundrechten, zum Beispiel auf Versammlungsfreiheit. Wer aber den Versammlungsleiter mit Strafbefehlen bedroht, bedroht das für die Demokratie elementare Grundrecht auf Versammlungsfreiheit!

Um nichts Geringeres geht es bei den noch ausstehenden Verhandlungen vor dem Landgericht beziehungsweise Amtsgericht, um die Versammlungsfreiheit. Und die darf man – klingt seltsam, ist aber meine Erkenntnis – nicht jenen Teilen der Justiz überlassen, denen demonstrierende Bürger bedrohlich erscheinen, die es deshalb zu kujonieren gilt.

Ins gefährlich Absurde geriet dabei das Oberlandesgericht Stuttgart, das den ersten Freispruch des Landgerichts im Verfahren gegen mich mit der Begründung aufhob, auch bei elementaren politischen Versammlungen habe deren Leiter für die angebliche „Leichtigkeit des flüssigen Verkehrs" zu sorgen und die Auflagen des Bundesimmissionsschutzgesetzes (Schutz von Dritten und Unbeteiligten vor Demolärm) zu sichern.

Im Übrigen ist schade, dass die wirklich Verantwortlichen für den blutigen Polizeieinsatz vom 30. 9. 2010 nicht zur Rechenschaft gezogen wurden und vermutlich auch nicht mehr gezogen werden. Es ist auch zu bezweifeln, dass der heutige Chef der Justiz, Justizminister Stickelberger von der SPD, daran interessiert ist. Die Lehre aus dem Schwarzen Donnerstag hieß für die Polizei ja auch: Ein bisserl Strafe (und Karriereknick) für drei nachgeordnete Kollegen und die Verantwortlichen tragen ihren Arsch in die Rente.

Die Arbeit der Untersuchungsausschüsse des baden-württembergischen Landtags zu S 21 und zum „EnBW-Deal":

Untersuchungsausschuss – Wahrheitsfindung oder Vertuschung?

Von Dieter Reicherter

Mit einem Untersuchungsausschuss des Landtags von Baden-Württemberg hatte ich vor vielen Jahren zum ersten Mal zu tun, und zwar als Amtsrichter wegen des Vorwurfs der Falschaussage eines Zeugen vor dem Untersuchungsausschuss, der dann zur Einleitung eines Strafverfahrens führte. Seitdem hatte ich im Hinterkopf, dass es sich bei einem Untersuchungsausschuss, vor dem man nicht ungestraft lügen darf, um ein gerichtsähnliches Gremium handelt, das die Wahrheit erforschen will. Von dieser Meinung bin ich inzwischen geheilt.

Die Arbeit der Untersuchungsausschüsse ist geregelt im „Gesetz über Einsetzung und Verfahren von Untersuchungsausschüssen des Landtags" vom 3. März 1976.

Dort heißt es in § 1 Abs. 1: „Ein Untersuchungsausschuss des Landtags hat die Aufgabe, Sachverhalte, deren Aufklärung im öffentlichen Interes-

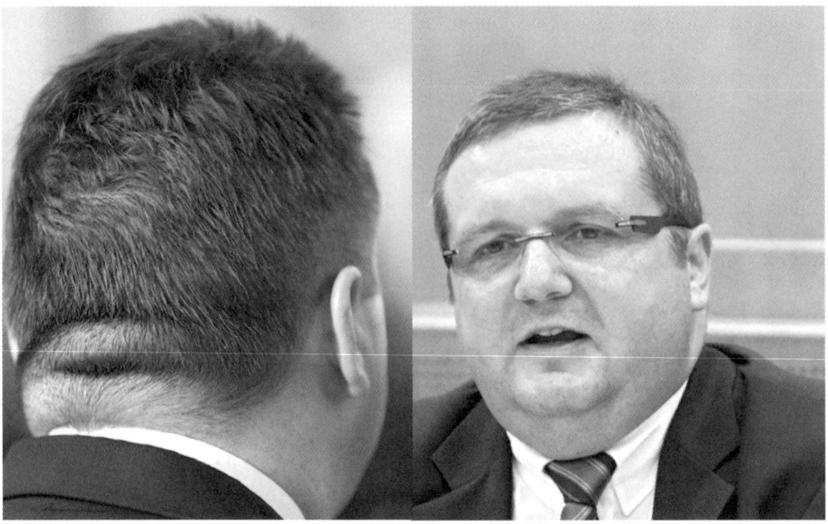

Mappus vor dem Untersuchungs-Ausschuss im baden-württembergischen Landtag: Was zu untersuchen ist, bestimmt die politische Mehrheit. *Foto: Joachim E. Röttgers.*

se liegt, zu untersuchen und dem Landtag darüber Bericht zu erstatten."

Die Einsetzung erfolgt durch Beschluss des Landtags gemäß Artikel 35 der Landesverfassung. Zum Schutze einer Minderheit der Abgeordneten gibt es jedoch das Recht auf einen Minderheitsantrag. Antragsberechtigt hierbei sind ein Viertel der Mitglieder des Landtags oder zwei Fraktionen.

Bedeutsam ist § 3 Abs. 1: „Der Gegenstand der Untersuchung ist in dem Beschluss über die Einsetzung genau festzulegen." Abs. 2: „Der in einem Minderheitsantrag bezeichnete Untersuchungsgegenstand kann gegen den Willen der Antragsteller nicht geändert werden." Abs. 3: „Der Untersuchungsausschuss ist an den ihm erteilten Auftrag gebunden."

Diese Regelung wirkte sich beispielsweise beim Untersuchungsauftrag des Untersuchungsausschusses zum Polizeieinsatz vom 30. 9. 2010 gravierend aus, wie noch aufgezeigt werden soll. Immerhin zeigt diese Einschränkung schon, dass es nicht nur um die Wahrheitserforschung geht und eine Minderheit, die kein Viertel der Mandate besitzt, ausgebremst werden kann, was offenbar auch zu mancherlei Kuhhandel führt.

Interessant scheint mir auch die Regelung des § 10 Abs. 1: „Die Mitglieder der Regierung und ihre Beauftragten können von den Beweiserhebungen ausgeschlossen werden, wenn überwiegende Interessen eines Zeugen oder Sachverständigen dies gebieten oder wenn es zur Erlangung einer wahrheitsgemäßen Aussage erforderlich erscheint."

Diese Vorschrift erweckt den Eindruck eines an Wahrheitsfindung interessierten Organs. Das wird allerdings dadurch ad absurdum geführt, dass – wie wir seit dem EnBW-Untersuchungsausschuss wissen – Unterlagen und Informationen nach Herzenslust an Betroffene vor deren Vernehmung weitergegeben wurden. So hat sich auch herausgestellt, dass der frühere Ministerpräsident während Zeugenvernehmungen per SMS ein Ausschussmitglied seiner Partei aufgefordert haben soll, bestimmte Fragen zu stellen.

In § 13, der die Beweisaufnahme regelt, sind die Vorschriften der Strafprozessordnung über Beweisanträge weitgehend übernommen. Auch dies erweckt den Anschein einer unparteiischen Sachaufklärung.

Nach § 16 Abs. 4 kann der Untersuchungsausschuss beim zuständigen Gericht die Anordnung von Beschlagnahmen und Durchsuchungen beantragen, wenn für die Untersuchung notwendige Beweise auf andere Weise nicht erhoben werden können. Beim EnBW-Untersuchungsausschuss hatte ich angesichts der unendlichen Geduld mit verschiedenen Auskunftspflichtigen (zum Beispiel Morgan Stanley) allerdings den Eindruck, dass sich der Ausschuss dessen nicht bewusst war oder dass er zumindest von der Möglichkeit der Anordnung von Zwangsmaßnahmen keinen Gebrauch machen wollte. Für mich umso befremdlicher, als Staatsanwaltschaft und Polizei beispielsweise bei der Durchsuchung meines Hauses in Abwesenheit nicht so zimperlich mit den Rechten eines unbeteiligten Zeugen umgegangen waren.

Zur Makulatur, soweit es um die Wahrheitsfindung geht, führt jedoch § 23.

In Abs. 1 heißt es: „Nach Abschluss der Untersuchung erstattet der Untersuchungsausschuss dem Landtag einen schriftlichen Bericht."

Diesen Bericht bestimmt jedoch die Ausschussmehrheit. Denn § 7 Abs. 3 lautet: „Soweit in diesem Gesetz nichts anderes bestimmt ist, beschließt der Untersuchungsausschuss mit der Mehrheit der abgegebenen Stimmen; bei Stimmengleichheit ist ein Antrag abgelehnt."

Somit bestimmt die Ausschussmehrheit auch die Wahrheit.

Immerhin darf sich die unterlegene Minderheit auch äußern. § 23 Abs. 2: „Jedes Mitglied des Untersuchungsausschusses hat das Recht, einen abweichenden Bericht vorzulegen. Dieser Bericht ist dem Bericht des Untersuchungsausschusses anzuschließen."

Der Untersuchungsausschuss zum Polizeieinsatz vom 30. 9. 2010

Der Einsetzung des Untersuchungsausschusses des Landtags Baden-Württemberg „Aufarbeitung des Polizeieinsatzes am 30. September im Stuttgarter Schlossgarten" war ziemliches Hickhack vorausgegangen. Der Polizeieinsatz hatte bundesweit hohes Aufsehen und Entsetzen ausgelöst. In der Öffentlichkeit war schnell die Forderung der Aufklärung möglicher politischer Einflussnahmen und eines unverhältnismäßig harten Vorgehens erhoben worden. Dennoch konnten sich zunächst nur die Grünen für einen Untersuchungsausschuss erwärmen. Die Fraktion hatte aber das für die Einsetzung erforderliche Viertel der Sitze im Landtag nicht. Erstaunlicherweise wollte die zahlenmäßig größere Oppositionsfraktion der SPD ursprünglich eine derartige Untersuchung nicht. Man mag darüber spekulieren, ob das mit der Unterstützung der Partei für das Projekt Stuttgart 21 zusammenhing, zu dessen Durchsetzung der Polizeieinsatz erfolgt war. Erst ein Beschluss des Landesparteitags der SPD, in dem die Forderung nach einem Untersuchungsausschuss aufgestellt worden war, brachte eine Änderung der Haltung dieser Partei.

Die SPD beantragte darauf im Landtag die Einsetzung eines Untersuchungsausschusses. Am 27. 10. 2010 fasste der Landtag den entsprechenden Beschluss unter Formulierung des Untersuchungsauftrags. Den Vorsitz führte von Anfang an der Abgeordnete Winfried Scheuermann von der CDU, also der Partei, der auch maßgebliche Verantwortliche in Regierung, Verwaltung und Polizei für den Einsatz am 30. 9. 2010 angehören.

Gravierende Einschränkung der Aufklärungsthemen

Bei der Beschlussfassung wurde die Fraktion der Grünen „ausgebremst". Ihr Änderungsantrag, mit dem weit detaillierter politische Einflussnahmen, Verantwortlichkeiten und sonstige Unregelmäßigkeiten hätten aufgeklärt werden sollen, wurde zurückgewiesen. Dies war möglich, weil sie nicht selbst einen Minderheitsantrag hatte stellen können.

Beispielhaft sei aus dem Antrag der Grünen auf Ergänzung des Auftrags zitiert:
Ziffer 11: „... wann und von wem die Rettungsdienste und Feuerwehren der Stadt Stuttgart über die Planung des Polizeieinsatzes informiert und einbezogen wurden und wann diese tatsächlich am Schlossgarten eintrafen"; Ziffer 13: „... zu welchem Zeitpunkt welche Personen in der Landesregierung, den Ministerien und im Regierungspräsidium Stuttgart am 30. September 2010 oder an einem anderen Tag vom Schreiben des Eisenbahnbundesamtes (EBA) Kenntnis erhielten, was welche Personen daraufhin veranlassten und ob unter naturschutzrechtlichen Gesichtspunkten das Fällen der Bäume am 1. Oktober 2010 im Mittleren Schlossgarten rechtmäßig war."

Um den Hintergrund dieser Änderungsanträge besser zu verstehen, muss man wissen: Nach den einschlägigen polizeilichen Regelungen hätten insbesondere Rettungsdienste zum Einsatz hinzugezogen werden müssen, was aber unterblieben war.

Denn für Wasserwerfereinsätze bestimmt Nr. 3 der PDV 122 (Polizeidienstvorschrift) für den „Einsatz von Wasserwerfern und Wasserarmaturen", dass unter anderem folgende „vorbereitende Maßnahmen" zu treffen sind: „Vereinbarungen über die Nutzung von Wasserentnahmestellen bei Behörden, Dienststellen und sonstigen Stellen, insbesondere Rettungs- und Hilfsdiensten, und über deren Erreichbarkeit."

Und Nr. 6 regelt unter „technische/organisatorische Maßnahmen", dass für die Durchführung des Wassereinsatzes vorrangig zu berücksichtigen ist unter anderem das „Sicherstellen der medizinisch/ärztlichen Versorgung für Einsatzkräfte und für andere Betroffene".

Noch deutlicher wird der Polizeiärztliche Dienst BW im „Merkblatt Pfefferspray":
„Personen, die Pfefferspray ausgesetzt waren, sind während der kritischen Zeit der ersten 45 Minuten zu überwachen!" „In folgenden Fällen ist der Rettungsdienst/Notarzt erforderlich: bei Bewusstlosigkeit/starker Atemnot/Atemstillstand ... bei Kindern und Schwangeren ... bei anhaltenden Beschwerden."

Dies deckt sich mit den „Handhabungshinweisen für Reizstoff-Sprühgeräte mit Pfefferspray für die Polizeien der Länder und des Bundes", dort geregelt unter 7. „Nachversorgung", wo zusätzlich „ständige Anpassung von Erste-Hilfe-Leistung und Eigensicherung" verlangt wird und wo unter 6. „Sicherheitsbestimmungen" klar angeordnet wird: „Grundsätzlich unzulässig ist der Einsatz (von Pfefferspray) auch bei erkennbar Schwangeren und gegenüber Kindern."

Hierzu eine Anmerkung des Verfassers: Trotz dieser klaren Regelung wurden bis heute offenbar keine Ermittlungen gegen die Verantwortlichen für die Pfeffersprayeinsätze gegen Kinder geführt, ebenso wenig wegen unterbliebener medizinischer Versorgung Verletzter.

Was die angefragte Kenntnis vom Schreiben des Eisenbahn-Bundesamts betrifft, so ging es darum, dass nach dessen Schreiben vom 30. 9. 2013 die Bäume im Schlossgarten (noch) gar nicht gefällt werden durften, weil verschiedene Auflagen nicht erfüllt waren.

Die Ablehnung der Änderungsanträge der Grünen führte zu folgenden Konsequenzen, die der Wahrheitsfindung nicht dienlich sein konnten: Nur die im Untersuchungsauftrag festgelegten Beweisthemen durften untersucht werden. Fragen zu anderen Ereignissen durften nicht gestellt werden, also zum Beispiel zur unterbliebenen Verständigung der Rettungskräfte, aber auch zur Begründung des Einsatzes überhaupt. Denn dieser diente ja zur Erzwingung einer Baumfällaktion, die jedenfalls in diesem Zeitpunkt vom EBA verboten war. Ebenso blieben durch die Blockierung dieses Themas mögliche Verstöße gegen Auflagen zum Schutz des inzwischen berühmt gewordenen Juchtenkäfers ungeklärt.

Rüder Umgang mit Zeugen und Betroffenen

Die Fraktion der Grünen hatte einige Betroffene des Polizeieinsatzes, darunter prominente Personen des Widerstands gegen das Projekt Stuttgart 21, als Zeugen benannt. So hatte auch ich eine sehr kurzfristige Zeugenladung auf den 6. 12. 2010 erhalten. Die damit verbundenen Förmlichkeiten kannte ich als Richter zur Genüge.

Seit vielen Jahren besuche ich alljährlich eine Fachtagung des Bundes gegen Alkohol und Drogen im Straßenverkehr an der Evangelischen Akademie Bad Boll, die immer Anfang Dezember stattfindet. Deshalb wollte ich am 6. 12. 2010 an der Tagung teilnehmen, zu der ich angemeldet war und den Teilnehmerbeitrag bezahlt hatte. Weil der Untersuchungsausschuss auch an weiteren Tagen zusammentrat, ging ich davon aus, es sei kein Problem, meine Vernehmung auf einen späteren Sitzungstag zu verlegen. So hatte ich das als Richter bei entsprechenden Bitten von Zeugen immer gehandhabt. Beim Ausschussvorsitzenden biss ich allerdings auf Granit. Mir wurde ohne weitere Erklärung mitgeteilt, ich müsse zum vorgesehenen Termin erscheinen. Das tat ich dann auch pünktlich um 15.30 Uhr mit der Erwartung, ich könne als Zeuge zur Wahrheitsfindung beitragen.

Im Landtag erfuhr ich, dass der Zeitplan total durcheinander sei und mit längerer Wartezeit zu rechnen sei. Heute weiß ich, dass der damalige Ministerpräsident Mappus an diesem Tag mit der triumphalen Bekanntgabe seines – wie der Staatsgerichtshof inzwischen festgestellt hat – verfassungswidrigen EnBW-Deals für Verspätungen gesorgt hatte. Im Zeugenzimmer hatte ich Gelegenheit, viele wartende Menschen kennenzulernen. Gegen 19.45 Uhr erschien schließlich ein Mitarbeiter der Landtagsverwaltung und verlas eine Liste der Personen, die als Zeugen nicht mehr benötigt würden. Darunter befand sich auch mein Name. Eine Entschuldigung oder gar einen Dank für das geduldige Warten gab es nicht. Während ich wegen meiner dienstlichen Kenntnisse noch nachvollziehen konnte, dass offenbar auf unsere Vernehmung verzichtet worden war, waren andere geladene Zeugen fassungslos und verstehen bis heute nicht, warum man sie nicht angehört hat.

Vielleicht war es aber gerade für diese „braven Bürger" (vor allem denke ich an einen, der aus nächster Nähe mit Pfefferspray ins Gesicht beschossen worden war, obwohl er mit erhobenen Händen dastand) besser, nicht vernommen worden zu sein. Denn das, was ich von den vernommenen Zeugen später erfuhr und bei den Videoaufzeichnungen im Internet nachverfolgen konnte, war abschreckend. Die Befragungen durch die Ausschussmehrheit ließen jeden Anstand vermissen und stellten die Zeugen nicht als Opfer, sondern als Angeklagte dar. Da half es dem Herrn Stadtdekan nicht, dass er schon kraft Amtes bei den Mitgliedern einer christlichen Partei Respekt hätte verdienen sollen. Bar jeder Kenntnisse von der Glaubhaftigkeit von Zeugenaussagen und von einer vernünftigen Fragetechnik wurden die Zeugen mit Suggestivfragen bombardiert. Realistische Schilderungen eines Schriftstellers wurden als Produkt einer lebhaften Fantasie abgetan. Nicht verwunderlich war daher die zusammenfassende Schilderung eines auf diese Weise befragten Zeugen, zumindest sei die Vernehmung nicht noch schlimmer als der Schwarze Donnerstag gewesen.

In der Aussage, die ich aufgrund meiner persönlichen Wahrnehmungen als Augenzeuge zu machen gehabt hätte, wäre der Vorwurf, dass ein Wasserwerfer ohne jede Androhung und ohne Notwendigkeit, dafür aber mit unangemessen hohem Wasserdruck in die Menschenmenge auf einer Wiese geschossen hatte, zu erörtern gewesen. In meiner Nähe auf der Wiese erlitt eine Frau dabei einen bleibenden Augenschaden. Da der Untersuchungsausschuss mich nicht gehört hat, fehlt dieser Teilaspekt des Geschehens im Untersuchungsbericht völlig. Zwar hatte ich mich nach meiner ausgefallenen Vernehmung mit einem persönlichen Schreiben an alle Mitglieder des Untersuchungsausschusses gewandt, um meine Beobachtungen wenigstens auf diese Weise mitzuteilen. Geholfen hat dies allerdings nichts. Antworten habe ich nicht erhalten.

Parteiische Untersuchung; zweifelhafte Regierungszeugen

Diese Erfahrungen mit dem Untersuchungsausschuss machten mich neugierig auf den Ablauf seiner Sitzungen. Daher nahm ich als Zuhörer an der Sitzung teil, in der einige Mitglieder der damaligen schwarz-gelben Landesregierung als Zeugen vernommen wurden. Dabei war ich zum einen fassungslos über die parteiische Verhandlungsführung des Vorsitzenden, zum andern darüber, wie sich die angebliche Elite unseres Landes präsentierte. Wenn zum Beispiel der Justizminister und stellvertretende Ministerpräsident Dr. Ulrich Goll erklärte, er habe sich um den Polizeieinsatz nicht gekümmert, weil es „nicht sein Bier" gewesen sei; vom Polizeieinsatz habe er durch einen Anruf seiner Parteikollegin Homburger aus Berlin erfahren, war dies für mich weder nachvollziehbar noch mit seinen Amtspflichten vereinbar.

Davon, dass Teile mancher Zeugenaussagen falsch waren, bin ich heute mit den inzwischen gewonnenen Erkenntnissen noch mehr als damals überzeugt. Bezüglich des damaligen Ministerpräsidenten Stefan Mappus führte dies zur Erstattung meiner Strafanzeige gegen ihn wegen falscher uneidlicher Aussage. Dabei ging es im Wesentlichen um die Aussage, der Termin des Polizeieinsatzes habe nichts mit der geplanten Regierungserklärung zu tun gehabt. Da einige Zeugen schlüssig das Gegenteil bekundet hatten, ging ich mit meiner Erfahrung als langjähriger Staatsanwalt und Strafrichter davon aus, die Aussage des Ministerpräsidenten sei falsch gewesen. Dem schloss sich allerdings der damalige Oberstaatsanwalt Häußler nicht an, der das Verfahren einstellte. Meine Beschwerde hiergegen blieb erfolglos. Aktuell ist zu fragen, ob es Sinn macht, angesichts hierzu neu aufgetauchter Dokumente nochmals Anzeige zu erstatten.

Auch muss ich inzwischen noch mehr die Aussage des damaligen Innenministers Heribert Rech bezweifeln, wonach der bürgerliche Widerstand gegen Stuttgart 21 nicht von der Polizei beobachtet werde, insbesondere keine V-Leute oder verdeckte Ermittler eingesetzt würden. Später habe ich Kenntnis vom Rahmenbefehl Nr. 2 des Innenministeriums der neuen grünroten Landesregierung vom 20. 12. 2011 erlangt, der die Bespitzelung und Überwachung des gesamten Widerstands, auch harmloser Bürger, anordnet und der ausdrücklich Bezug nimmt auf den Rahmenbefehl Nr. 1 vom 19. 7. 2010, welcher dieselben Anordnungen getroffen hatte, also auch zum Zeitpunkt der Vernehmung des Zeugen Rech galt. Aufgrund der genannten Rahmenbefehle wurden und werden beispielsweise auch nicht öffentliche Treffen einzelner Gruppen erfasst, zum Beispiel „Ärzte und Psychologen gegen S 21", „Unternehmer gegen S 21", Senioren gegen S 21".

Erstaunlich fand ich auch die Tatsache, dass ein Ausschussmitglied selbst an einem Treffen des Ministerpräsidenten mit Polizeibeamten teilgenommen hatte, über dessen Verlauf der Ausschuss Beweis erhob.

Im Zusammenhang mit dem Vorwurf der falschen uneidlichen Aussage geht es um die rechtliche Einordnung der Tätigkeit eines Untersuchungsausschusses. Die entsprechenden Vorschriften lauten:
§ 153 StGB: „Wer vor Gericht oder vor einer anderen zur eidlichen Vernehmung von Zeugen oder Sachverständigen zuständigen Stelle als Zeuge oder Sachverständiger uneidlich falsch aussagt, wird mit Freiheitsstrafe von drei Monaten bis zu fünf Jahren bestraft."
§ 162 Abs. 2 StGB: „Die §§ 153 und 157 bis 160, soweit sie sich auf falsche uneidliche Aussagen beziehen, sind auch auf falsche Angaben vor einem Untersuchungsausschuss eines Gesetzgebungsorgans des Bundes oder eines Landes anzuwenden."

Erst durch die Lektüre eines Kommentars zum Strafgesetzbuch wurde mir die Fragwürdigkeit dieser Strafvorschrift klar. Dort steht zu lesen: „Da die parlamentarischen Untersuchungsausschüsse überdies vielfach Instrumente parteitaktischer Erwägungen und (erklärte) Mittel des ‚politischen Kampfs' sind, fehlt ihnen auch im Verständnis der Bürger eine an Unabhängigkeit und Sachbezogenheit der Wahrheitsfindung gebundene Autorität; denn wenn die ‚Wahrheit', welche die Ausschüsse ermitteln, sich offensichtlich nach der Parteizugehörigkeit ihrer Mitglieder bestimmt, kommt den Ergebnissen eine Richtigkeitsgewähr, wie sie gerichtlichen Verfahren eigen ist, gerade nicht zu. Das Strafrecht wird dadurch in doppelter Weise geschwächt: Zum einen beanspruchen Untersuchungsausschüsse eine quasi-justizielle Legitimität, die sie durch die offene Interessengeleitetheit ihrer Amtsführung aber gerade untergraben; zum anderen wird die Strafjustiz dadurch tendenziell instrumentalisiert" (zitiert aus: Thomas Fischer: Strafgesetzbuch und Nebengesetze, 57. Auflage, Randnr. 6 zu § 162 StGB, mit weiteren Nachweisen). Demnach kann es mit der Objektivität eines Untersuchungsausschusses nicht weit her sein. Eine niederschmetternde Erkenntnis, der ich mich allerdings aus eigener Anschauung anschließen muss, hatte ich doch auch Gelegenheit, an zahlreichen Sitzungen des Untersuchungsausschusses zum sogenannten EnBW-Deal (siehe unten) teilzunehmen.

Ergebnisse des Untersuchungsausschusses zum Polizeieinsatz vom 30. 9. 2010

Das alles hat dazu geführt, dass man sich den Untersuchungsausschuss zum 30. 9. 2010 eigentlich hätte sparen können. Die Ausschussmehrheit kam im Abschlussbericht vom 2. 2. 2011 wie schon vor Einsetzung des Ausschusses zum Ergebnis, alles sei rechtmäßig gewesen. Die Demonstranten hätten Gewalt eingesetzt und hätten deshalb selbst an allem Schuld. Die Politik, insbesondere der Ministerpräsident, habe sich nicht eingemischt.

Die Ausschussminderheit kam wie schon zuvor zum Ergebnis, der Einsatz sei unverhältnismäßig gewesen und die Gewalt von den Polizeikräften ausgegangen. Die Politik, insbesondere der Ministerpräsident, habe Einfluss auf den Einsatz genommen.

Wie sich die Erkenntnisse der Mehrheit mit den zwischenzeitlich vorliegenden Ergebnissen der strafrechtlichen Ermittlungen decken, wonach schließlich, wenn auch erst im Sommer 2013, gegen einige Polizeibeamte Strafbefehle beantragt beziehungsweise Anklagen erhoben wurden, weil sie sich – insbesondere bei Wasserwerfereinsätzen – rechtswidrig verhalten hätten, erschließt sich mir nicht. Insbesondere kann ich aber auch nicht nachvollziehen, weshalb gegen die für den Einsatz verantwortliche Polizeiführung wegen dieser Vorwürfe weiterhin nicht ermittelt wird – und ebenso wenig die Verantwortlichkeit von Angehörigen der Staatsanwaltschaft Stuttgart geprüft wird, insbesondere die des von morgens 10.00 Uhr am 30. 9. 2010 bis nachts 3.40 Uhr des 1. 10. 2010 am Einsatzort persönlich anwesenden damaligen Oberstaatsanwalt Häußler. Wenn aktuell das Verfahren gegen ein Mitglied einer Wasserwerferbesatzung gemäß § 153 a StPO gegen Zahlung einer Geldauflage mit der Begründung eingestellt wurde, dieser Beschuldigte habe wiederholt darauf hingewiesen, dass die Wasserwerfereinsätze unverhältnismäßig seien, so müsste sich aus diesen vorgebrachten Bedenken (Remonstrationsrecht des Beamten) für diejenigen, die bei ihren Befehlen blieben, der Vorwurf des vorsätzlichen Handelns ergeben. Jedoch wird durchgängig nur der Vorwurf der fahrlässigen Körperverletzung im Amt erhoben und werden die Verantwortlichen der höchsten Führungsebene überhaupt nicht zur Verantwortung gezogen.

Erstaunlich finde ich auch den Schwenk des jetzigen Innenministers Reinhold Gall (SPD), der als Oppositionsabgeordneter und stellvertretender Vorsitzender des Untersuchungsausschusses im Minderheitsvotum Versagen der Polizei und Politik gerügt, aber später, nach Regierungswechsel, immer wieder geäußert hatte, die Demonstranten hätten an der Eskalation selbst Schuld. Der Minister akzeptierte auch den späteren Bericht des Inspekteurs der Polizei, Dieter Schneider, als angeblich unabhängige Untersuchung des Polizeieinsatzes, obwohl Schneider selbst an der Vorbereitung des von ihm nachträglich begutachteten Einsatzes beteiligt gewesen war.

Vertrauen in Demokratie und Rechtsstaat wird untergraben

Das alles wäre nicht so schlimm, wenn nicht so viele Hoffnungen rechtstreuer Bürgerinnen und Bürger, der Untersuchungsausschuss werde das am 30. 9. 2010 von ihnen erlebte Unrecht, nämlich unverhältnismäßige staatliche Gewalt, aufklären, zunichtegemacht worden wären. Insbesondere aber die unwürdigen Auftritte einzelner Ausschussmitglieder haben leider weiter dazu beigetragen, das Vertrauen in das Funktionieren unserer Demokratie und deren parlamentarischer Organe zu schmälern, wenn nicht gar zu zerstören.

Der Ablauf des Untersuchungsausschusses ist ausführlich beschrieben in dem Buch „Mit Kanonen auf Spatzen“, erschienen im von Loeper Literaturverlag. Nicht umsonst gibt es immer noch die lautstarke Forderung nach einem neuen Untersuchungsausschuss zum Polizeieinsatz trotz oder gerade wegen dieser erlebten Enttäuschung.

Untersuchungsausschuss zum EnBW-Deal

Der Landtag hatte in der Plenarsitzung am 14. Dezember 2011 auf Antrag der Fraktionen von Grünen und SPD einen Untersuchungsausschuss zum „Ankauf der EnBW-Anteile der Électricité de France (EdF) durch das Land Baden-Württemberg und seine Folgen“ (EnBW-Deal) eingesetzt. Das Gremium soll Details klären über das Verhalten der ehemaligen Landesregierung im Zusammenhang mit dem Erwerb des EnBW-Aktienpakets der EdF durch die Neckarpri GmbH. Über die Untersuchungsergebnisse soll der Ausschuss den Landtag unterrichten und Vorschläge unterbreiten, wie möglicherweise zu beanstandenden Vorgängen künftig vorgebeugt werden kann. Vorsitzender des 15-köpfigen Gremiums wurde erneut ein Abgeordneter der CDU, zunächst Ulrich Müller.

Die Erfahrungen mit dem Untersuchungsausschuss zum 30. 9. 2010 veranlassten mich, regelmäßig auch an den Terminen dieses Folgeausschusses zum EnBW-Deal teilzunehmen. Auch in diesem Ausschuss fand ich als interessierter Zuhörer und juristischer Beobachter insbesondere den befangenen Umgang mit Zeugen und Beweismitteln befremdlich und das offensichtliche Fehlen juristischer Kenntnisse, die für die Arbeit eines angeblich gerichtsähnlichen Organs nötig wären, erschütternd. Ein Richter, der seine Verhandlungen so führen würde, wäre spätestens nach fünf Minuten erfolgreich wegen Befangenheit abgelehnt.

Kungelei zwischen Ausschussvorsitzendem und früherem Regierungschef

Während die Aufklärungsarbeit (soweit von einer solchen überhaupt gesprochen werden kann) des Untersuchungsausschusses zum Polizeieinsatz im Schlossgarten unter enormem Zeitdruck gestanden hatte – offenbar um das Thema aus dem nahenden Wahlkampf herauszuhalten –, nimmt man sich im Ausschuss zum EnBW-Deal alle Zeit der Welt. Was kein Nachteil sein muss. So konnte man erfahren, dass der Ausschussvorsitzende heimlich und zum Teil unter abenteuerlichen Umständen (falls diese nicht gelogen waren) den früheren Ministerpräsidenten mit Informationen und Dokumenten versorgt hatte, obwohl dieser als Zeuge zu vernehmen war und im Verdacht der Untreue im Zusammenhang mit der vom Staatsgerichtshof festgestellten Verfassungswidrigkeit des Deals steht. Passend dazu ergab sich, dass Mappus an einem Vorbereitungstreffen der Untersuchungsausschussmitglieder seiner Partei als Gast teilgenommen hatte. Was soll man davon halten, dass als Folge der Aufdeckung solcher Verstrickungen gleich drei CDU-Mitglieder des Untersuchungsausschusses einschließlich des Vorsitzenden ihren Hut nehmen mussten? Und was muss man im Nachhinein zum Wirken solcher Personen im Untersuchungsausschuss zum 30. 9. 2010 vermuten?

Zweierlei Maß beim Schutz von Persönlichkeitsrechten

Auch in anderer Weise erschien mir dieser aktuelle Untersuchungsausschuss als lehrreich. So ging es beispielsweise in einem Termin um die Frage des Standes der staatsanwaltschaftlichen Ermittlungen gegen Mappus und andere, aber auch um die Frage einer möglichen Strafbarkeit der Weitergabe von Unterlagen durch Mitglieder des Ausschusses. Dazu wurden der Leiter der Staatsanwaltschaft Stuttgart und der ermittelnde Staatsanwalt der Wirtschaftsabteilung vernommen. Der Leitende Oberstaatsanwalt bekundete, als Zeuge unter Wahrheitspflicht stehend, selbstverständlich beachte die Staatsanwaltschaft die Persönlichkeitsrechte von Betroffenen. Das war sicher für die Rechte des ehemaligen Ministerpräsidenten zutreffend. Meine spätere Anfrage an den Leitenden Oberstaatsanwalt, ob das auch für die bei mir durchgeführte Hausdurchsuchung und die Auswertung der dabei auf meinem Computer beschlagnahmten Daten gelte, blieb leider bislang unbeantwortet. Ich hätte wegen des Schutzes der Persönlichkeit auch zu zahlreichen anderen mir bekannten Verfahren nachfragen können.

Der ermittelnde Staatsanwalt wurde dazu befragt, ob hinsichtlich der Weitergabe von Unterlagen des Untersuchungsausschusses durch dessen Vorsitzenden an Stefan Mappus der Verdacht einer Straftat bestehe. Nach dem Tatbestand des § 353 b Abs. 2 StGB ist für eine Strafbarkeit wegen Verletzung einer besonderen Geheimhaltungspflicht entscheidend, ob der Ausschussvorsitzende aufgrund eines Beschlusses des Untersuchungsausschusses zur Geheimhaltung der Unterlagen verpflichtet war. Dazu erklärte der Staatsanwalt, er selbst habe diese Geheimhaltungspflicht nicht überprüft, da ihm von seinen Vorgesetzten erklärt worden sei, dass eine solche Pflicht nicht bestanden habe. Daher bestehe auch kein Verdacht auf das Vorliegen einer Straftat. Bei den Befragungen stellte sich dann heraus, dass von der Staatsanwaltschaft zu keiner Zeit eine förmliche Anfrage zu einer

Geheimhaltungspflicht an den Landtag oder dessen Präsidenten gerichtet worden war. Die gründliche Arbeit einer Ermittlungsbehörde hätte ich mir anders vorgestellt.

Auch in anderer Weise besteht eine Verquickung zwischen der Arbeit dieses Untersuchungsausschusses und der Staatsanwaltschaft. Lange wurde gestritten um die Einsichtsrechte des Ausschusses in Ermittlungsunterlagen der Staatsanwaltschaft, insbesondere in die sogenannten Mappus-E-Mails. Schließlich erhielt der Untersuchungsausschuss Kopien der E-Mails, allerdings nicht etwa sämtlicher E-Mails des früheren Ministerpräsidenten, sondern nur derjenigen, die der Staatsanwaltschaft nach Durchsicht sämtlicher E-Mails als beweiserheblich erschienen. Gleiches gilt für sonstige Beweismittel, also auch für schriftliche Unterlagen. Ein grundsätzliches Problem auch bei Strafverfahren.

Wenn man bedenkt, wie unterschiedlich die Auffassungen über die Bedeutung einzelner Beweismittel sein können, hätte man sich gewünscht, dass der Untersuchungsausschuss selbst die Möglichkeit gehabt hätte, sämtliche Unterlagen zu sichten und zu entscheiden, was aus seiner Sicht von Bedeutung ist und was nicht. Bei dieser Überlegung muss man der Staatsanwaltschaft keinesfalls einseitige Ermittlungsführung unterstellen. Es geht vielmehr darum, dass ein derart wichtiges demokratisches Organ (auch wenn dessen Arbeit entsprechend seiner Zusammensetzung und Funktion kritisch zu würdigen ist) in die Lage versetzt werden müsste, sich selbstständig und unbeeinflusst ein objektives Bild der Beweislage zu verschaffen.

Aber vielleicht ist das nur der schöne Traum eines langjährigen Richters und Staatsanwalts, der objektive Maßstäbe an ein Organ anlegen will, das „ein Mittel des politischen Kampfs“ sein soll?

Wie die Stuttgarter Justiz Gegner der Volkszählung bekämpfte:

Der Dreh mit der Sachbeschädigung

Von Jörg Lang

„Wer nicht mit hinreichender Sicherheit überschauen kann, welche ihn betreffende Informationen in bestimmten Bereichen seiner sozialen Umwelt bekannt sind, und wer das Wissen möglicher Kommunikationspartner nicht einigermaßen abzuschätzen vermag, kann in seiner Freiheit wesentlich gehemmt werden, aus eigener Selbstbestimmung zu planen oder zu entscheiden. Mit dem Recht auf informationelle Selbstbestimmung wären eine Gesellschaftsordnung und eine diese ermöglichende Rechtsordnung nicht vereinbar, in der Bürger nicht mehr wissen können, wer was wann und bei welcher Gelegenheit über sie weiß. Wer unsicher ist, ob abweichende Verhaltensweisen jederzeit notiert und als Information dauerhaft gespeichert, verwendet oder weitergegeben werden, wird versuchen, nicht durch solche Verhaltensweisen aufzufallen. Wer damit rechnet, dass etwa die Teilnahme an einer Versammlung oder einer Bürgerinitiative behördlich registriert wird und dass ihm dadurch Risiken entstehen können, wird möglicherweise auf eine Ausübung seiner entsprechenden Grundrechte (Art. 8,9 GG) verzichten. Dies würde nicht nur die individuellen Entfaltungschancen des Einzelnen beeinträchtigen, sondern auch das Gemein-

Vom „Volkszählungsurteil" schon 1983 bestätigt: Das freiheitlich demokratische Gemeinwesen gründet auf Handlungsfähigkeit und Mitwirkungsfähigkeit seiner Bürger. *Foto: privat.*

wohl, weil Selbstbestimmung eine elementare Funktionsbedingung eines auf Handlungsfähigkeit und Mitwirkungsfähigkeit seiner Bürger begründeten freiheitlichen demokratischen Gemeinwesens ist."

Mit diesen hellsichtigen Überlegungen, die heute aktueller sind denn je, hat das Bundesverfassungsgericht auf zahlreiche Verfassungsbeschwerden hin in seiner Grundsatzentscheidung vom 15. Dezember 1983 („Volkszählungsurteil", BVerfGE 65,1 ff) wesentliche Teile des Volkszählungsgesetzes von 1983 aufgehoben.

Dieses Gesetz hatte – obwohl es vom damaligen Bundestag und Bundesrat einstimmig verabschiedet worden war – eine Welle von Protesten ausgelöst und eine breite Widerstandsbewegung ins Leben gerufen. Sie war vergleichbar mit anderen großen demokratischen und originär außerparlamentarischen Protestbewegungen, die die Bundesrepublik Deutschland seit ihrer Entstehung erlebt hat, und die sie auch nachhaltig mit beeinflusst haben; darunter insbesondere die Protestbewegungen gegen die Wiederbewaffnung Deutschlands und gegen die Notstandsgesetze; die spätere Friedensbewegung insbesondere gegen die Stationierung der atomar bestückten Pershing-Erstschlagraketen; und ebenso die Antiatomkraft-Bewegung, die letztlich 2011 zur sogenannten Energiewende geführt hat.

Das Volkszählungsurteil von 1983

In seinem Volkszählungsurteil hat das Bundesverfassungsgericht zunächst insbesondere aus den Grundrechten der Würde des Menschen (Art. 1 GG) und der freien Entfaltung der Persönlichkeit (Art. 2 GG) ein umfassendes Grundrecht auf „informationelle Selbstbestimmung" („Datenschutz") abgeleitet. Nach Auffassung des Bundesverfassungsgerichts dient dieses Grundrecht nicht nur der individuellen Entfaltungsfreiheit und dem Schutz vor individueller Überwachung einschließlich der Überwachung des persönlichen und sozialen Verhaltens des Einzelnen. Vielmehr argumentiert das Bundesverfassungsgericht – als ob es bereits die heutigen Möglichkeiten der totalen Abschöpfung aller persönlichen und Kommunikationsdaten und die in den 2000 er Jahren etablierten und weitgehend unkontrollierten Machtausübungspraktiken der national und international agierenden Überwachungsdienste, allen voran der USA, vorhergesehen hätte – damit, dass ein „auf Handlungsfähigkeit und Mitwirkungsfähigkeit seiner Bürger begründetes freiheitliches demokratisches Gemeinwesen" nicht mehr funktionieren könne, wenn die einzelnen Bürger und Bürgerinnen ständig damit rechneten, ihr Verhalten werde möglicherweise registriert, und dass ihnen dadurch Risiken entstehen könnten.

Das Volkszählungsgesetz für 1983 sah unter anderem vor, dass mittels nummerierter Volkszählungsbögen und unter Einsatz eines Heeres von über einer halben Million Zählern von sämtlichen Haushalten und Personen unter anderem die folgenden Daten erhoben werden sollten: ihre Personaldaten (Name, Anschrift, Telefon, Geschlecht, Geburtstag, Familienstand, Religionszugehörigkeit, Staatsangehörigkeit); Nutzungsart der Wohnung; Quelle des Lebensunterhalts; Teilnahme am Erwerbsleben; Beruf, Ausbildung, Schulabschluss; konkrete Arbeitsstelle bzw. Ausbildungsstätte; Stellung im Beruf/ausgeübte Tätigkeit.

Zu jedem dieser Punkte wurde nach weiteren Einzelheiten gefragt.

Das Bundesverfassungsgericht vertrat hierzu zwar die Auffassung, dass grundsätzlich eine derartige Erhebung von Daten von Staats wegen zulässig sei. Denn ein moderner Staat benötige zur Erfüllung seiner öffentlichen Aufgaben einschließlich der sozialen Vorsorge, der politischen Grund- und der einzelnen planerischen Entscheidungen umfassende verlässliche Daten. Insoweit müsse aber gesichert sein, dass schon bei der Erhebung der Daten der Personenbezug bzw. die Personenbeziehbarkeit so weit als möglich geschützt werde, bis hin zur alsbaldigen Anonymisierung der Daten für statistische und planerische Zwecke. Dies gelte insbesondere auch bei der Auswahl und bei dem Einsatz der Zähler. All dies sei in der damaligen Gesetzesfassung nicht hinreichend berücksichtigt.

Darüber hinaus erklärte das Bundesverfassungsgericht den nach § 9 des damaligen Gesetzes ermöglichten Abgleich der erhobenen Daten mit den Melderegistern sowie mit anderen Registern von Bundesbehörden, Landesbehörden und Planungsverbänden für insgesamt verfassungswidrig und daher nichtig. Dies begründete das Gericht damit, das personenbezogene Daten immer nur für einen bestimmten Zweck erhoben und verwendet werden dürften. Auch insoweit sichere das Gesetz nicht die vollständige Anonymisierung der zu erhebenden Daten vor der etwaigen Weitergabe bzw. dem entsprechenden Abgleich. Im Übrigen sei die Erhebung von personenbezogenen Daten auf Vorrat unzulässig. Allerdings dürften Daten beispielsweise für statistische oder planerische Zwecke erhoben und auch gespeichert werden, sofern sie zuvor vollständig anonymisiert worden seien.

Das damalige Urteil des Bundesverfassungsgerichts führte dazu, dass der Gesetzgeber das Volkszählungsgesetz überarbeiten musste. Im Ergebnis kam es dann erst im Jahre 1987 zu der geplanten allgemeinen Volkszählung, die letztlich auch durchgeführt wurde.

Dies änderte nichts daran, dass auch die Volkszählung 1987 erneut auf Protest in der Bevölkerung unter Beteiligung eines breiten Spektrums von Organisationen stieß. Neben einer Fülle von lokalen Initiativen widersetzte sich unter anderem die damalige Partei Die Grünen der Volkszählung, aber auch die Jungdemokraten, die ehemalige Jugendorganisation der FDP. Für die Durchführung der Volkzählung wurden tatsächlich etwa 600 000 Zähler eingesetzt. Die Beantwortung der Fragen auf den versandten Erhebungsbögen war gesetzliche Pflicht; auch zur Mitwirkung als Zähler konnte man verpflichtet werden.

Nicht zuletzt aufgrund der anhaltenden Proteste wurde seitdem eine derartig umfassende Totalerhebung in der Bundesrepublik Deutschland nicht mehr durchgeführt.

Verfolgungskampagne der Stuttgarter Justiz gegen die Volkszählungsgegner

„Die durch dieses Gesetz angeordnete Datenerhebung hat Beunruhigung auch in solchen Teilen der Bevölkerung ausgelöst, die als loyale Staatsbürger das Recht und die Pflicht des Staates respektieren, die für rationales und planvolles staatliches Handeln erforderlichen Informationen zu beschaffen." Mit diesen Worten hatte das Bundesverfassungsgericht in seinem 1. Volkszählungsurteil vom 15. 12. 1983 die Bedeutung der breiten demokratischen Protestbewegung gegen Volkszählung gewürdigt.

Die Stuttgarter Justiz – und allen voran die Staatsschutzabteilung der Staatsanwaltschaft Stuttgart – sah das offensichtlich ganz anders.

Wer sich im Raum Stuttgart weigerte, insbesondere die Volkszählungsbögen ausgefüllt zurückzugeben, musste in jedem Fall mit empfindlichen Buß- und Zwangsgeldern rechnen, mit der die Abgabe in der Regel dann auch erzwungen wurde. Dass dies der Verlässlichkeit der zwangserhobenen Daten diente, muss bezweifelt werden.

Vor allem aber versuchte die Staatsanwaltschaft Stuttgart – mit ihrer Abteilung 1 (Staatsschutz), der später dann auch Oberstaatsanwalt Häußler vorstand – die Initiativen, die unter anderem zu einem Boykott der Volkszählung aufriefen, unmittelbar zu treffen und zu verfolgen. Sie stieß dabei auf die bereitwillige, um nicht zu sagen willfährige – wenn auch, wie sie schließlich herausstellte, erneut verfassungswidrige – Mithilfe der Gerichte.

So hatte sich unter anderem im Raum Backnang/Schorndorf eine „Interessengemeinschaft Volkszählung" gebildet. Sie verteilte Anfang Mai 1987 ein „an alle Haushalte" gerichtetes Flugblatt, unter anderem auch auf der Mai-Demonstration des DGB zum 1. Mai in Backnang. Dort fiel es Polizeibeamten, die den Zug (so die Akten) „begleiteten", in die Hände.

Dieses Flugblatt setzte sich zunächst auf dreieinhalb Seiten kritisch aber sachbezogen unter anderem mit den vielen einzelnen Argumenten auseinander, die zur Begründung der Volkszählung von deren Befürwortern ins Feld geführt wurden: Die umfassende Datenerhebung sei notwendig für die Entwicklung der Sozialleistungen; für die Lösung der Rentenproblematik; für die Bekämpfung der Wohnungsnot; für die Planung der Berufsausbildung; für den Umweltschutz, aus Sicherheitsinteressen und so weiter.

Einleitend heißt es:
„Anfang Mai wird ein Heer von rund 600 000 Volkszählern – das entspricht ungefähr der Stärke der Bundeswehr – ausströmen, um für die Volkszählung 1987 eine Fülle von Daten zu sammeln." Das Flugblatt prangerte den großen finanziellen Aufwand an, der vom Bund und den Kommunen für die Volkszählung bereitgestellt werden musste, darunter „16 Millionen für die Werbung, die nachträglich um weitere 30 Millionen aufgestockt wurden, damit die Bedenken seitens der Bevölkerung übertüncht werden".

Tatsächlich war Ende April/Anfang Mai 1987 eine große Werbekampagne zur Unterstützung der Volkszählung in allen Medien einschließlich der Sichtwerbung gestartet worden. Dem hatten die kritischen Stimmen zur Volkszählung und die entsprechenden Veröffentlichungen nichts Vergleichbares entgegenzusetzen.

Durchgängig warnte das Flugblatt dann vor einer Gesellschaftsordnung, die das Heil für die Lösung ihrer sozialen Konflikte in der totalen Datenerfassung und Überwachung sucht. Darin wird auch eine Gefahr für die Demokratie gesehen: „Die Volkszählung und das ihr zugrunde liegende autoritär-technokratische Politikkonzept sind Bausteine auf dem Weg in die formierte Gesellschaft. Demokratischer Widerstand ist geboten."

Außerdem diene die Volkszählung der Erhebung von Daten und Strukturen, die auch der Kriegsvorbereitung dienen könnten.

Ganz am Ende rief das Flugblatt zu einem Boykott der Volkszählung auf. Es empfahl – neben der Einlegung und Ausschöpfung von Rechtsmitteln – unter anderem, „den unausgefüllten VZ-Bogen bei der örtlichen Interessengemeinschaft abzugeben". Diese werde hierzu „Sammelstellen einrichten, bei denen die Bögen anonymisiert (Heftnummer herausschneiden) abgegeben werden können".

Zum Sachverhalt ist hier zu ergänzen, dass die damals ausgeteilten Volkszählungsbögen tatsächlich eine Identifikationsnummer trugen, die der Zuordnung zu den einzelnen Haushalten diente, aber auch der weiteren Auswertung. Jedoch waren diese nummerierten Volkszählungsbögen keine unmittelbar personenbezogenen „Unikate". Vielmehr konnte man – etwa bei Verlust der Bögen – jederzeit Ersatzbögen (mit anderen Nummern) anfordern.

Zu ergänzen ist weiter, dass ähnliche Flugblätter, die zum Boykott der Volkszählung aufriefen, damals bundesweit schon zuvor verbreitet worden waren. So enthielt beispielsweise ein Faltblatt der Grünen mit dem Titel „Nur Schafe werden gezählt!", das Anfang 1987 in millionenfacher Auflage an sämtliche Haushalte der Bundesrepublik zum Bundestagswahlkampf verteilt worden war, auf der letzten Seite ausdrücklich die Formulierung: „Wer sich an der Volkszählung nicht beteiligt, den rufen die Boykottinitiativen auf, ihren Fragebogen bei der örtlichen Initiative abzuliefern, nachdem sie ihn durch Abschneiden der Kenn-Nummer anonymisiert haben." Auch von Bundestagsabgeordneten waren öffentlich verbreitete entsprechende Stellungnahmen bekannt. All dies war bisher nirgendwo rechtlich beanstandet bzw. gar verfolgt worden.

Strafbefehl über 5000 Mark für ein Flugblatt

Die politische Polizei im Raum Stuttgart bzw. die für die Verfolgung zuständige Abteilung 1 (Staatsschutz) der Staatsanwaltschaft Stuttgart kam zu einer anderen Auffassung. Sie sah sich gefordert, dieses Flugblatt und die dafür presserechtlich verantwortliche Person exemplarisch zu verfolgen.

Dazu erschienen allerdings zunächst die juristisch zur Verfügung stehenden Möglichkeiten beschränkt.

– Das Flugblatt unmittelbar wegen seines Inhalts bzw. seiner politischen Kritik an der Volkszählung zu verfolgen, war unter den gegebenen rechtsstaatlichen Rahmenbedingungen nicht möglich.

– Wegen einer Aufforderung zum Boykott der Volkszählung wäre an sich möglicherweise die Einleitung eines Ordnungswidrigkeitsverfahrens nach § 116 OWiG in Verbindung mit § 23 Bundesstatistikgesetz denkbar gewesen. Danach war sowohl die Verweigerung der im Rahmen der Volkszählung verlangten Auskünfte als Ordnungswidrigkeit bußgeldbewehrt wie auch gegebenenfalls die öffentliche Aufforderung zum Begehen einer derartigen Ordnungswidrigkeit. Insoweit stellte sich aber nicht nur die Frage, ob das Flugblatt eine hinreichend bestimmte Aufforderung zur Verweigerung der Auskunftspflicht darstellte. Rechtspolitisch brisanter noch war die Frage, ob nicht im Hinblick auf die fundierte Kritik an der Volkszählung und am Volkszählungsgesetz, verbunden mit seiner politisch-demokratischen Argumentation, eine Verfolgung des Verantwortlichen für das Flugblatt wegen des Aufrufs zu Ordnungswidrigkeiten möglicherweise unverhältnismäßig gewesen wäre, jedenfalls aber politisches Aufsehen und öffentlichen Anstoß erregt hätte.

Der „Ausweg" wurde im April 1987 bei einer Koordinationsbesprechung der Staatsanwaltschaft Stuttgart unter Leitung des damaligen stellvertretenden Leiters der Abteilung Staatsschutz, gefunden. Man kam nämlich überein, dass das Herausschneiden der Zuordnungsnummern auch von nicht ausgefüllten Volkszählungsbögen bzw. solchen, die gerade nicht ausgefüllt werden sollten, eine Sachbeschädigung im Sinne des § 303 StGB darstelle (und dies, obwohl sie im Übrigen jederzeit ersetzbar waren). § 303 StGB sieht als Sanktionsmöglichkeit immerhin eine Freiheitsstrafe von bis zu zwei Jahren oder eine Geldstrafe zwischen fünf bis zu 360 Tagessätzen vor.

Dementsprechend stellte dann auch die dem vorgenannten Flugblatt entnommene Aufforderung zur Begehung von solchen Straftaten im Sinne einer Sachbeschädigung ihrerseits eine Straftat (und nicht nur eine Ordnungswidrigkeit) im Sinne des § 111 StGB dar, die in gleicher Weise wie die angenommene Sachbeschädigung bestraft werden konnte.

Die Staatsanwaltschaft Stuttgart kam zu diesem Ergebnis bzw. entschloss sich zu dieser Vorgehensweise, obwohl bis zum damaligen Zeitpunkt offenbar keine andere Staatsanwaltschaft in Deutschland auf diesen möglichen Weg der Verfolgung gekommen war. Jedenfalls war bis zu diesem Zeitpunkt keinerlei entsprechendes anderweitiges Ermittlungsverfahren bekannt. Im Gegenteil: Die oben erwähnten anderweitig bereits öffentlich gemachten vergleichbaren Äußerungen waren unbehelligt geblieben.

Auch im Bereich der Staatsanwaltschaft Stuttgart war bis zu diesem Zeitpunkt kein entsprechendes Ermittlungsverfahren geführt worden. Insbesondere war auch bis zum Zeitpunkt der Verteilung des inkriminierten Flugplatts am 1. Mai 1987 nichts von einer entsprechenden Verfolgungsabsicht seitens der Staatsanwaltschaft Stuttgart bekannt geworden.

Im Gefolge der Koordinationsbesprechung vom April beantragte dann die Staatsanwaltschaft Stuttgart zunächst beim Amtsgericht Backnang (4 Cs 375/87) am 27. August 1987 einen Strafbefehl gegen die Person, die auf dem Flugblatt als verantwortlich im Sinne des Presserechts namentlich gezeichnet hatte, und zwar über 100 Tagessätze à 50 Mark, also über insgesamt 5000 Mark, eine zum damaligen Zeitpunkt sehr empfindliche Geldstrafe. Das Amtsgericht kam dem Antrag ohne Weiteres nach. Diese überraschende Bestrafung konnte einen in jedem Fall davon abschrecken, sich etwa überhaupt in Initiativen gegen die Volkszählung zu engagieren oder gar Verantwortung zu übernehmen oder öffentlich entsprechende Flugblätter zu verteilen.

Auf seinen Einspruch gegen den Strafbefehl hin wurde der Angeklagte, im Übrigen ein Mann mit einem vergleichsweise beschränkten Erwerbseinkommen, vom Amtsgericht Backnang nicht mehr wegen einer Aufforderung zu einer Sachbeschädigung, sondern lediglich wegen Verstoßes gegen § 116 OWiG (Aufforderung zur Begehung von Ordnungswidrigkeiten), allerdings immer noch zu einer Geldbuße in Höhe von 1500 Mark, verurteilt. Das Amtsgericht sah nach nochmaliger Überprüfung den Tatbestand einer Sachbeschädigung durch das Herausschneiden der Nummern aus den unbenutzten Volkszählungsbögen als nicht erfüllt an.

Damit wollte sich die Staatsschutzabteilung der Staatsanwaltschaft Stuttgart nicht zufriedengeben.

Auf ihre Berufung hin verurteilte dann das Landgericht Stuttgart mit Urteil vom 7. 10. 1988 (35 Ns 416/88) den Angeklagten entsprechend dem Antrag der Staatsanwaltschaft wegen der Aufforderung zur Begehung von Sachbeschädigungen nach § 111 StGB, jedoch unter Berücksichtigung seiner Einkommensverhältnisse, zu einer Geldstrafe von 30 Tagessätzen à 20 Mark, also insgesamt 600 Mark.

Die Begründung dieses Urteils ist bemerkenswert.

Wer ein Flugblatt veröffentlichen will, soll erst die Staatsanwaltschaft bzw. den Staatsschutz fragen

Auch das Landgericht Stuttgart ging von folgenden Überlegungen aus:
– Das Landgericht nahm zunächst an, dass die Volkszählungsbogen, die an die zur Teilnahme an der Volkszählung aufgeforderten Personen ausgegeben wurden, für diese nach wie vor „fremde" Sachen darstellten, da sie weiterhin im Eigentum des Staates stünden. Weiter übernahm es die Auffassung der Staatsanwaltschaft Stuttgart, wonach das Herausschneiden der Nummer auch aus nicht ausgefüllten Bögen und auch durch Personen, die nicht an einer Volkszählung teilnehmen wollten, nicht lediglich eine Verweigerung der Auskunftserteilung beinhalte (dies hätte gegebenenfalls als bloße Ordnungswidrigkeit geahndet werden können), sondern eine Sachbeschädigung darstelle, da die Bögen hierdurch ihres Gebrauchswerts verlustig gingen. Dass die betreffenden Personen diese Bögen gar nicht gebrauchen wollten, ändere hieran nichts. Auch der Umstand, dass die Bögen von geringfügigem Wert seien, mache keinen Unterschied, ebenso wenig wie die Tatsache, dass die betreffenden Personen jederzeit wieder einen neuen nummerierten Bogensatz anfordern und erhalten konnten.
– Andererseits ging auch das Landgericht davon aus, dass bis zur Verteilung des inkriminierten Flugblattes nirgendwo in der Bundesrepublik und auch nicht im Bereich der Staatsanwaltschaft Stuttgart eine entsprechende strafrechtliche Verfolgung wegen des Herausschneidens der Nummer als Sachbeschädigung stattgefunden hatte, geschweige denn bekannt geworden war.
– Das Landgericht unterstellte auch als wahr, dass im Gegenteil zuvor bereits bundesweit entsprechende gleichartige Meinungen und Veröffentlichungen zum möglichen Herausschneiden der Nummern sowohl schriftlich wie auch mündlich verbreitet worden waren, die nicht verfolgt worden waren, und die vor allem nicht als Aufforderungen zur Sachbeschädigung geahndet worden waren. Mehr noch: Auch das Landgericht Stuttgart ging davon aus, dass der Angeklagte, wie dieser selbst erklärte, zum Zeitpunkt der Verteilung des Flugblatts nicht wusste, dass in dem Aufruf zum Boykott der Volkszählung in Verbindung mit der Anregung der Abgabe der Bögen bei Sammelstellen nach Herausschneiden der Nummer eine strafrechtlich relevante Aufforderung zu einer Sachbeschädigung liege bzw. liegen könne.
– Der Angeklagte habe sich insoweit in einem „Verbotsirrtum" befunden. Dieser „Verbotsirrtum" sei aber nicht entschuldbar. Vielmehr habe der Angeklagte vorsätzlich und schuldhaft gehandelt.
– Denn dieser Verbotsirrtum sei vermeidbar gewesen. Dem Angeklagten sei es nämlich bei seiner Persönlichkeit – er habe ein Fachhochschulstudium beendet – zumutbar gewesen, zur Frage einer möglichen Strafbarkeit zunächst eine Auskunft bei der Staatsanwaltschaft Stuttgart als der für sei-

nen Wohnort zuständigen Strafverfolgungsbehörden einzuholen. „Er hätte sich vor der mit seinem Wissen und Wollen vorgenommenen Verteilung der Flugblätter bei einer Rückfrage bei der Staatsanwaltschaft Stuttgart darüber vergewissern können und müssen, ob das Abschneiden der Nummer nicht eine Sachbeschädigung sein würde. Hätte der Angeklagte dies getan – und dies wäre ihm zuzumuten gewesen –, dann hätte er von den dort zuständigen Staatsanwalt, dem Zeugen Schrimm, die Auskunft erhalten, dass das Abschneiden der Heftnummer eine Sachbeschädigung darstellen würde."

Das Landgericht Stuttgart postulierte also – und allein mit dieser Begründung kam es zur Verurteilung des Angeklagten –, dass eine für die Verfassung eines zur Verteilung bestimmten Presseerzeugnisses (darum handelt es sich bei dem Flugblatt zur Volkszählung) verantwortliche Person – selbst wenn sie keinen Anhalt dafür hat, dass der Inhalt strafbar sein könnte – sich sicherheitshalber bei einer sachkundigen Person erkundigen müsse. Dies sei aber vorstehend nicht irgendeine rechtskundige Person oder Stelle. Vielmehr sei insoweit – wie das Urteil ausführt – die Staatsschutzabteilung der betreffenden Staatsanwaltschaft, hier der Staatsanwaltschaft Stuttgart, zuständig. Der Angeklagte hätte sich also bei deren damaligem stellvertretenden Leiter, ebendem erwähnten Zeugen Schrimm, vor der Verteilung des Flugblatts erkundigen können und müssen.

Wie der Angeklagte überhaupt auf die Idee hätte kommen können und müssen, sich vor der Verteilung eines Flugblatts ausgerechnet bei dem ihm im Übrigen unbekannten stellvertretenden Leiter der Staatsschutzabteilung der Staatsanwaltschaft Stuttgart zu erkundigen zur Beantwortung der Frage – die ihm im Übrigen gar nicht gekommen war –, ob denn das Herausschneiden der Nummer aus einem nicht benutzten Volkszählungsbogen eine Sachbeschädigung darstelle, darüber schwieg das Urteil. Dass damit das Landgericht außerdem so ganz en passant im Grunde jede für eine Pressepublikation verantwortliche Person verpflichten wollte, vorsorglich jedes „kritische" Presseerzeugnis einer staatlichen Behörde zur Überprüfung des Inhalts beziehungsweise dazu, ob der Inhalt nach Auffassung der Staatsschutzabteilung der Staatsanwaltschaft eventuell strafbar sei, vorzulegen, erschien dem Landgericht Stuttgart offenbar unproblematisch. Und dass solch eine Verpflichtung eigentlich gegen das Verbot einer Zensur nach Art. 5 Abs. 1 Satz 3 Grundgesetz verstieß, störte das Landgericht ebenfalls nicht.

Auch das Oberlandesgericht Stuttgart sieht keine Rechtsfehler ...

Gegen dieses Urteil des Landgerichts Stuttgart legte der Angeklagte über seinen Anwalt noch Revision zum Oberlandesgericht Stuttgart ein. Dieses jedoch beschied ihn durch einen – einstimmigen – Beschluss des fünften

Strafsenats vom 30. Januar 1989 (5 Ss 702/88) lakonisch: „Die Revision des Angeklagten gegen das Urteil des Landgerichts wird als unbegründet verworfen, weil die Nachprüfung des Urteils aufgrund der Revisionsrechtfertigung keinen Rechtsfehler ergeben hat."

... wohl aber das Bundesverfassungsgericht

Allerdings war dies noch nicht die letzte einstimmige Entscheidung.

Der Betroffene legte Verfassungsbeschwerde ein. Daraufhin hob schließlich – mehr als neun Jahre danach! – der 1. Senat des Bundesverfassungsgerichts durch Urteil vom 25. Februar 1998 (1BvR 299/89) – wiederum einstimmig – das Urteil des Landgerichts sowie den Beschluss des Oberlandesgerichts Stuttgart auf, weil diese den Angeklagten in seinen Grundrechten nach Art. 2 in Verbindung mit Art. 1 GG verletzten.

Das Bundesverfassungsgericht führte unter anderem aus: „Die Rüge, das Landgericht habe die Unvermeidbarkeit des von ihm festgestellten Verbotsirrtums nicht mit der Begründung verneinen dürfen, der Beschwerdeführer hätte im Falle einer Erkundigung bei der zuständigen Staatsanwaltschaft die Auskunft erhalten, die beabsichtigte Äußerung sei strafbar, greift durch."

Das Bundesverfassungsgericht war zwar der Auffassung, dass die aufgehobenen Entscheidungen nicht gegen das Zensurverbot verstießen, weil es ja nur um die Frage gehe, ob der Angeklagte zur Vermeidung eines etwaigen Verbotsirrtums sich bei der Staatsanwaltschaft habe erkundigen müssen. Insoweit habe aber das Landgericht die Anforderungen an die Erkundungspflicht eines Täters zur Begründung eines strafrechtlichen Schuldvorwurfs überspitzt. Das Landgericht habe insbesondere keine Gründe genannt, warum der Angeklagte, der sich ja offenbar keines Unrechts bewusst war, Anlass gehabt hätte, sich besonders bei der Staatsanwaltschaft zu erkundigen.

Dementsprechend verwies das Bundesverfassungsgericht das Verfahren zurück zur erneuten Entscheidung an das Landgericht zur Überprüfung bzw. gegebenenfalls zur Feststellung, warum der Beschwerdeführer „Anlass gehabt haben oder verpflichtet gewesen sein soll, sich gerade dort" (id est: bei der Staatsanwaltschaft) zu erkundigen. Dies gilt umso mehr, als das Gericht zugleich festgestellt hat, dass zum Zeitpunkt des dem Beschwerdeführer zur Last gelegten Vorgangs kein Ermittlungsverfahren öffentlich bekannt gewesen sei." Abschließend kommt das Bundesverfassungsgericht zum Ergebnis: „Es ist nicht auszuschließen, dass bei Beachtung der verfassungsrechtlichen Maßstäbe eine für den Beschwerdeführer günstigere Entscheidung erfolgt."

Die Stuttgarter Justiz zeigt dem Bundesverfassungsgericht eine lange Nase

Offensichtlich unterschätzte der Erste Senat des Bundesverfassungsgerichts dabei die „einstimmige" Geschlossenheit der damaligen Stuttgarter Justiz bzw. ihre offensichtlich politisch motivierte Entschlossenheit zur Verfolgung der Volkszählungsgegner.

Statt nämlich nunmehr eine Neuverhandlung anzusetzen, die mutmaßlich nach den Vorgaben des Bundesverfassungsgerichts zu einem Freispruch hätte führen müssen, griff das Landgericht Stuttgart mit einem Beschluss nunmehr der 34. Kammer vom 4. Mai 1998 (34 Ns 2 Js 34247/87) zu einem neuen Kunstgriff: Im Hinblick auf eine zwischenzeitlich anderweitig im Jahre 1996 gegen den Angeklagten verhängte Geldstrafe stellte es das ihm vom Bundesverfassungsgericht zurückverwiesene Verfahren nunmehr nach § 154 Abs. 2 StPO ein, weil demgegenüber eine weitere mögliche Strafe nicht beträchtlich ins Gewicht falle. Ungeschoren aber sollte der für das Flugblatt und auch für seinen Widerstand nicht nur gegen die Volkszählung, sondern auch gegen die Stuttgarter politische Justiz Verantwortliche keinesfalls davonkommen:

Während nämlich das Bundesverfassungsgericht die gesamten Kosten des Verfahrens vor dem Bundesverfassungsgericht dem Land Baden-Württemberg auferlegte und insoweit Anwaltskosten allein für das Verfahren vor dem Bundesverfassungsgericht in Höhe von über 1300 Mark zur Erstattung festsetzte, kam das Landgericht Stuttgart in seinem Einstellungsbeschluss vom 4. Mai 1998 zum Ergebnis, dass zwar gemäß § 467 Abs. 1 StPO die Kosten des Verfahrens von der Staatskasse zu tragen seien, dass aber gemäß der Ausnahmevorschrift von § 467 Abs. 4 im vorstehenden Fall die notwendigen Auslagen des Angeklagten (also insbesondere seine Anwaltskosten) nicht von der Staatskasse übernommen würden, sondern für alle drei Instanzen (Amtsgericht, Landgericht und Oberlandesgericht) doch vom Angeklagten zu tragen seien. Denn – so behauptete der neuerliche Beschluss des Landgerichts kühn und in offenem Widerspruch zu dem Hinweis des Bundesverfassungsgerichts – in einem neuen Berufungsverfahren wäre ja lediglich in subjektiver Hinsicht zu klären gewesen, ob „dem Angeklagten seine rechtswidrige Tat wegen etwaiger Unvermeidbarkeit seines geltend gemachten Verbotsirrtums subjektiv nicht vorzuwerfen war, was angesichts der damaligen vielfachen Presseveröffentlichungen beim geistigen Zuschnitt des Angeklagten wenig wahrscheinlich ist".

Deshalb erscheine es „nicht angemessen, bei der nunmehr erfolgten Einstellung des Verfahrens die notwendigen Auslagen des Angeklagten im Strafverfahren der Staatskasse aufzuerlegen".

Und abschließend stellt das Landgericht Stuttgart fest: „Diese Entscheidung ist nicht anfechtbar."

So war es auch. Der Betroffene aber sah davon ab, gegen diesen Beschluss nun etwa nochmals Verfassungsbeschwerde einzulegen, um womöglich nach weiteren neun Jahren noch zu seinem Recht und seinem Geld zu kommen.

Im Ergebnis bestrafte die Stuttgarter politische Justiz damit nicht nur einen missliebigen Volkszählungsgegner mit mehreren Tausend Mark Anwaltskosten aus einem jahrelangen Verfahren über drei Instanzen hinweg (obwohl die Stuttgarter Urteile ja aufgehoben worden waren). Vielmehr zeigte sie dem Bundesverfassungsgericht auch ihre kaum verhüllte rechtliche und politische lange Nase.

Gute und schlechte Blockierer

Erinnerung an einen Prozess

Von Janka Kluge

Anfang der Achtzigerjahre des letzten Jahrhunderts waren viele Menschen friedensbewegt. 1979 hatte die NATO beschlossen, ihre in der Bundesrepublik stationierten Atomraketen nachzurüsten. Gegen diesen Beschluss gab es viele Demonstrationen und Blockaden. In Erinnerung geblieben sind vielleicht noch die Demonstrationen der Friedensbewegung in Bonn. Am 10. Oktober 1981 demonstrierten über 300 000 und am 10. Juni 1982 sogar 400 000 Menschen in der Bonner Innenstadt.

Trotz dieser Proteste und trotz Umfragen, die zeigten, dass die Mehrheit der Bevölkerung in Deutschland gegen die Stationierung neuer Atomraketen war, versicherte Bundeskanzler Helmut Kohl am 13. Oktober 1983 in einer Regierungserklärung:

„Die Bundesregierung steht uneingeschränkt zum Doppelbeschluss der NATO von 1979, zu jenem Beschluss, der Verhandlungen über die Reduzierung und Begrenzung sowjetischer und amerikanischer nuklearer Mittelstreckensysteme bietet. Sie wird die Beschlüsse erfüllen und nach innen vertreten: den Verhandlungsteil und – wenn notwendig – auch den

Ob Sitzblockaden Nötigungen sind oder nicht, beantworten Gerichte in Deutschland schon seit den 80er Jahren unterschiedlich. *Foto: Martin Storz.*

Nachrüstungsteil. Nur wenn die Sowjetunion weiß, dass sie mit einer Stationierung amerikanischer Systeme ab Ende 1983 in Europa fest rechnen muss, kann mit ihrer Bereitschaft gerechnet werden, zu guten Verhandlungsergebnissen beizutragen“[i]

Protest vor dem EUCOM in Stuttgart

Die Friedensbewegung antwortete auf diese Erklärung mit gewaltfreien Blockaden von Kasernen. Neben anderen wurde auch das EUCOM in den Patch Barracks in Stuttgart-Vaihingen blockiert.[ii] (Das EUCOM (US European Command) ist eines der sechs Oberkommandos weltweit; von ihm aus wurden und werden US-Militäreinsätze nicht nur in Europa, sondern insbesondere auch im Nahen und Mittleren Osten gesteuert, so etwa ab 2001 der Angriff auf Afghanistan und bis zur Errichtung des US Africa Command 2007 teilweise auch Einsätze in Afrika.)

Zu der Aktion vor dem EUCOM am 12. 12. 1982 bin ich gegangen, um die Ziele der Blockierer zu unterstützen. Selbst auf die Straße setzen wollte ich mich nicht. Die Aktion war als symbolische Blockade angekündigt. Das heißt, zu jeder vollen Stunde setzte sich eine Gruppe vor das Eingangstor und sollte zwölf Minuten lang den Zugang unterbinden. Danach – so war es geplant – sollten die Blockierer aufstehen und wieder zur Seite gehen. So weit kam es aber gar nicht, denn sobald der Eingang blockiert war, forderte die Polizei die Demonstranten auf, die „illegale“ Aktion zu beenden und sich von der Straße zu entfernen. Nach wenigen Minuten fing dann die Polizei mit der Räumung an. Obwohl ich eigentlich selbst nicht blockieren wollte, hat mich das Verhalten der Polizei so geärgert, dass ich mich schließlich mit auf die Straße setzte. Mir erging es wie den anderen: Man führte uns ab und nahm unsere Personalien auf.

In verschiedenen Verfahren wurden die Blockierer dann im Herbst 1984 vom Amtsgericht Stuttgart wie teilweise auch anderswo vom Vorwurf der Nötigung freigesprochen. Im April 1989 dann, also fast fünf Jahre später, bekam ich erneut Post wegen der Blockade. Das Landgericht Stuttgart schrieb mir:

„Da die Frage der Rechtswidrigkeit solcher Blockaden lange Zeit in der Rechtsprechung höchst umstritten war, hat die Strafkammer zunächst den Ausgang der entsprechenden Strafverfahren vor dem Bundesverfassungsgericht und dem Bundesgerichtshof in Karlsruhe abgewartet.

Wie auch Ihnen aus den Medien bekannt geworden sein dürfte, haben nun diese höchsten Gerichte zwischenzeitlich die Frage der Nötigung solcher Aktionen bejaht und klargestellt, dass solche Sitzdemonstrationen auch schon in der Vergangenheit grundsätzlich als Nötigung im Sinne § 240 StGB strafbar waren und auch künftig bleiben werden.“

Was in dem Brief mit „umstritten" bezeichnet wurde, waren sicher nicht nur die Rechtsprechung, sondern die jeweiligen politischen Zusammenhänge. So hatte etwa der damalige bayrische Ministerpräsident und frühere Verteidigungsminister Franz Josef Strauß am 25. Februar 1984 die Lkw-Fahrer besucht, die über Tage hinweg einen Grenzübergang nach Österreich blockiert hatten. Der bayrische Ministerpräsident sicherte den Streikenden seine Unterstützung zu. Ein Rechtsanwalt aus Tübingen, der viele Blockierer der Friedensbewegung verteidigt hat, zeigte Strauß deshalb wegen Nötigung an.

Der „Spiegel" schrieb dazu im April 1984:
„Den in der Verteidigung von Friedensblockierern erfahrenen Anwalt empörte, dass ‚ersichtlich gleich liegende Fälle von Nötigung ersichtlich ungleich behandelt' werden. Während die Raketengegner von der Justiz mitunter ‚wie im Supermarkt abgefertigt' würden, seien die Brummi-Kapitäne ‚beinahe gar nicht erst in den Verdacht eines Rechtsbruchs geraten'. Und: „Wer denkt da", fragt sich der Anwalt, „schon an einen mutmaßlichen Tatgehilfen Strauß?"[iii]

Die Gerichte mussten sich nun mit der Frage beschäftigen, wo der Unterschied der Blockade der Fahrer zur Blockade der Friedensbewegung war und wie der bayrische Ministerpräsident aus der Anklage genommen werden konnte. Anfang 1986 wurden die Verfahren niedergeschlagen. In der Erklärung des Münchner Landesgerichts hieß es, dass der bayrische Ministerpräsident „weder durch Rat oder Tat" die blockierenden Fahrer unterstützt habe und folglich auch nicht wegen Nötigung angeklagt werden könne.

Abschwörangebot der Staatsanwaltschaft

Dem Brief des Landgerichts Stuttgart war die Kopie eines Briefes der Staatsanwaltschaft Stuttgart beigefügt, wonach diese bereit war, das Verfahren gegen Zahlung von 150 Mark an eine gemeinnützige Organisation einzustellen. Außerdem sollte dann noch eine Erklärung unterschrieben werden:
„Ich habe bei der Blockade ein unrechtes und verwerfliches Verhalten nicht beabsichtigt. Mir ist heute bekannt, dass eine Sitzblockade nach Auffassung auch der obergerichtlichen Rechtsprechung strafbares Handeln ist. Dies werde ich bei meinem künftigen Verhalten berücksichtigen."

Diese Erklärung wollte ich auch sieben Jahre nach der Blockade nicht unterschreiben. Ich war – und bin noch immer – der Meinung, dass Blockaden eine Form des zivilen Ungehorsams sind und keine Straftaten. Da ich also nicht unterschrieb, bekam ich nach einigen Monaten eine Vorladung zu einer Verhandlung. Arglos und unbedacht bin ich allein zu dem

Gerichtstermin gegangen. Der Staatsanwalt schlug mir noch einmal vor, die Erklärung zu unterschreiben und die 150 Mark zu zahlen. Ich lehnte das ab und forderte stattdessen, ohne einen Anwalt dabei zu haben, die Einstellung des Verfahrens. Meine Argumentation war, dass zwölf-minütige symbolische Blockaden die Zufahrt zur Kaserne nicht wirklich behindert hätten. Eine viel effektivere Blockade hätten die Fahrzeuge der Polizei dargestellt, die den ganzen Tag über die andere Seite der zweispurigen Zufahrt zugeparkt hatten. Der Staatsanwalt zeigte sich nicht informiert und musste erst in den Polizeiakten nachschauen. In seinem Plädoyer forderte er eine dreimonatige Haftstrafe und kam zu der Aussage, dass wegen Leuten wie mir Hitler an die Macht gekommen sei. In meinem Schlusswort hielt ich ihm vor, dass er vielleicht ein guter Jurist sei, aber im Fach Geschichte wohl nicht aufgepasst habe. Antifaschisten und Linke haben versucht, Hitler zu verhindern. Dies im Gegensatz zu anderen.

Zum Glück folgte das Gericht den Ausführungen des Staatsanwalts nicht. Ich wurde zu einer Geldstrafe verurteilt, die damals die „Bunte Hilfe" für mich übernahm.

Als ich mir jetzt die Unterlagen von damals angeschaut habe, kam mir der Name des Staatsanwalts sehr bekannt vor: Häußler.

Janka Kluge, geboren 1959 in Stuttgart, geprägt durch den Kontakt schon während der Schulzeit zu überlebender Widerstandskämpfern gegen den Faschismus; seitdem engagiert gegen Naziaktivitäten; langjähriges Mitglied der VVN-BdA; derzeit Landessprecherin und Redakteurin der Antifa-Nachrichten und der Antifa. Langjährige Arbeit als Gewerkschafterin und Betriebsrätin; außerdem seit 1996 Sendungen im Freien Radio für Stuttgart zu politischen und kulturellen Themen und Vortragstätigkeit.

i Zitiert nach Wikipedia: „NATO-Doppelbeschluss", abgerufen am 3. 11. 2013.
ii Bilder der Blockade finden sich auf der Internetseite des Fotografen Udo Leuschner.
iii „Spiegel" 15/84 vom 9. 4. 1984, abgerufen am 3. 11. 2013.

Wie der Sicherheitsapparat der Landeshauptstadt Stuttgart junge Antifa-Demonstranten unter Vorwänden verfolgt; und wie ein Stuttgarter Richter sich dazu verhält:

Auch ein rotes Tüchle ist in Stuttgart ein rotes Tuch – wenn es ein linkes rotes Tüchle ist

Von Jörg Lang

Samstag, der 30. 4. 2011, war in Stuttgart laut Wetterbericht ein vergleichsweise stürmischer Tag mit Temperaturen zwischen 7 und 20 Grad; durchaus ein Wetter, bei dem man/frau noch ein Tuch um den Hals trägt. Für 16 Uhr hatte ein antifaschistisches Bündnis zu einer Protestversammlung auf dem Marktplatz aufgerufen gegen den von der NPD für den folgenden Tag, den 1. Mai 2011, in Heilbronn geplanten Naziaufmarsch. Die Versammlung auf dem Stuttgarter Marktplatz war ordnungsgemäß angemeldet.

Hassan P. (Name geändert), gerade 18 Jahre alt, deutscher Staatsangehöriger und Oberstufenschüler vor dem Fachabitur, war und ist auch heute noch der Auffassung, es sei seine politische und staatsbürgerliche Pflicht, an einer solchen antifaschistischen Kundgebung teilzunehmen. Gegen 15 Uhr war er deshalb zusammen mit einem Freund unterwegs zum Marktplatz, als er in der Nähe des Kaufhauses Breuninger von einer uniformierten Polizeistreife angehalten und kontrolliert wurde.

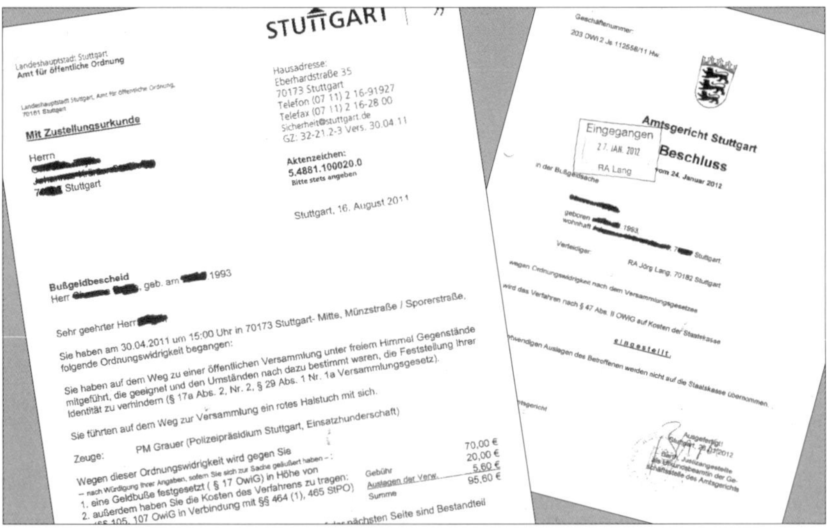

STUTTGART

Landeshauptstadt Stuttgart
Amt für öffentliche Ordnung

Landeshauptstadt Stuttgart, Amt für öffentliche Ordnung,
70161 Stuttgart

Mit Zustellungsurkunde

Herrn
[redacted]
7[redacted] Stuttgart

Hausadresse:
Eberhardstraße 35
70173 Stuttgart
Telefon (07 11) 2 16-91927
Telefax (07 11) 2 16-28 00
Sicherheit@stuttgart.de
GZ: 32-21.2-3 Vers. 30.04.11

Aktenzeichen:
5.4881.100020.0
Bitte stets angeben

Stuttgart, 16. August 2011

Bußgeldbescheid
Herr [redacted], geb. am [redacted].1993

Sehr geehrter Herr [redacted]

Sie haben am 30.04.2011 um 15:00 Uhr in 70173 Stuttgart- Mitte, Münzstraße / Sporerstraße, folgende Ordnungswidrigkeit begangen:

Sie haben auf dem Weg zu einer öffentlichen Versammlung unter freiem Himmel Gegenstände mitgeführt, die geeignet und den Umständen nach dazu bestimmt waren, die Feststellung Ihrer Identität zu verhindern (§ 17a Abs. 2, Nr. 2, § 29 Abs. 1 Nr. 1a Versammlungsgesetz).

Sie führten auf dem Weg zur Versammlung ein rotes Halstuch mit sich.

Zeuge: PM Grauer (Polizeipräsidium Stuttgart, Einsatzhunderschaft)

Wegen dieser Ordnungswidrigkeit wird gegen Sie
– nach Würdigung Ihrer Angaben, sofern Sie sich zur Sache geäußert haben – :
1. eine Geldbuße festgesetzt (§ 17 OwiG) in Höhe von
2. außerdem haben Sie die Kosten des Verfahrens zu tragen:
(§§ 105, 107 OwiG in Verbindung mit §§ 464 (1), 465 StPO)

	70,00 €
Gebühr	20,00 €
Auslagen der Verw.	5,60 €
Summe	95,60 €

... nächsten Seite sind Bestandteil

Geschäftsnummer:
203 OWi 2 Js 112558/11 Hw

Amtsgericht Stuttgart

Eingegangen
27. JAN. 2012
RA Lang

Beschluss
vom 24. Januar 2012

in der Bußgeldsache

[redacted]
geboren [redacted] 1993,
wohnhaft [redacted], 7[redacted] Stuttgart

Verteidiger: RA Jörg Lang, 70182 Stuttgart

wegen Ordnungswidrigkeit nach dem Versammlungsgesetzes

wird das Verfahren nach § 47 Abs. II OWIG auf Kosten der Staatskasse

eingestellt.

...notwendigen Auslagen des Betroffenen werden nicht auf die Staatskasse übernommen.

...tsgericht

Ausgefertigt!
Stuttgart, 26.01.2012
Barth, Justizangestellte
als Urkundsbeamtin der Geschäftsstelle des Amtsgerichts

Amtlicher Schriftverkehr, der sprachlos macht.

Hassan P. war zunächst noch im guten Glauben, dass die Kontrolle sicher der Feststellung etwaiger rechtsradikaler Provokateure und zum Schutz der angemeldeten Versammlung auf dem Marktplatz diene. Deshalb erklärte er auf Fragen bereitwillig, dass er als Teilnehmer zu der antifaschistischen Kundgebung wolle. Statt nun aber wie erwartet weitergehen zu können – vielleicht noch begleitet durch einen aufmunternden Spruch der Polizeibeamten –, wurde er von der Streife festgehalten, zu einem nahen Dienstfahrzeug geführt und dort einer eingehenden Personenkontrolle unterzogen.

Dabei stellten die kontrollierenden Beamten dann zwar nichts Verdächtiges fest, wohl aber, dass der junge Mann als Halstuch ein durchaus dekoratives kleines rotes Tuch mit den Insignien des Partito Communista Italiano, also der früheren Kommunistischen Partei Italiens trug. Dies – möglicherweise in Verbindung auch noch mit dem arabisch klingenden Namen des in Deutschland geborenen und aufgewachsenen Schülers – erregte offenbar den Fahndungseifer der Polizeibeamten. Er wurde, während sein Freund alsbald entlassen wurde, eine weitere Dreiviertelstunde lang festgehalten. Irgendetwas Nachteiliges ließ sich allerdings offenbar nicht über ihn herausfinden.

Umso überraschter war Hassan P., als die Beamten ihm plötzlich zum Vorwurf machten, er trage jenes Halstuch nur deshalb als Schal um den Hals, um es womöglich auf der – angemeldeten und legalen! – antifaschistischen Kundgebung auf dem Marktplatz als Tuch zur Vermummung seines Gesichts zu verwenden. Das Tüchlein wurde beschlagnahmt. Seine Personalien wurden aufgenommen. Er wurde belehrt und ihm wurde Gelegenheit gegeben, sich schriftlich zu dem Tatvorwurf, nämlich einen Verstoß gegen das Vermummungsverbot, zu äußern. Immer noch gutgläubig gab er darauf handschriftlich zu Protokoll: „Ich hatte dieses rote Tuch zwar bei mir gehabt. Dennoch war es nie die Absicht von mir, meine Identität dadurch zu verbergen. Außerdem ist dieses Tuch zu klein dazu. Ich hatte auch das Tuch an einer Stelle des Körpers, wo ich nicht das Vermummungsverbot verletzt habe."

Schrieb es und schritt guten Gewissens weiter zur antifaschistischen Kundgebung, die er gerade noch erreichte und die im Übrigen ohne weitere Zwischenfälle verlief.

Am 19. Juli 2011 – Hassan P. hatte die Sache schon halb vergessen – erreichte ihn ein Anhörungsbogen vom Amt für öffentliche Ordnung der Landeshauptstadt Stuttgart – Abteilung Sicherheit. Ihm wurde mitgeteilt, dass erwogen werde, einen Bußgeldbescheid gegen ihn wegen des Verstoßes gegen das Versammlungsgesetz zu erlassen; ihm wurde Gelegenheit zur weiteren Äußerung gegeben. Er aber – immer noch von der Richtigkeit seiner Teilnahme an der antifaschistischen Kundgebung und im Übrigen auch grundsätzlich von der rechtsstaatlichen Ordnung der Bundesrepublik Deutschland überzeugt – hielt eine Verurteilung für absurd und unvorstellbar und sah, zumal er sich ja bereits geäußert hatte, davon ab, nochmals dazu Stellung zu nehmen.

Daraufhin erhielt er am 16. August 2011 von der Landeshauptstadt Stuttgart – Abteilung Sicherheit – erneut Post, und zwar dieses Mal einen Bußgeldbescheid über insgesamt 95,60 Euro (vergleiche Kasten). Zur Begründung wurde ausgeführt, er habe „auf dem Weg zu einer öffentlichen Versammlung unter freiem Himmel" ein „rotes Halstuch mit sich" geführt. Dies sei „geeignet und den Umständen nach dazu bestimmt" gewesen, „die Feststellung Ihrer Identität zu verhindern (§ 17 a Abs. 2, Nr. 2, § 29 Abs. 1 Nr 1a Versammlungsgesetz)". Im Übrigen werde aber „der bei Ihnen aufgefundene und beschlagnahmte Gegenstand" nunmehr freigegeben. „Bitte vereinbaren Sie zur Abholung des Halstuchs einen Termin mit uns."

Darauf wandte sich der fassungslose Schüler an einen Anwalt, der auch bereit war, ihn in diesem Fall ohne Kostenvorschuss zu verteidigen; zumal auch der Anwalt sich nicht vorstellen konnte, dass ein derartig willkürlicher Bußgeldbescheid Bestand haben könnte.

Der Anwalt legte Einspruch gegen den Bußgeldbescheid ein und verlangte Akteneinsicht. Nach Einsicht in die Akten, die nichts weiter ergaben, begründete er den Einspruch. Er rügte zunächst, dass der Mandant allein wegen dieser Angelegenheit überhaupt in unverhältnismäßiger Weise etwa 45 Minuten von der Polizei festgehalten und damit auch von der Teilnahme an der Versammlung zurückgehalten worden war.

Im Übrigen wies er darauf hin, dass sich keine hinreichenden Anhaltspunkte dafür ergeben, warum der Mandant hier den Ordnungswidrigkeitstatbestand des § 17 a Abs. 2 Ziffer 2 Versammlungsgesetz erfüllt haben sollte. § 17 a Abs. 2 Ziffer 2 besagt nämlich: „... es ist ... verboten, ... bei öffentlichen Veranstaltungen unter freiem Himmel ... oder auf dem Weg dorthin Gegenstände mit sich zu führen, die geeignet und den Umständen nach dazu bestimmt sind, die Feststellung der Identität zu verhindern."
Zur Begründung führte der Anwalt weiter aus:

> „Das bloße Tragen eines Halstuchs kann hierfür nicht genügen. Es wäre Willkür, im Vorfeld von öffentlichen Kundgebungen nach Belieben schon das Tragen von üblichen Kleidungsstücken deshalb zu inkriminieren, weil unterstellt wird, dass diese auf einer Versammlung etwa zur Verhüllung des Gesichts genutzt werden könnten. Andernfalls könnte man von potenziellen bzw. vermuteten Teilnehmern einer (angemeldeten und legalen!) Versammlung je nach polizeilichem Ermessen fordern, dass die Betroffenen ggf. nur nackt bzw. mit dürftiger Unterwäsche bekleidet hieran teilnehmen dürften. Denn theoretisch kann jedes Bekleidungsstück ggf. auch zur Verhüllung des Gesichts missbraucht werden.
>
> Weiter waren keinerlei konkrete Anhaltspunkte dafür erkennbar, warum sich etwa der Mandant in dieser Hinsicht bei seiner erst noch

bevorstehenden und legalen Teilnahme an einer legalen Versammlung etwa künftig derartig hätte verhalten sollen. Insoweit ist auf die glaubhafte Erklärung des Mandanten hinzuweisen.

Es drängt sich vielmehr der Verdacht auf, dass in Wahrheit die Polizeibeamten sich an der roten Farbe des Halstuchs – so ja auch die ausdrückliche Erwähnung im Bußgeldbescheid! – und seinem politischen Aufdruck störten. Dies kann vollends kein Grund für ein entsprechendes Einschreiten sein, sondern macht es gerade rechtswidrig.

Die öffentliche Versammlungsfreiheit stellt – so auch die ständige Rechtsprechung des Bundesverfassungsgerichts – ein elementares Grundrecht dar, das vor allem auch essenziell für die demokratische Willensbildung ist und überhaupt konstitutiv für eine freiheitlich-demokratische Grundordnung. Insoweit verweise ich auch noch auf den Beschluss des Bundesverfassungsgerichts vom 17. 2. 2009 wegen der teilweisen Verfassungswidrigkeit des damaligen bayrischen Versammlungsgesetzes.

Danach wäre es auch von Verfassungs wegen unverhältnismäßig und unzulässig, die Durchführung von Versammlungen durch nicht zwingend gebotene Polizeimaßnahmen zu behindern bzw. einzelne Personen einzuschüchtern und so womöglich von der Teilnahme und der Wahrnehmung ihre demokratische Grundrechte abzuhalten bzw. abzuschrecken. Dies aber wäre das Ergebnis, wenn potenzielle Teilnehmer schon im Vorfeld – wegen der bloßen Unterstellung eines künftigen ordnungswidrigen Verhaltens auf einer legalen Versammlung und der weiteren und im übrigen mangels konkreter Anhaltspunkte hierfür haltlosen Unterstellung von angeblichen Vorbereitungshandlungen hierzu – mit polizeilichen Maßnahmen überzogen, verhört und zeitlich erheblich aufgehalten werden könnten und dann noch hierfür mit Bußgeldern belastet werden sollen.

Auf diesem Hintergrund bestehen auch erhebliche Zweifel, ob der weitreichende Tatbestand in § 17 a Abs. 1 Ziffer 2 Versammlungsgesetz mit der Inkriminierung von bloß unterstellten Vorbereitungshandlungen eines ordnungswidrigen Verhaltens im Lichte des Grundrechts der Versammlungsfreiheit noch verfassungsgemäß ist. Denn hier wird schon im Vorfeld massiv in die Rechte und Grundrechte der entsprechenden Versammlungsteilnehmer eingegriffen. Hinzu kommt die mangelnde Bestimmtheit der Norm. Denn einem ‚Gegenstand' – und schon gar nicht einem Kleidungsstück – kann ohne Weiteres angesehen werden, ob es nicht nur geeignet, sondern eben ‚den Umständen nach bestimmt' ist, die künftige Feststellung der Identität zu verhindern. Der bloße Umstand, dass ein Halstuch von roter Farbe ist und den Aufdruck einer kommunistischen Partei trägt, kann jedenfalls nicht indizieren, dass es dazu bestimmt sein soll, die Feststellung der Identität des Trägers zu verhindern. Die offene Bekundung einer auch politisch geprägten Meinungsäußerung spricht insoweit gerade für das Gegenteil."

Daraufhin geschah dreieinhalb Monate lang nichts. Endlich erreichte den Anwalt am 11. 1. 2012 ein Schreiben des nunmehr zuständigen Richters am Amtsgericht. Darin führte dieser aus, dass er beabsichtigte, das Verfahren unter Übernahme der Kosten auf die Staatskasse gemäß § 47 Abs. 2 OWiG (Ordnungswidrigkeitsgesetz) „wegen Unverhältnismäßigkeit weiterer Ermittlungen" einzustellen.

In Ordnungswidrigkeitsverfahren hat der Richter grundsätzlich nach § 47 OWiG die Möglichkeit, das Verfahren in jeder Lage einzustellen, wenn er eine „Ahndung nicht für geboten hält". Ein solcher Einstellungsbeschluss ist nicht anfechtbar. Bemerkenswert ist insoweit, dass der Richter im vorstehenden Fall zur Begründung der Einstellung aber nicht auf die Unrechtmäßigkeit des Bußgeldbescheids bzw. die Unverhältnismäßigkeit der Verfolgung und einer Ahndung abstellte, sondern lediglich behauptete, „weitere Ermittlungen" seien unverhältnismäßig. Dabei waren offensichtlich weitere Ermittlungen überhaupt nicht nötig, da der eigentliche Sachverhalt als solcher nach Aktenlage vollständig aufgeklärt war und außer Streit stand.

Die Einstellung des Richters hinter der Einstellung jedoch wurde deutlich in seiner weiteren Mitteilung, es sei „nicht beabsichtigt ..., auch die notwendigen Auslagen" (das heißt die Kosten des Mandanten beziehungsweise seines Anwalts) auf die Staatskasse zu übernehmen."

Hierzu zu schrieb der nunmehr kostenmäßig mit betroffene Anwalt am 24. 1. 2012 nochmals per Fax an den Richter:

> „Danke für Ihr Schreiben vom 11. 1. 2012, das ich auch mit dem Mandanten durchgesprochen habe.
>
> Sowohl mir wie auch dem Mandanten erscheint es ungerecht, ihn in dieser Sache noch mit Anwaltskosten zu belasten. Einen jungen Mann, der zu einer Demonstration geht, festzuhalten und ihm vorzuhalten, er wolle sich vermummen, allein deshalb, weil er ein verhältnismäßig kleines rotes Halstuch trägt, erscheint – von der Verfassungswidrigkeit einmal ganz abgesehen – in hohem Maße willkürlich, ebenso wie der Erlass eines entsprechenden Bußgeldbescheids.
>
> Andererseits durfte sich der Betroffene bei diesem Vorgehen der Polizei und der Landeshauptstadt Stuttgart mit Recht auch an einen Anwalt wenden.
>
> Ich kann auch nicht erkennen, inwieweit zur Beurteilung des Sachverhalts noch weitere Ermittlungen erforderlich sein könnten."

Die Antwort kam postwendend: Noch am selben Tag verfügte der Richter durch Beschluss vom 24. 1. 2012: „Das Verfahren (wird) nach § 47 Abs. 2 OWIG auf Kosten der Staatskasse eingestellt" und: „Die notwendigen Auslagen des Betroffenen werden nicht auf die Staatskasse übernommen."

Konkret heißt dies, dass der betroffene Schüler nunmehr eigentlich die gesetzlichen Mittelgebühren des von ihm beauftragten Anwalts in Höhe von circa 300 Euro selbst zu tragen hat. Dahinter steht nicht nur eine fiskalische Schäbigkeit des wohlbestallten unabhängigen Richters. Vielmehr wird dadurch der Betroffene im Ergebnis höher bestraft als durch den aufgehobenen Bußgeldbescheid. Und indirekt wird damit auch dem Anwalt (soweit er nun auf Gebühren verzichtet beziehungsweise verzichten muss), der sich engagiert und gearbeitet hat, um einen betroffenen Schüler wegen so etwas zu verteidigen, eins ausgewischt.

Dabei sind von Gesetzes wegen und nach den entsprechend anzuwendenden Vorschriften der Strafprozessordnung bei einer Einstellung des Verfahrens grundsätzlich auch die notwendigen Anwaltskosten von der Staatskasse zu übernehmen; nur in begründeten Ausnahmefällen kann davon abgesehen werden (§ 467 Abs. 4 StPO). Was der einstellende Richter aber sicher wusste: Seine Kostenentscheidung konnte hier in einem Verfahren nach dem OWiG auch hinsichtlich der Auferlegung der Anwaltskosten auf den Betroffenen nicht mehr angefochten werden.

Der vorstehende Fall mag als skurril oder als Petitesse abgetan werden. Er ist es aber nicht. Denn er zeigt beispielhaft und zu maßgeblichen Einzelheiten ihrer Entscheidungen das „alltägliche" Verhalten und die Einstellung von Sicherheitsbehörden und auch Richtern im Lande beim Umgang mit politisch offenbar missliebigen Personen auf:

– Wer zu einer antifaschistischen Kundgebung geht und sich dazu noch als Sympathisant einer kommunistischen Partei (und sei sie auch noch so reformistisch bzw. passé) „outet", gilt offenbar an sich als verdächtig. Er wird nicht nur behindert, sondern in seinen Rechten eingeschränkt, ja auch verfolgt und zumindest eingeschüchtert.

– Dabei ist kein Vorwand zu billig und lächerlich, als dass er nicht von Amts wegen und gedeckt hier durch die Behörden der Landeshauptstadt Stuttgart und ihrer Abteilung Sicherheit ins Felde geführt werden könnte.

– Die sowieso inzwischen bestehenden weitreichenden gesetzlichen Einschränkungen des Versammlungsrechts werden noch einmal extensiv ausgelegt. In diesem Fall so weit, dass einem Teilnehmer oder auch nur potenziellen Teilnehmer an einer demokratischen und angemeldeten Kundgebung schon das bloße Mitführen eines beliebigen Kleidungsstücks als verdächtig bzw. strafbar zur Last gelegt wird.

– Offensichtlich ging es im vorstehenden Fall auch nicht um die Beanstandung irgendeines Stücks Textil oder Tuch, sondern eben eines – wie es in dem Bußgeldbescheid ja ausdrücklich heißt! – „roten" Tuchs, und gar eines roten Tuchs, das die Insignien einer kommunistischen Partei trug, also eine bestimmte, offenbar ebenfalls missliebige politische Meinung des Trägers ausdrückte (wobei es mit dieser Erkennungsfunktion eigentlich auch objektiv gerade untauglich für eine Vermummung im Sinne

einer beabsichtigten Verschleierung der Identität des Trägers gewesen wäre!).
– Nachdem man aber einen missliebigen Teilnehmer an einer legalen antifaschistischen Kundgebung nicht einfach an sich verfolgen kann und ebenso wenig deshalb, weil er sich zu einer offenbar ebenso missliebigen linken politischen Meinung bekennt, greift man zu mehr oder weniger willkürlichen und eigentlich offen rechtswidrigen und unverhältnismäßigen Unterstellungen, um eine Verfolgung zu begründen, die den Betroffenen zumindest bedroht und abschreckt.
– Wehrt sich der dann aber gegen eine letztlich rechtlich unhaltbare Sanktion und wagt er es – nachdem er erleben musste, dass seine eigene Verteidigung gegen den Repressionsapparat offenbar nicht ausreicht bzw. nicht ernst genommen wird –, sich überdies an einen Anwalt zu wenden beziehungsweise erklärt sich ein Anwalt dazu bereit, einem entsprechend Betroffenen zu verteidigen, so wird dafür gesorgt, dass auch das „erfolgreiche“ Rechtsmittel noch zum Pyrrhussieg wird: Statt des unhaltbaren Bußgeldbescheids erhält der Betroffene nunmehr durch den Richter in einem unanfechtbaren Einstellungsbeschluss im Ergebnis Anwaltskosten in dreifacher Höhe auferlegt beziehungsweise es wird – durchaus mit Abschreckungswirkung – verhindert, dass der Anwalt für seine Arbeit bezahlt wird.

– Bezeichnend ist auch, dass sich der Richter bei der Begründung seines Einstellungsbeschlusses um eine Stellungnahme zum rechtswidrigen Inhalt des Bußgeldbescheids, den er nicht aufrechterhalten kann, drückt und stattdessen – scheinbar neutral – einen angeblich unverhältnismäßigen weiteren Ermittlungsaufwand als Einstellungsgrund vorschiebt.

All dies lässt beispielhaft wesentliche Elemente der subjektiven Einstellung und der objektiven Praxis einer in Wahrheit politisch orientierten bzw. politisch rechts voreingenommenen Polizei und Justiz erkennen.

Bericht eines Betroffenen vom 1. Mai 2011

Elf Stunden im Polizeikessel von Heilbronn

Von Lothar Letsche

Am 1. Mai 2011 nutzen neofaschistische Gruppen den Tag der Arbeit zu einem Aufmarsch im Zentrum von Heilbronn. Schon im Vorfeld kam es zu zahlreichen Protesten und Gegenkundgebungen. Ich – damals 65 Jahre alt – war unter denen, die an jenem 1. Mai mit dem Zug nach Heilbronn anreisten, jedoch bereits am Bahnhof von einem massiven Polizeiaufgebot einfach als „Linksautonome" „in Gewahrsam genommen" wurden, weil angenommen wurde, dass sie gegen die angekündigte Nazi-Demonstration protestieren wollten.

Ja, wir hatten im Tübinger DGB-Arbeitskreis (Kreisvorstand), in dem ich seit Jahren für die Gewerkschaft Erziehung und Wissenschaft mitarbeite, beschlossen, die Proteste in Heilbronn zu unterstützen. Durch meine Kleidung, unter anderem eine DGB-Mütze, war ich in meiner Funktion eindeutig erkennbar. Aber bereits beim Aussteigen aus dem Zug wurde ich von Polizisten körperlich angegriffen (ein Jahr später hatte ich es schon aus der Erinnerung verdrängt, aber es gibt Fotos davon). Die DGB-Fahne, die ich an einem dünnen Griff hochhielt, wurde mir als „Waffe" entrissen, ich wurde mit körperlicher Gewalt die Bahnsteigtreppe hinuntergedrängt und

Eingekesselt (wie hier 2012 in Göppingen): Stundenlang unter freiem Himmel in Gefangenschaft. *Foto: Denzinger*

zum abgesperrten Bahnhofsvorplatz gebracht. Mit vielen anderen mit dem Zug Angereisten wurde ich dort von 9 bis 20 Uhr in einem Kessel von der Polizei festgehalten, ohne den Platz verlassen zu können. Nach einer Leibesvisitation hätten wir das angeblich tun können, behauptete die Polizei später, aber real möglich war es nicht. Zusammen mit Kollegen entfaltete ich dann das aus Tübingen mitgebrachte große Transparent mit den DGB-Losungen von 2010. An unserer Lage änderte das nichts.

Wohlgemerkt, am 1. Mai blieben wir, eine DGB-Fahne und ein offizielles DGB-Banner tragend, unter freiem Himmel praktisch eingesperrt. Die Benutzung der Bahnhofstoilette wurde von den regelmäßig ausgewechselten Polizeikräften in einer derart schikanösen und entwürdigen Weise (nicht) gestattet, dass es schließlich im Kessel vor den Augen der gaffenden und filmenden Polizistinnen und Polizisten zu unsäglichen Szenen kam. Wir konnten uns weder zur Heilbronner DGB-Kundgebung noch zu einer vom Verwaltungsgerichtshof Baden-Württemberg ab 14 Uhr genehmigten Anti-Nazi-Demonstration in der Heilbronner Innenstadt begeben. Auf der Tübinger DGB-Kundgebung wurden meine per SMS übermittelten Nachrichten aus Heilbronn unter Protest verlesen. Währenddessen wurde vor unseren Augen den Nazis gestattet, Plakate mit fremdenfeindlichen Parolen durch die Straßen des Heilbronner Bahnhofsviertels zu tragen. Selbst gegen offen verfassungswidrige Losungen („Für nationalen Sozialismus"), fotografisch dokumentiert, schritt die Polizei nicht ein.

Wir standen mit unserem DGB-Transparent im Kessel, bis wir gegen 19.50 Uhr unter Androhung von Gewaltanwendung und einer Anzeige wegen Widerstands gegen die Staatsgewalt gezwungen wurden, uns ebenso wie vorher alle anderen einer Leibesvisitation unterziehen zu lassen. Verweigert wurde uns, den Sachverhalt unserer zehnstündigen „Gewahrsamnahme" schriftlich bestätigt und die Gründe hierfür mitgeteilt zu bekommen. „Das können Sie morgen in der Zeitung lesen", hieß es.

Wie heißt es in der Landesverfassung? „Der 1. Mai ist ein gesetzlicher Feiertag. Er dient dem Bekenntnis zu sozialer Gerechtigkeit, Frieden, Freiheit und Völkerverständigung." Er dient also eindeutig nicht dazu, das Bekenntnis zu Naziparolen auf die Straße tragen zu können. Solche Gespensteraufzüge sind vielmehr zu unterbinden. Ich bin den überwiegend jugendlichen Antifaschistinnen und Antifaschisten dankbar, die dies gemeinsam mit uns Gewerkschaftern vergeblich versucht und sich sehr besonnen verhalten haben.

Wir waren keine Hellseher und konnten damals noch nicht wissen, dass eine aus Thüringen stammende, junge Heilbronner Polizeibeamtin – eine Kollegin ebenjener zeitweise wie Astronauten maskierten Polizistinnen und Polizisten, die uns umgaben –, 2007 vom „Nationalsozialistischen Untergrund" regelrecht hingerichtet worden war. Das kam erst ein halbes Jahr später im November 2011 heraus. Frisch in Erinnerung war uns damals allerdings, dass wenige Wochen zuvor, am 10. April 2011, eine Gruppe von 70 Nazis in meinem Nachbarort Winterbach fünf italienisch- und türkischstämmige Männer gejagt und die Hütte, in die sie sich flüchteten, angezündet hatten. Wir im Kessel waren uns sicher, dass dieser Mordversuch von keiner „Geburtstagsfeier", sondern von einem Vorbereitungstreffen des Heilbronner Nazispuks ausging und hier in unserer unmittelbaren Nachbarschaft die Anstifter unter dem Schutz der Polizei ihre „Heldentat" abfeierten.

Uns Gewerkschafter hat man nach diesem Tag von Strafbefehlen und Ähnlichem verschont gelassen; anderen Beteiligten, vor allem Jugendlichen, ging es anders. Wir beschlossen dann, mit mehreren „Fortsetzungsfeststellungsklagen" beim zuständigen Verwaltungsgericht Stuttgart die Unrechtmäßigkeit und Unverhältnismäßigkeit des Polizeieinsatzes feststellen zu lassen. Diese Klagen blieben leider erfolglos. Die Ablehnungsbegründung der Richter zitiert Aussagen, die ich am Morgen der Gerichtsverhandlung in einem Fernsehinterview gemacht hatte (und die natürlich zu keinem Zeitpunkt Gegenstand der Verhandlung sein konnten). Mein Kommentar – auf Schriftsätze der beklagten Gegenseite –, dass es ein unerhörtes Ansinnen sei, Gewerkschafter am 1. Mai auf dem Weg zur DGB-Kundgebung einer Leibesvisitation zu unterziehen, wurde mir im Mund herumgedreht: Ich hätte ja damit zugegeben, dass ich nach einer Leibesvisitation hätte gehen können und es sei somit meine eigene Entscheidung gewesen, elf Stunden im Kessel zu bleiben. Zum Vergnügen elf Stunden ohne WC vier Wochen nach einer Blasenoperation – zu solchem Zynismus fiel mir dann auch nichts mehr ein.

Lothar Letsche, aufgrund des „Radikalenerlasses" mit einem Berufs- und Ausbildungsverbot als Lehrer belegt, arbeitete von 1981 bis 2011 als wissenschaftlicher Angestellter in Tübingen. Von 2007 bis 2011 war er Vorsitzender der Fachgruppe Hochschule und Forschung der GEW Baden-Württemberg. Sein Vater Curt Letsche (1912–2010) war als Nazigegner von 1940 bis 1945 im Zuchthaus Ludwigsburg inhaftiert und verarbeitete die Begebenheiten aus jener Zeit unter anderem in den Romanen „Das Schafott" (1979, Neuauflage 2011) und „Schnittpunkte 1945" (2013 aus dem Nachlass veröffentlicht). Seit November 2012 gehört Lothar Letsche dem geschäftsführenden Landesvorstand der Vereinigung der Verfolgten des Naziregimes – Bund der Antifaschisten an.

Im Zweifel gegen die Versammlungsfreiheit?

Vom Polizeikessel in den Polizeicomputer

Von Wolfram Treiber

Vor etlichen Jahren fragte der Referent auf einer Veranstaltung zum Versammlungsrecht als Einstieg das Publikum, was denn das Versammlungsrecht sei. Kennzeichnenderweise kamen daraufhin lauter Beiträge, die die Einschränkung des Versammlungsrechts beschrieben, und das bei einem Publikum, das wohl in seiner großen Mehrheit mit Sicherheit für die Versammlungsfreiheit eingestellt war. Offensichtlich haben deren Einschränkungen in der Praxis bis heute dazu geführt, dass in der öffentlichen Wahrnehmung nicht ihre Gewährleistung, sondern ihre vielfältige Einschränkung und Reglementierung als „normal" begriffen werden. Insofern erscheint es sinnvoll, zunächst einmal das Bundesverfassungsgericht als „unverdächtige Quelle" zu Wort kommen zu lassen und auf dieser Grundlage an einzelnen Beispielen aktuelle Einschränkungen der Versammlungsfreiheit zu kommentieren.

Unabhängig davon darf nicht übersehen werden, dass bereits die grundgesetzlich garantierte Versammlungsfreiheit nur für Deutsche gilt und bereits durch das Versammlungsgesetz erheblich eingeschränkt wurde. Darüber hinaus hat die Föderalismusreform inzwischen allen Bundes-

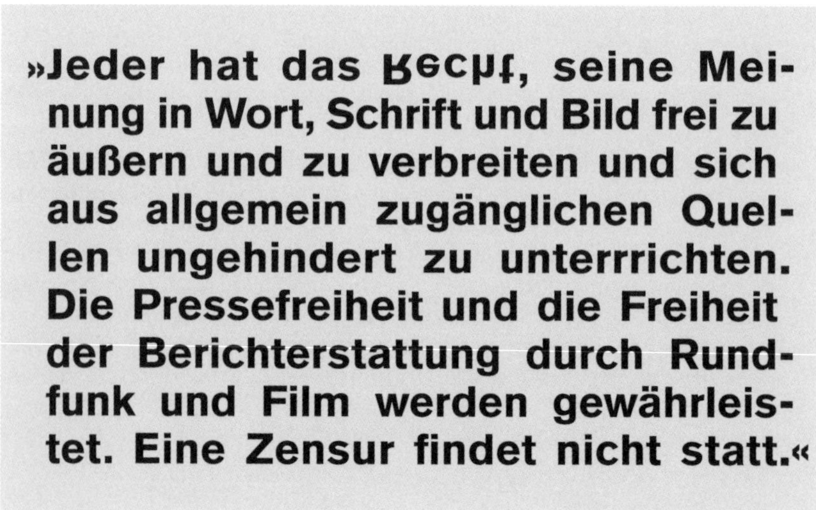

Grundgesetz Art. 5(1) — Typografie: Jochen Stankowski

ländern die Möglichkeit eröffnet, eigene Landesversammlungsgesetze zu erlassen, sodass die Ausübung eines elementaren Menschenrechts absurderweise von den jeweiligen Mehrheiten in einer Landesregierung abhängt. Die weitgehende Einschränkung der Versammlungsfreiheit durch das bayrische Landesversammlungsgesetz, deren erstes Opfer im Übrigen ein ver.di-Gewerkschaftssekretär war, wurde zwar nicht zuletzt aufgrund des großen gesellschaftlichen Widerstands vom Bundesverfassungsgericht in einem Eilverfahren vorläufig in weiten Teilen gekippt. Das Beispiel hat jedoch gezeigt, dass zukünftig immer mit elementaren Eingriffen in die Versammlungsfreiheit zu rechnen sein wird. Auch in Baden-Württemberg war bereits ein entsprechendes Gesetz auf den Weg gebracht worden, das darüber hinaus bereits im Vorgriff von etlichen Versammlungsbehörden angewandt wurde.

Die Rechtsprechung des Bundesverfassungsgerichts

Das Bundesverfassungsgericht hat in ständiger Rechtsprechung zur Bedeutung des Grundrechts auf Versammlungsfreiheit als Freiheit zur kollektiven Meinungskundgabe unter anderem in seiner „Brokdorf-Entscheidung" wie folgt ausgeführt: „Als Abwehrrecht, das auch und vor allem andersdenkenden Minderheiten zugutekommt, gewährleistet Art. 8 GG den Grundrechtsträgern das Selbstbestimmungsrecht über Ort, Zeitpunkt, Art und Inhalt der Veranstaltung und untersagt zugleich staatlichen Zwang, an einer öffentlichen Versammlung teilzunehmen oder ihr fernzubleiben. Schon in diesem Sinne gebührt dem Grundrecht in einem freiheitlichen Staatswesen ein besonderer Rang; das Recht, sich ungehindert und ohne besondere Erlaubnis mit anderen zu versammeln, galt seit jeher als Zeichen der Freiheit, Unabhängigkeit und Mündigkeit des selbstbewussten Bürgers. In ihrer Geltung für politische Veranstaltungen verkörpert die Freiheitsgarantie aber zugleich eine Grundentscheidung, die in ihrer Bedeutung über den Schutz gegen staatliche Eingriffe in die ungehinderte Persönlichkeitsentfaltung hinausreicht." (vgl. BVerfGE 69, 315 – Brokdorf-Beschluss vom 14. Mai 1985).

In der verfassungsgerichtlichen Rechtsprechung, die sich bislang mit der Versammlungsfreiheit befasst hat, wird auch die Meinungsfreiheit seit Langem zu den unentbehrlichen und grundlegenden Funktionselementen eines demokratischen Gemeinwesens gezählt. Sie gilt als unmittelbarster Ausdruck der menschlichen Persönlichkeit und als eines der vornehmsten Menschenrechte überhaupt, welches für eine freiheitliche demokratische Staatsordnung konstituierend ist; denn sie erst ermöglicht die ständige geistige Auseinandersetzung und den Kampf der Meinungen als Lebenselement dieser Staatsform" (vgl. BVerfGE 7, 198 [208]; 12, 113 [125]; 20, 56 [97]; 42, 163 [169]). Wird die Versammlungsfreiheit als Freiheit zur kollektiven Meinungskundgabe verstanden, kann für sie nichts grundsätzlich anderes gelten. Dem steht nicht entgegen, dass speziell bei Demonstrationen das argumentative Moment zurücktritt, welches die Ausübung der Meinungsfreiheit in der Regel kennzeichnet. Indem der Demonstrant seine Meinung in physischer Präsenz, in voller Öffentlichkeit und ohne Zwischenschaltung von Medien kundgibt, entfaltet auch er seine Persönlichkeit in unmittelbarer Weise.

Nach alledem werden auch in der Literatur Versammlungen zutreffend als wesentliches Element demokratischer Offenheit bezeichnet: „Sie bieten ... die Möglichkeit zur öffentlichen Einflussnahme auf den politischen Prozess, zur Entwicklung pluralistischer Initiativen und Alternativen oder auch zu Kritik und Protest ...; sie enthalten ein Stück ursprünglich-ungebändigter unmittelbarer Demokratie, das geeignet ist, den politischen Betrieb vor Erstarrung in geschäftiger Routine zu bewahren". So zitiert das Bundesverfassungsgericht in seiner oben zitierten Brokdorf-Entscheidung Hesse, Grundzüge des Verfassungsrechts, 14. Auflage, 1984, S. 157, und führt weiter aus: „Namentlich in Demokratien mit parlamentarischem Repräsentativsystem und geringen plebiszitären Mitwirkungsrechten hat die Versammlungsfreiheit die Bedeutung eines grundlegenden und unentbehrlichen Funktionselementes."

In einer Demokratie müsse die Willensbildung vom Volk zu den Staatsorganen und nicht umgekehrt verlaufen; das Recht des Bürgers auf Teilhabe an der politischen Willensbildung äußere sich nicht nur in der Stimmabgabe bei Wahlen, sondern auch in der Einflussnahme auf den ständigen Prozess der politischen Meinungsbildung, die sich in einem demokratischen Staatswesen frei, offen, unreglementiert und grundsätzlich „staatsfrei" vollziehen müsse.

An diesem Prozess sind die Bürger in unterschiedlichem Maße beteiligt. Große Verbände, finanzstarke Geldgeber oder Massenmedien können beträchtliche Einflüsse ausüben, während sich der Staatsbürger eher als ohnmächtig erlebt. In einer Gesellschaft, in welcher der direkte Zugang zu den Medien und die Chance, sich durch sie zu äußern, auf wenige beschränkt sind, verbleibt dem Einzelnen neben seiner organisierten Mitwirkung in Parteien und Verbänden im Allgemeinen nur eine kollektive Einflussnahme durch Inanspruchnahme der Versammlungsfreiheit für Demonstrationen.

Nach Auffassung des Bundesverfassungsgerichts schützt Art. 8 Grundgesetz Versammlungen und Aufzüge – im Unterschied zu bloßen Ansammlungen oder Volksbelustigungen – als Ausdruck gemeinschaftlicher, auf Kommunikation angelegter Entfaltung. In einer Entscheidung vom 7. 3. 2011 zu Sitzblockaden (1 BvR 388/05)hat das Bundesverfassungsgericht wie folgt ausgeführt: „Eine Versammlung ist eine örtliche Zusammenkunft mehrerer Personen zur gemeinschaftlichen, auf die Teilhabe an der öffentlichen Meinungsbildung gerichteten Erörterung oder Kundgebung". Dazu gehören auch solche Zusammenkünfte, bei denen die Versammlungsfreiheit zum Zwecke plakativer oder aufsehenerregender Meinungskundgabe in Anspruch genommen wird (vgl. BVerfGE 69, 315 [342 f.]; 87, 399 [406]). Der Schutz ist nicht auf Veranstaltungen beschränkt, auf denen argumentiert und gestritten wird, sondern umfasst vielfältige Formen gemeinsamen Verhaltens bis hin zu nicht verbalen Ausdrucksformen, darunter auch Sitzblockaden (vgl. BVerfGE 73, 206 [248]; 87, 399 [406]; 104, 92 [103 f.]). Bei einer Versammlung geht es darum, dass die Teilnehmer nach außen – schon durch die bloße Anwesenheit, die Art des Auftretens und des Umgangs miteinander oder die Wahl des Ortes – im eigentlichen Sinne des Wortes Stellung nehmen und ihren Standpunkt bezeugen (vgl. BVerfGE 69, 315 [345]).

Versammlungsrecht geht allgemeinem Polizeirecht vor

Einschränkungen der Versammlungsfreiheit sind, solange die Teilnehmenden unter dem Schutz des Versammlungsrechts stehen, nach geltendem Recht grundsätzlich nicht nach allgemeinem Polizeirecht, sondern nur auf Grundlage des Versammlungsgesetzes möglich. Dazu hat das VG Sigmaringen in seiner Entscheidung zur Rechtswidrigkeit des Polizeikessels gegen AntifaschistInnen am 1. Mai 2009 in Ulm wie folgt ausgeführt:

„Gegenüber Teilnehmern einer Versammlung sind Maßnahmen aufgrund des allgemeinen Polizeirechts erst zulässig, wenn die Versammlung aufgelöst oder der betroffene Teilnehmer von der Versammlung ausgeschlossen wurde. Nach der Entscheidung des Bundesverfassungsgerichts vom 30. 4. 2007 – 1 BvR 1090/06 sind Maßnahmen, die die Teilnahme an einer Versammlung beenden – wie ein Platzverweis oder eine Gewahrsamnahme – rechtswidrig, solange die Versammlung nicht gem. § 15 Abs. 3 VersammlG aufgelöst oder der Teilnehmer auf versammlungsrechtlicher Grundlage von der Versammlung ausgeschlossen wurde (a.a.O. Randnummer 40)." Art. 8 Grundgesetz gebiete diese für den Schutz des Grundrechtsträgers wesentlichen Förmlichkeiten. Denn es handele sich um Anforderungen der Erkennbarkeit und damit der Rechtssicherheit, deren Beachtung für die Möglichkeit einer Nutzung des Grundrechts der Versammlungsfreiheit wesentlich sei.

Auch auf dem Weg zu einer Versammlung steht der Teilnehmende unter dem Schutz des Versammlungsrechts.

In Versammlungen entstünden häufig Situationen rechtlicher und tatsächlicher Unklarheit. Versammlungsteilnehmer müssten wissen, wann der Schutz der Versammlungsfreiheit ende, denn Unsicherheiten könnten sie einschüchtern und von der Ausübung des Grundrechts abhalten. Maßnahmen der Gefahrenabwehr gegen Versammlungen richteten sich nach dem Versammlungsgesetz. Dieses Gesetz gehe in seinem Anwendungsbereich als Spezialgesetz dem allgemeinen Polizeirecht vor. Eine auf allgemeines Polizeirecht gegründete Maßnahme, durch welche das Recht zur Teilnahme an der Versammlung beschränkt werde, scheide aufgrund der Sperrwirkung der versammlungsrechtlichen Regelungen aus (VG Sigmaringen, Urteil vom 29. November 2010, Az. 1 K 3643/09).

Vielfältige Eingriffe in der Praxis der Polizei

Soweit die Theorie ... In der Praxis gab es in den vergangenen Jahren zunehmend vielfältige Eingriffe in die Versammlungsfreiheit, unter anderem durch massenhafte Gewahrsamnahme in Polizeikesseln gegenüber Hunderten von Personen über viele Stunden hinweg. Obwohl in vielen dieser Fälle wie in dem des Polizeikessels am 1. Mai 2009 in Ulm Jahre später die Rechtswidrigkeit des Kessels festgestellt wurde und die Rechtsprechung des Bundesverfassungsgerichts dazu eindeutig ist, bleibt die Einkesselung Hunderter von VersammlungsteilnehmerInnen beliebtes Mittel der polizeilichen Taktik.

Dazu einige Beispiele:

a)

Am 1. Mai 2009 riefen der Deutsche Gewerkschaftsbund und ein breites gesellschaftliches Aktionsbündnis „Ulm gegen rechts“ zu einer überregionalen antifaschistischen Versammlung auf, an der mehr als 10 000 Menschen teilnahmen. Anlass war eine geplante, in ganz Süddeutschland mobilisierte, überregionale Versammlung von Nazis und Neonazis, darunter die Autonomen Nationalisten, die ausgerechnet am 1. Mai parallel zu den Versammlungen der Gewerkschaften demonstrieren wollten, eine gezielte Provokation. Wenige Wochen zuvor hatten Nazis bereits großflächig die Fassade des DGB-Hauses in Ulm beschmiert.

Zur Erinnerung: *Nachdem die Nazis den 1. Mai 1933 umfunktioniert hatten, wurden die Gewerkschaften am 2. Mai 1933 verboten. Am selben Tag besetzen SA-Männer das Ulmer Gewerkschaftshaus am Weinhof, auf dem Dach der Wirtschaft zum Mohren hissten sie die Hakenkreuzfahne.*

Ende April 1933 verfügt Wilhelm Dreher, staatlicher Polizeikommissar für Ulm und Oberschwaben, ein Verbot von Jazzmusik in Ulm mit der Begründung, „Niggermusik“ sei ein öffentliches Ärgernis und könne deshalb nicht geduldet werden. Jazz verhunze und verschandle deutsches Fühlen und Empfinden.

Mitte März 1933 tauchen Zeitungsberichte im „Ulmer Tagblatt" und im „Ulmer Sturm" über Verhaftungen von NS-Gegnern auf – jeweils versehen mit dem Hinweis, dass die betreffenden Personen ins „Konzentrationslager Heuberg" überstellt werden. Mitte April 1933 sind 1950 Menschen, meist KPD- und SPD-Funktionäre, auf dem Heuberg inhaftiert, unter ihnen Wilhelm Wirthle, Leonhard Gerlinger und rund 60 weitere Ulmer, schreibt Kienle in dem Beitrag „Häftlinge aus der Region Ulm in den frühen KZ Heuberg und Kuhberg". Viele Häftlinge werden schwer misshandelt, jüdische Geschäftsinhaber werden terrorisiert, bereits im April 1933 hetzen die Ulmer Nazis gegen die polnischen Juden: Wegen Gefährdung der öffentlichen Ruhe und Sicherheit werden ihre Geschäfte geschlossen. (Die Informationen stammen aus einer Artikelserie in der Ulmer Lokalpresse und wurden vom Bündnis Ulm gegen rechts verbreitet.)

Aus diesen Gründen wurde auch in den Gewerkschaften überregional zur Teilnahme an der antifaschistischen gewerkschaftlichen Versammlung gegen das Auftreten der Neonazis am 1. Mai 2009 in Ulm aufgerufen.

Auch drei Reisebusse mit AntifaschistInnen aus dem Badischen, darunter viele GewerkschafterInnen, folgten dem Aufruf. Die Insassen der drei Busse, die an der antifaschistischen gewerkschaftlichen 1.Mai-Demonstration teilnehmen wollten, verließen ihre Busse aus parkplatztechnischen Gründen circa 500 bis 1000 Meter von der gewerkschaftlichen Auftaktkundgebung entfernt und gingen gemeinsam auf direktem Wege Richtung Sammlungsplatz Weinhof. Kurz vor dem Sammlungsplatz in der Sattlergasse wurden sie von einer Polizeieinheit ohne jeden erkennbaren Anlass gestoppt und am Zugang zur Gewerkschaftsversammlung gehindert. Kurz darauf wurde hinter der Gruppe eine zweite Polizeikette gezogen, sodass die Gruppe in einem Polizeikessel war, in dem sie etwa fünf bis sechs Stunden zubringen musste. Versammlungsteilnehmende der Auftaktkundgebung, die sich mit den Eingekesselten solidarisierten und deren Teilnahme an der 1.Mai-Demonstration forderten, wurden ebenfalls mit eingekesselt. Alle im Kessel wurden erkennungsdienstlich behandelt und ihre Daten gespeichert. Angeblich wollten sich die 150 Ortsunkundigen nach angeblichen „polizeilichen Erkenntnissen" als „Schwarzer Block" an die Spitze der Gewerkschaftsdemonstration mit 10 000 Personen stellen ... Ein Kommentar dazu erübrigt sich.

In der Folge wurden etliche der Eingekesselten mit Strafbefehlen überzogen, gegen die sich jedoch viele nicht zur Wehr setzten, da sie die Prozess- und Anwaltskosten scheuten und sich ja dazu noch extra Urlaub für das Strafverfahren in Ulm hätten nehmen müssen. Dabei hatten sie eigentlich nur den Appell des damaligen Bundespräsidenten Köhler in den Medien befolgt, man solle gegen Intoleranz und rassistische Überfälle von Neonazis „Flagge" zeigen; so etwas wie die Zeit des „Dritten Reiches" dürfte sich nie wiederholen.

Da nützte es ihnen auch nichts, dass das VG Sigmaringen die Rechtswidrigkeit des Polizeikessels eineinhalb bzw. zwei Jahre später in zwei Entscheidungen feststellte.

b)

Am 1. Mai 2011 riefen das „Heilbronner Bündnis gegen rechts" unter Federführung des Deutschen Gewerkschaftsbunds (DGB) und andere antifaschistische Organisationen überregional zum Protest gegen eine überregionale Versammlung von Nazis und Neonazis am 1. Mai in Heilbronn auf, für die diese in ganz Süddeutschland mobilisiert hatten. Schwerpunkt der traditionellen Kundgebung des Deutschen Gewerkschaftsbunds zum 1. Mai, dem Internationalen Tag der Arbeit, in Heilbronn war es also, Flagge zu zeigen gegen den geplanten Aufmarsch von Nazis. Die Gewerkschaften nehmen das Auftreten von Nazis und Neonazis am 1. Mai besonders ernst, da einen Tag nach dem 1. Mai 1933 in Deutschland die Gewerkschaften verboten, die Gewerkschaftshäuser von den Nazis besetzt und viele GewerkschafterInnen verhaftet, in Konzentrationslager gesperrt und ermordet worden waren.

Aus diesem Grunde entschlossen sich viele GewerkschafterInnen, den DGB Heilbronn bei seiner Maikundgebung und seinem Protest gegen das Auftreten der Nazis am 1. Mai zu unterstützen. Für den Nachmittag war eine weitere antifaschistische Demonstration geplant, die jedoch erst in einem Eilverfahren vor dem Verwaltungsgerichtshof hatte durchgesetzt werden müssen.

Für 400 bis 500 der von außerhalb mit der Bahn angereisten AntifaschistInnen endete die geplante Teilnahme an der Versammlung jedoch auf dem Heilbronner Bahnhofsvorplatz, auf dem sie bis zu elf Stunden(!) im Polizeikessel zubringen mussten. Auch eine Teilnahme an der gewerkschaftlichen 1.-Mai-Veranstaltung war nicht möglich. Die Betroffenen, darunter auch etliche ältere GewerkschafterInnen, mussten Stunden im Polizeigewahrsam im Stehen verbringen, ohne Sonnenschutz, ohne Möglichkeit, eine Toilette zu benutzen, und in ihrem elementaren Recht auf Versammlungsfreiheit rechtswidrig beschnitten. (Siehe auch den vorherigen Beitrag von Lothar Letsche: „Elf Stunden im Polizeikessel von Heilbronn".)

Erst nach massiven Protesten wurde es einigen wenigen gestattet, die Toilette im Bahnhof aufzusuchen. Dabei wurden die „Glücklichen" aus dem Polizeikessel, denen es gestattet wurde, auf die Toilette zu gehen, jeweils zu zweit oder dritt von mehreren Beamten bis zur Toilettentüre im Bahnhof begleitet, und anschließend vor der Toilettentüre wieder in Gewahrsam genommen und zurück in den Polizeigewahrsam vor dem Bahnhof gebracht – so wie man es üblicherweise vom Umgang mit Strafgefangenen kennt. Sie durften sich auch nicht zum Bahnsteig begeben, um etwa die Stadt Heilbronn zu verlassen, sondern mussten zurück in den Polizeikessel auf dem Bahnhofvorplatz.

Da die Gewahrsamnahme mehrere Stunden dauerte und da ein Toilettenbesuch nur wenigen möglich war, nachdem er ja nur jeweils zwei bis maximal drei Personen unter Polizeibewachung erlaubt wurde, mussten sich Versammlungsteilnehmende in unwürdiger Weise auf dem Bahnhofsvorplatz hinter dem vorgehaltenen DGB-Transparent unter dem Feixen der Polizeibeamten erleichtern.

Verwaltungsgericht Stuttgart weist Klagen ab

Im Anschluss versuchten unter anderem zwei ältere Gewerkschaftsmitglieder, die achteinhalb beziehungsweise elf Stunden im Polizeikessel vor dem Heilbronner Bahnhof unter den darüber hinaus unzumutbaren Bedingungen zubringen mussten, und die auch nicht an der 1. Mai-Versammlung des DGB teilnehmen konnten, die Rechtswidrigkeit des Polizeikessels gerichtlich feststellen zu lassen.

Skandalöserweise wurde die Klage der Gewerkschafter jedoch vom Verwaltungsgericht Stuttgart abgewiesen. Obwohl die Rechtswidrigkeit des Polizeikessels vor dem Heilbronner Bahnhof klar auf der Hand lag, machte sich das Verwaltungsgericht die Argumentation der Vertreterin des Regierungspräsidiums, die das beklagte Land Baden-Württemberg vertrat, zu eigen, wonach es sich um gar keinen Polizeikessel gehandelt hätte(!). Ein Polizeigewahrsam sei ja erst am späten Nachmittag ab 16.11 Uhr verhängt worden, da die Teilnehmenden nicht den Bahnhofsvorplatz verlassen hätten, für den eine Allgemeinverfügung am 1. Mai ein Versammlungsverbot verfügt habe.

Dabei ließ das Verwaltungsgericht völlig außer Acht, dass sogar nach den im Prozess vom beklagten Regierungspräsidium vorgelegten Polizeidurchsagen ein Verlassen des Bahnhofsvorplatzes von zumindest 11.31 Uhr bis 13.18 Uhr nicht möglich war. Einer der gewerkschaftlichen Kläger war kurz zuvor mit dem Zug im Bahnhof angekommen und konnte somit erstmals in seinem Leben nicht wie geplant an der Gewerkschaftskundgebung zum 1. Mai teilnehmen, die vom DGB in der Zeit von 10.30 Uhr bis 13:00 Uhr angemeldet worden war.

Der Kläger wurde somit durch den Polizeigewahrsam selbst nach dem Vortrag der Beklagtenvertreterin ohne jeden Anlass und deshalb rechtswidrig auch daran gehindert, an der Gewerkschaftsversammlung teilzunehmen; denn nach dem Vortrag der Beklagten war die Versammlung zu dem Zeitpunkt, zu dem er erstmals die Möglichkeit gehabt hätte, den Polizeigewahrsam vor dem Bahnhof zu verlassen, bereits vorbei.

Selbst wenn es möglich gewesen wäre, den Polizeikessel zu verlassen, wie das Verwaltungsgericht aufgrund der Angaben des Regierungspräsidiums entgegen der Erfahrung der mehreren Hundert Eingekesselten unterstellte, gab es unstreitig bis um 18.07 Uhr allenfalls eine einzige(!) Durchlassstelle. Nach Auflösung der Versammlung um 18.07 Uhr dauerte es bis circa 20 Uhr, bis alle Personen den Bahnhofsvorplatz verlassen konnten. Allerdings mussten nach Darstellung der Beklagten dann um 18.07 Uhr mehrere Durchlassstellen gebildet werden, um überhaupt die angeordnete Durchsuchung aller VersammlungsteilnehmerInnen bewältigen zu können. Daraus ergibt sich, dass die Durchsuchung der 450 bis 500 Personen bei nur einer Durchlassstelle sowieso mehrere Stunden in Anspruch genommen hätte. Demnach war auch nach der Version des Regierungspräsidiums die Teilnahme an der 1.Mai-Versammlung des DGB in Folge des Polizeikessels tatsächlich gar nicht möglich gewesen. Das polizeiliche Vorgehen war also auch nach diesem Vorbringen rechtswidrig, da Vorkontrollen bei Versammlungen so gestaltet werden müssen, dass dadurch die Teilnahme an der Versammlung nicht vereitelt wird.

Sämtliche Kommentare zum Versammlungsrecht weisen darauf hin, dass „wirksame Vorkontrollen friedliche Teilnehmende nicht übermäßig belasten dürfen, etwa so, dass durch eine erhebliche Zeitverzögerung ein zeitgerechtes Aufsuchen des Veranstaltungsortes nicht möglich ist" (so auch die Kommentierungen aus den Reihen der Polizei wie zum Beispiel Brenneisen/Wilksen: „Versammlungsrecht", Verlag Deutsche Polizeiliteratur, 4. Aufl. 2011; oder Polizeidirektor a. D. Roos/Kriminaldirektor Bula in „Das Versammlungsrecht in der praktischen Anwendung", 2. Auflage).

Das Verwaltungsgericht hätte somit, selbst wenn es das von den eingekesselten Klägern bestrittene Vorbringen des Regierungspräsidiums seiner Entscheidung zugrunde legen wolltet, zumindest von einem zeitweiligen Polizeikessel ausgehen und dessen Rechtswidrigkeit feststellen müssen.

Die Freiheitsentziehung des Klägers im Polizeikessel vor dem Heilbronner Hauptbahnhof war also schon allein deshalb rechtswidrig, als der Kläger unter dem Schutz des Versammlungsrechts stand, da er sich auf dem Weg zu einer rechtmäßigen Versammlung befand und an der Teilnahme gehindert wurde.

Bezeichnenderweise hieß es in der Klageerwiderung des beklagten Regierungspräsidiums, der Aufzug des „Heilbronner Bündnisses gegen rechts" unter Federführung des Deutschen Gewerkschaftsbundes (DGB) sei in der Zeit zwischen 10:30 und 13:00 Uhr „genehmigt" und der Aufzug der weiteren antifaschistischen Versammlung in der Zeit zwischen 14:00 und 16:30 Uhr „genehmigt" worden.

Dies verrät viel über das Verständnis der beteiligten Behörden vom elementaren Recht auf Versammlungsfreiheit als kollektive Meinungsfreiheit, wobei gerade die Behörden immer wieder gerne davon sprechen, dass wir in einer „lebendigen Demokratie" leben würden. Denn hier verkennt das Regierungspräsidium offensichtlich, dass Versammlungen weder erlaubnis- noch genehmigungspflichtig, sondern allenfalls anmeldepflichtig sind, sofern sie nicht spontan erfolgen.

Es wäre also in der Tat geboten gewesen, dass das Gericht auch die rechtswidrige Entscheidungspraxis der Stadt Heilbronn als Versammlungsbehörde unter die Lupe genommen hätte. Dies umso mehr, als erst ein halbes Jahr vorher, am 6. Dezember 2010, circa 100 KurdInnen bei einer Versammlung mehrere Stunden lang rechtswidrig in Gewahrsam genommen worden waren, nachdem während einer Demonstration, die völlig friedlich verlief, eine(!) Person einen kleinen Böller geworfen hatte.

c.)

Am 5. 10. 2011 wurden circa 100 TeilnehmerInnen einer spontanen antifaschistischen Solidaritäts- und Protestdemonstration von der Polizei eingekesselt, die sich mit einem am 1. Oktober 2011 von einem Offenburger Nazikader schwer verletzten Antifaschisten solidarisierten. Nachdem die Versammlung von Anfang an von den Polizeikräften durch enges Polizeispalier als „Wanderkessel" ausgestaltet worden war, wurden das Anzünden eines Bengalos und ein kleiner Silvesterböller zum Anlass genommen, 100 teilnehmende AntifaschistInnen erkennungsdienstlich zu behandeln.

Die drei aufgeführten Polizeikessel sind nur Beispiele für eine Vielzahl von Polizeikesseln, mit denen in den letzten Jahren die Versammlungsfreiheit rechtswidrig eingeschränkt wurde.

Zu den prominenten Beispielen für mehrstündige rechtswidrige Polizeikessel gehört auch der Polizeigewahrsam bei der geplanten Blockupy-Demonstration am 1. 6. 2013 in Frankfurt. Ihre Durchführung wurde durch die willkürliche Einkesselung von über 1000 Personen rechtswidrig vereitelt. Beim Polizeikessel gegen über 4000 DemonstrantInnen im Zusammenhang mit der internationalen Demonstration anlässlich des UN-Umweltgipfels COB in Kopenhagen mussten viele Betroffene mit Kabelbindern gefesselt bei niedrigen Temperaturen Stunden am Boden zubringen. Dieser Polizeikessel wurde ebenfalls inzwischen von den Gerichten für rechtswidrig erklärt; den Betroffenen wurden Entschädigungen zugesprochen.

VGH Baden-Württemberg: Versammlungsbeschränkungen nur bei unmittelbarer Gefährdung der öffentlichen Sicherheit oder Ordnung zulässig

Bei der rechtlichen Beurteilung der immer häufigeren Massengewahrsamnahmen in Polizeikesseln bei Versammlungen sollte immer zunächst Ausgangspunkt sein, dass gemäß Art 8 Abs. 1 GG das Recht besteht, sich ohne Anmeldung oder Erlaubnis friedlich und ohne Waffen zu versammeln. Gemäß Art 8 Abs. 2 GG darf in dieses elementare Recht bei Versammlungen unter freiem Himmel nur durch Gesetz oder aufgrund eines Gesetzes eingegriffen werden.

An einen Eingriff in ein elementares Grundrecht sind jedoch hohe Anforderungen zu stellen, zumal Grundrechte nach einhelliger Ansicht auch Abwehrrechte der BürgerInnen gegen den Staat darstellen. Gemäß § 15 Abs.1 VersammlungsG kann die zuständige Versammlungsbehörde eine Versammlung nur dann von bestimmten Auflagen abhängig machen, wenn nach den zur Zeit des Erlasses der Verfügung erkennbaren Umständen die öffentliche Sicherheit oder Ordnung bei Durchführung der Versammlung unmittelbar gefährdet ist. Daran sind jedoch nach ständiger Rechtsprechung des Bundesverfassungsgerichts hohe Anforderungen zu stellen.

Dies betrifft alle die Versammlungsfreiheit einschränkenden Verfügungen, sei es in Form von einzelnen Auflagen oder in Form von Allgemeinverfügungen.

Es sollte somit noch einmal in Erinnerung gerufen werden, dass es bei dem Verfassungsgrundsatz bleibt, dass auch Versammlungen unter freiem Himmel grundsätzlich ohne Auflagen durchgeführt werden dürfen.

Selbst wenn es Einzelne oder einzelne Gruppen gäbe, die im Zusammenhang mit Versammlungen beispielsweise Aktionen propagieren würden, die nicht den Vorgaben des Art. 8 GG entsprächen, wäre dies nach ständiger Rechtsprechung des Bundesverfassungsgerichts (zuletzt in seiner stattgebenden Eilentscheidung vom 6. 6. 2007 – BVerfG, 1 BvR 1423/07 anlässlich des Versammlungsverbots am G 8-Gipfel) nicht zulässig, deshalb eine Versammlung bzw. Versammlungen insgesamt zu verbieten.

Das Bundesverfassungsgericht hat dabei ausgeführt: „Ist die behördliche Verfügung auf eine unmittelbare Gefahr für die öffentliche Sicherheit oder Ordnung gestützt (§ 15 VersG), erfordert die von der Behörde oder den befassten Gerichten angestellte Gefahrenprognose tatsächliche Anhaltspunkte, die bei verständiger Würdigung eine hinreichende Wahrscheinlichkeit des Gefahreneintritts ergeben. Im Rahmen der Folgenabwägung berücksichtigt das Gericht, ob die für die Beurteilung der Gefahrenlage herangezogenen Tatsachen unter Berücksichtigung des Schutzgehalts des Art. 8 GG in nachvollziehbarer Weise auf eine unmittelbare Gefahr hindeuten (vgl. BVerfG, Beschluss der 1. Kammer des Ersten Senats vom 26. Januar 2001 – 1 BvQ 8/01." (...)

„Es bedeutet eine schwerwiegende Beeinträchtigung der Versammlungsfreiheit, wenn eine Versammlung verboten wird oder infolge von versammlungsbehördlichen Verfügungen und verwaltungsgerichtlichen

Beschlüssen nur in einer Weise durchgeführt werden kann, die einem Verbot nahekommt, etwa indem sie ihren spezifischen Charakter so verändert, dass die Verwirklichung des besonderen kommunikativen Anliegens wesentlich erschwert wird (vgl. BVerfGE 110, 77 [89]; vgl. zu weitreichenden räumlichen Beschränkungen auch BVerfGE 69, 315 [321, 323, 364 ff.] – Brokdorf)."

Nachdem der Verwaltungsgerichtshof Baden-Württemberg nunmehr in zwei Entscheidungen vom 30. 6. 2011 – Az. 1 S 2901/10 – und vom 2. 8. 2012 – Az. 1 S 618/12 – erfreulicherweise klargestellt hat, dass der Erlass von versammlungsbeschränkenden Verfügungen in jedem Falle eine unmittelbare Gefährdung der öffentlichen Sicherheit oder Ordnung bei Durchführung der Versammlung voraussetzt, könnten Versammlungen (jedenfalls soweit sich die Versammlungsbehörden an diese Vorgaben halten) in erheblich entspannterer Atmosphäre stattfinden. Die versammlungspolitische Unsitte, 30- bis 50-seitige Auflagenbescheide inklusive Erläuterungen zu erlassen, ist tatsächlich deutlich zurückgegangen ist.

Positiver Nebeneffekt für alle Beteiligten: Die immer weiter angestiegene Anzahl von Straf- und Ordnungswidrigkeitenverfahren in Zusammenhang mit Versammlungen wegen Verstößen gegen das Versammlungsgesetz und die üblichen Begleitstraftaten, wie zum Beispiel Beleidigung oder Widerstand gegen Vollstreckungsbeamte, ist ebenfalls zurückgegangen. Oft wurden rechtswidrige Versammlungsauflagen in der Vergangenheit von einzelnen Polizeieinheiten dazu verwendet, damit weiter rechtswidrig in die Versammlungsfreiheit einzugreifen. Damit werden genau die Auseinandersetzungen provoziert, die angeblich durch die Auflagen verhindert werden sollten. Selbst wenn dann die Rechtswidrigkeit zwei bis drei Jahre später von einem Gericht festgestellt werden sollte, ist der Schaden dadurch natürlich schon irreversibel angerichtet.

So bildet beispielsweise eine Auflage, wonach ein Transparent nicht 3,40, sondern nur drei Meter breit sein darf, oder wonach Transparentstangen nicht 2,30, sondern nur zwei Meter hoch sein dürfen, entsprechend geneigten Einsatzkräften die willkommene Grundlage, ins Versammlungsgeschehen einzugreifen und das entsprechende Transparent zu beschlagnahmen, sei es im Vorfeld der Versammlung oder sogar während der Versammlung. Hierdurch wird nicht nur das Versammlungsrecht elementar und rechtswidrig beschränkt; vielmehr werden darüber hinaus Auseinandersetzungen zwischen VersammlungsteilnehmerInnen und Polizeikräften geradezu beflügelt.

Wenn durch Allgemeinverfügungen und beschränkende Auflagen inflationär und unzulässig in die Versammlungsfreiheit eingegriffen wird, führt dies vor allem auch zu einer Kriminalisierung von VersammlungsleiterInnen und OrdnerInnen, was ebenso wenig mit den oben ausgeführten Grundsätzen der Versammlungsfreiheit vereinbar ist.

Provozierte erkennungsdienstliche Behandlungen von AntifaschistInnen

Für die meisten der verhängten Polizeikesseln mit Gewahrsamnahmen von Hunderten VersammlungsteilnehmerInnen gibt es keinen wirklichen Anlass oder allenfalls nur geringfügige Anlässe (wie zum Beispiel das Zünden einzelner kleiner Silvesterkracher durch einzelne VersammlungsteilnehmerInnen oder auch vermeintliche unwesentliche Verstöße gegen - häufig rechtswidrige – Versammlungsauflagen).

Manchmal erscheinen im Übrigen solche Vorkommnisse gerade an diesem Ort und zu diesem Zeitpunkt „wie bestellt"... So drängte sich bei der polizeilichen Gewahrsamnahme von über 1000 Personen im Polizeikessel bei der Blockupy-Demonstration in Frankfurt am 1. Juni 2013 der Eindruck auf, dass die Eskalation bereits vorbereitet und geplant wurde, bevor die Demonstration überhaupt eine bestimmte Stelle erreicht hatte, wobei der Kessel dann genau an der Stelle gebildet wurde, an der die Demonstration in die entgegen der ursprünglichen Verfügung der Versammlungsbehörde vom Gericht bestätigte Route einschwenken wollte.

Verstöße einer Person oder einiger weniger dienen dann als Anlass oder besser Vorwand für die Auflösung von Versammlungen bzw. die Gewahrsamnahme und anschließende erkennungsdienstliche Behandlung von Hunderten von VersammlungsteilnehmerInnen. Es besteht der Verdacht, dass es sich hier – entgegen der in diesem Zusammenhang vorgeschobenen Begründungen der Polizeieinsatzleitungen – nicht um ein notwendiges „repressives" polizeiliches Vorgehen handelt, sondern um eine unzulässige „präventive" Strategie.

Von den 450 bis 500 am 1. Mai 2011 auf dem Bahnhofsvorplatz in Heilbronn in Gewahrsam genommenen Personen wurden an sogenannten „Videotoren" Porträtaufnahmen gefertigt. Derartige erkennungsdienstliche Behandlungen von VersammlungsteilnehmerInnen dienen nichts anderem als dem Aufbau von umfangreichen polizeilichen Dateien über AntifaschistInnen und andere unliebsame DemonstrantInnen dienen.

Gemäß § 81b StPO dürfen andererseits Lichtbilder und Fingerabdrücke von Beschuldigten nur vorgenommen werden, soweit es für die Zwecke der Durchführung des Strafverfahrens oder für die Zwecke des Erkennungsdienstes notwendig ist.

Die Feststellung der Identität der VersammlungsteilnehmerInnen auf dem Heilbronner Bahnhofsvorplatz am 1. Mai 2011 war demnach insgesamt rechtswidrig. Weder konnte sie mit repressiv- noch auch aus präventiv-polizeilichen Gründen gerechtfertigt werden, weil die Voraussetzungen dafür sämtlich nicht vorlagen. Aber auch eine Begründung nach strafprozessualen Normen kam nicht in Betracht, weil die Feststellung nicht zum Zwecke der Durchführung von Strafverfahren notwendig war. Dasselbe gilt für die Anfertigung von Lichtbildern, weil weder die Voraussetzungen nach PolG BW noch die des § 81b (2. Alt.) StPO vorlagen.

Es ist aber zu befürchten, dass im Zuge solcher rechtswidriger Polizeigewahrsam-Maßnahmen Hunderte von Teilnehmende „präventiv" in Dateien erfasst und gespeichert werden, insbesondere bei antifaschistischen Versammlungen, wie zum Beispiel am 1. September 2009 in Ulm (wo das VG Sigmaringen den Polizeikessel in zwei Urteilen ausdrücklich für rechtswidrig erklärt hat), oder am 1. Mai 2011 in Heilbronn.

Erfassung in Polizeidateien zur Abschreckung?

Zu befürchten ist die langfristige Speicherung in polizeilichen oder geheimdienstlichen und sonstigen Dateien, die nicht nur der Polizei zugänglich sind. Die Folgen betreffen insbesondere auch Beschäftigte des öffentlichen Dienstes und anderer Unternehmen, die Sicherheitsüberprüfungen ihrer Beschäftigten bzw. von Bewerbern vornehmen. Die international kritisierte Berufsverbotspraxis und ihre Folgen können dabei nicht unerwähnt bleiben.

Es handelt sich dabei auch nicht um eine aus der Luft gegriffene Spekulation. So konnte der Verfasser vor drei Jahren im Zuge eines Ermittlungsverfahrens gegen einen noch nie strafrechtlich in Erscheinung getretenen Mandanten – das Verfahren wurde im Übrigen nach § 170 Abs.2 StPO eingestellt – in den Akten die Feststellung lesen, dass der Beschuldigte bei polizeilichen Kontrollen 1996(!), 2002 und im Jahre 2003 polizeirelevant im Zusammenhang mit Aktionen der Anti-AKW-Bewegung aufgefallen sei. Wohlgemerkt: dieser Mandant ist in diesem Zusammenhang bis heute nie strafrechtlich oder wegen einer Ordnungswidrigkeit in Erscheinung getreten beziehungsweise gar belangt worden. Trotzdem werden über ihn Daten aus Polizeikontrollen aus dem Jahre 1996(!) offensichtlich nach 14(!) Jahren immer noch gespeichert und zur Begründung eines anfänglichen Tatverdachts, der sich nicht bestätigt hat, hinzugezogen. Diese Daten sind offensichtlich im Polizeilichen Auskunftssystem (POLAS) gespeichert.

Es liegt deshalb der Verdacht nahe, dass – wenn auch rechtswidrig – in Gewahrsam genommene und erkennungsdienstlich behandelte Versammlungsteilnehmer beispielsweise einer antifaschistischen Versammlung ebenso damit rechnen müssen, dass sie in einer polizeilichen Datei wie zum Beispiel POLAS gespeichert werden beziehungsweise gespeichert bleiben, sofern sie als Ordner oder Teilnehmende polizeilich erfasst wurden.

Es gibt inzwischen eine Vielzahl von Dateien, auf die die Polizei Zugriff hat, wie zum Beispiel über „international agierende gewalttätige Störer", „Gewalttäter links", die unter anderem zur Begründung von Ausreiseverboten während des NATO-Gipfels in Straßburg hinzugezogen wurden. Wie sich bei der in der Regel erfolgreichen Überprüfung dieser Ausreiseverbote durch das zuständige Verwaltungsgericht bereits im Eilverfahren herausgestellt hat, reicht für die Aufnahme in eine solche Datei bereits der Kontakt oder das Sich-in-der-Nähe-Aufhalten oder Begleiten einer in so einer Liste befindlichen Person aus, um ebenfalls in dieser Liste zu landen. In der Datei „innere Sicherheit" waren nach offiziellen Auskünften im Jahre 2009 1 571 914 Datensätze, das heißt 1,5 Millionen(!) Datensätze gespeichert. Als polizeilich registrierte Versammlungsteilnehmende einer antifaschistischen Versammlung müssten die Betroffenen zum Beispiel auch befürchten, bei zukünftigen internationalen Demonstrationen gegebenenfalls ebenso mit Ausreiseverboten belegt zu werden. Dazu kommen weitere Dateien der Landesämter und des Bundesamtes für Verfassungsschutz. Bei internationalen Großereignissen, wie dem NATO-Gipfel, Weltwirtschaftsgipfeln, oder dem UN-Klimagipfel in Kopenhagen, werden nationale Dateien auch den Behörden anderer EU-Staaten zugänglich gemacht.

Dies führt zu bürokratischer Gängelei und Kontrolle der Bürger und Bürgerinnen in einem Ausmaß, das – statt die Versammlungsfreiheit zu schützen – sie von der Wahrnehmung der Versammlungsfreiheit abschreckt und die Demokratie untergräbt. Bei jeder Versammlung muss dann jede/r aktive Teilnehmer/in damit rechnen, dass seine/ihre Teilnahme erfasst wird, ohne dass nachvollziehbare Gründe für eine solche Erfassung vorliegen. Der hierin liegende Nachteil erhält dadurch weiteres Gewicht, dass die erfassten Daten gespeichert werden (können). Eine solche anlasslose Datenbevorratung, die allein an die Wahrnehmung der Versammlungsfreiheit und damit an das Gebrauchmachen von einem für die demokratische Meinungsbildung elementaren Grundrecht anknüpft, ist rechtswidrig und führt zu durchgreifenden Nachteilen. So auch in ständiger Rechtsprechung das Bundesverfassungsgericht, zuletzt in seiner Eilentscheidung – 1 BvR 2492/08 – vom 17. 2. 2009.

Auch wenn die Daten der am 1. Mai 2011 in Heilbronn Eingekesselten nach Beendigung aller Ermittlungsverfahren in der speziell dafür eingerichteten Datei angeblich gelöscht werden, wie zum Beispiel die Vertreterin des Regierungspräsidium in jenem Verfahren vor dem Verwaltungsgericht Stuttgart behauptet hat, bedeutet dies noch lange nicht, dass diese Daten nicht zuvor an andere polizeiliche und nachrichtendienstliche Dateien weitergeleitet und dort gespeichert wurden, wie die Erfahrung zeigt.

Versammlungsfreiheit lässt sich letztlich nicht verbieten – nirgendwo auf der Welt

Eingriffe in die Versammlungsfreiheit als kollektive Meinungsfreiheit sind uns nicht nur aus Deutschland, sondern aus vielen Ländern bekannt. Die Verteidigung der Versammlungsfreiheit und die entschiedene Zurückweisung aller Einschränkungen werden uns insofern auch zukünftig immer beschäftigen. Rechtsfragen und insbesondere das Recht auf Versammlungsfreiheit sind somit auch immer Machtfragen. Alle elementaren Menschenrechte wurden uns nicht geschenkt, sondern wurden hart für uns erkämpft. An uns ist es, sie täglich zu verteidigen und weiter auszubauen.

Weltweit gleichen sich die Bilder, ob in Athen, Istanbul, Moskau, Bangladesch, Frankfurt oder Rio de Janeiro. Nicht nur bei uns steht die Versammlungsfreiheit immer wieder auf dem Prüfstand, wenn die Menschen sie in Anspruch nehmen, um ihre Rechte zu erkämpfen und zu verteidigen.

Eine Erfahrung hat jedoch die Geschichte gezeigt: Versammlungsfreiheit lässt sich vielleicht einschränken, aber letztlich niemals verbieten – nirgendwo auf der Welt.

Wolfram Treiber, Jahrgang 1954, Rechtsanwalt in Karlsruhe, zuvor langjährige Tätigkeit beim DGB-Rechtsschutz

Faktotum der politischen Justiz zum Ersten:
OStA i. R. Bernhard Häußlers Kreuz mit durchgestrichenen Hakenkreuzen

Verfahren gegen Antifaschisten wegen „Benutzung von Nazi-Symbolen"

Von Thomas Fischer

In einer Kleinstadt in der Nähe von Stuttgart gab es und gibt es einen Versandhandel, welcher zwar nicht ausschließlich, aber schwerpunktmäßig Artikel für die politische Linke vertreibt. Im August 2005 fand auf Betreiben der Staatsanwaltschaft Stuttgart eine Durchsuchung in den Geschäftsräumen dieses Versandhandels statt. Dabei wurde eine sehr große Menge von Artikeln beschlagnahmt. Es handelte sich dabei überwiegend um Artikel (Sticker, Aufnäher, T-Shirts und Ähnliches), welche ein Hakenkreuz zeigten. Dieses Hakenkreuz war aber jeweils entweder durchgestrichen (entsprechend einem Halteverbotsschild) oder wurde gerade von einem Stiefel zertreten oder gerade in einem Abfallkorb entsorgt.

Hier Beispiele von vielen ähnlichen Symbolen und Zeichnungen:

Deutlicher geht's nicht, wie diese Symbole gemeint sind? Für die Staatsanwaltschaft Stuttgart nicht deutlich genug. *Fotos: privat.*

Es war jeweils klar und eindeutig, dass es sich bei der Abbildung des Hakenkreuzes nicht um eine Befürwortung oder gar Verherrlichung dieses Symbols handelt, sondern durch das Durchstreichen, Zertreten oder In-den-Papierkorb-Werfen war jeweils deutlich, was mit diesem Hakenkreuz auf der Abbildung geschieht und damit politisch geschehen soll. Zu allem Überfluss waren noch manche Sticker oder Aufnäher zusätzlich mit dem Text „Gegen Nazis“ oder „Stopp Nazi“ versehen.

Selbst Staatsschutzkammer hat Bedenken

Im März 2006 erhob dann die Staatsanwaltschaft Stuttgart Anklage gegen den Geschäftsführer des Versandhandels. Die Anklage wurde auf § 86 a StGB gestützt. Dieser verbietet die Verwendung und das Verbreiten von Kennzeichen einer verboten verfassungswidrigen Organisation sowie von „Propagandamitteln, die nach ihrem Inhalt dazu bestimmt sind, Bestrebungen einer ehemaligen nationalsozialistischen Organisation fortzusetzen“.

Die Anklage wurde bei der Staatsschutzkammer des Landgerichts Stuttgart erhoben. Zuständig war die politische Abteilung der Staatsanwaltschaft Stuttgart, Abteilungsleiter Oberstaatsanwalt Häußler. In dieser Anklageschrift waren die antifaschistischen Symbole abgebildet. Aus rechtlichen Gründen konnten aber in der Anklageschrift nicht lediglich die Abbildungen aufgenommen werden, sie mussten auch mit Worten beschrieben werden. Bei dieser Beschreibung hat die Staatsanwaltschaft so getan, als könne sie den klaren antifaschistischen Gehalt dieser Abbildungen nicht erkennen, so wurde beispielsweise eine Abbildung in der Anklageschrift wie folgt beschrieben: „315 rechteckige, schwarze Metall-Pins mit einem weißen, von einer weißen Faust teilweise verdeckten Hakenkreuz und der Aufschrift ‚Gegen Nazis‘.“

Die Staatsanwaltschaft tat also hier so, als könne sie nicht erkennen, dass das Hakenkreuz von der Faust zerbrochen wird. Deshalb entblödete sich die Staatsanwaltschaft nicht, diese Abbildung als ein von einer Faust „teilweise verdecktes Hakenkreuz“ zu bezeichnen.

Das Landgericht hatte Bedenken und lehnte es zunächst ab, die Anklage überhaupt zuzulassen. Daraufhin erhob die Staatsanwaltschaft Stuttgart Beschwerde zum Oberlandesgericht Stuttgart. Dessen 1. Strafsenat wies dann mit Beschluss vom 18. 5. 2006 (1 Ws 120/06) tatsächlich das Landgericht an, das Verfahren zu eröffnen. Denn es sei zwar klar, dass die Verwendung der Symbole, also vor allem des Hakenkreuzes, in einer Gegnerschaft gegen den Nationalsozialismus erlaubt sei. Die „massenweise Verbreitung aus kommerziellen Gründen“ sei aber immer strafbar. Sollte demnach Antifaschismus künftig nur in kleinen Dosen und privat erlaubt sein?

Im September 2006 kam es schließlich zur Hauptverhandlung vor der Staatsschutzkammer des Landgerichts Stuttgart. In dieser Hauptverhandlung vertrat Oberstaatsanwalt Häußler selbst die Anklage. Am Ende der Verhandlung beantragte er eine Geldstrafe von 120 Tagessätzen zu je 50 Euro, also 6000 Euro Geldstrafe.

Die „unabhängige“ Staatsschutzkammer beugte sich nun in ihrem Urteil vom 29. 9. 2006 (18 KLs 4 Js 63331/05) pflichtschuldig der Rechtsauffassung des Oberlandesgerichts und verurteilte entsprechend dem Antrag der Staatsanwaltschaft, allerdings „nur“ zu einer Geldstrafe von 90 Tagessätzen zu je 40, also insgesamt 3600 Euro. Die Verteidigung hatte Freispruch beantragt.

Die Revision gegen dieses Urteil hatte einen durchschlagenden Erfolg. Im März 2007 kam es zu einer bundesweit beachteten Hauptverhandlung vor dem 3. Strafsenat des Bundesgerichtshofs. Auf den gemeinsamen Antrag der Verteidigung und der Bundesanwaltschaft hob der 3. Strafsenat das Urteil des Landgerichts Stuttgart auf und sprach den Angeklagten frei. Die Begründung: „Der Gebrauch des Kennzeichens einer verfassungswidrigen Organisation in einer Darstellung, deren Inhalt in offenkundiger und eindeutiger Weise die Gegnerschaft zu der Organisation und die Bekämpfung der Ideologie zum Ausdruck bringt, läuft dem Schutzzweck der Vorschrift ersichtlich nicht zuwider und wird daher vom Tatbestand des § 86 a StGB nicht erfasst.“

Die Entscheidung und ihre Begründung waren für diejenigen nicht überraschend, die die einschlägige Rechtsprechung des Bundesgerichtshofs im Einklang mit dem klaren Wortlaut des Gesetzes kannten und richtig beurteilten. Bereits 1972 hatte der Bundesgerichtshof nämlich entschieden, dass nicht jede Benutzung solcher Kennzeichen strafbar sei. Eine Strafbarkeit liege dann nicht vor, wenn die Benutzung des Kennzeichens klar und eindeutig Ausdruck der Gegnerschaft zu den politischen Zielen und Methoden der verfassungsfeindlichen Organisation sei. Dass dies für die von der Staatsanwaltschaft Stuttgart verfolgten Symbole zutreffen würde, daran hatte (außer der Stuttgarter Justiz) niemand Zweifel. Schließlich geht es nicht deutlicher bei einer Abbildung, als ein Hakenkreuz zu zerbrechen, durchzustreichen oder in einen Papierkorb zu werfen.

Polizeiaktionen an Infotischen der VVN-BdA

Der betroffene Versandhandel war keineswegs das einzige Opfer der Verfolgungswut der Staatsanwaltschaft Stuttgart. Im Gefolge der oben erwähnten Durchsuchung versuchten verschiedene Rechts- und Ordnungsämter, der Vereinigung der Verfolgten des Naziregimes – Bund der Antifaschisten (VVN-BdA) die Verwendung von entsprechenden Stickern oder Flugblättern an Informationsständen zu verbieten.

So erteilte beispielsweise die Stadt Backnang mit einer Verfügung vom 17. Januar 2006 einer örtlichen Gruppe der VVN-BdA die Erlaubnis, einen Informationsstand in Backnang am 21. Januar. 2006 zu errichten, nur unter folgender Auflage:
„1. Das Verteilen bzw. Auslegen von Informationsmaterial mit Kennzeichen verfassungswidriger Organisationen, zum Beispiel einem zerbrochenen Hakenkreuz, ist nicht erlaubt."

Darauf rief die VVN-BdA mithilfe eines Stuttgarter Anwalts am 19. Januar 2006 in einem einstweiligen Rechtsschutzverfahren das Verwaltungsgericht Stuttgart an. Der Anwalt wies auf die schon damals bekannte einschlägige Rechtsprechung von verschiedenen Obergerichten hin, die die Verwendung von NS-Symbolen, auch von Hakenkreuzen, im Zusammenhang mit der unmissverständlichen Verurteilung nationalsozialistischer Bestrebungen und dieser Symbole bereits für zulässig erklärt hatten. Demgegenüber berief sich die Stadt Backnang in einer Erwiderungsschrift noch ausdrücklich darauf, dass „Nachfragen bei der Staatsanwaltschaft Stuttgart bestätigten, dass das Verteilen dieses Informationsblatt Materials als Straftat anzusehen ist".

In seinem Beschluss vom 20. Januar 2006 (10 K 593/06) stellte dann das Verwaltungsgericht Stuttgart klar, dass die Verwendung von zerbrochenen beziehungsweise durchgestrichenen Hakenkreuzen, die offensichtlich gerade nicht der Absicht dienen, nationalsozialistische Ziele zu verfolgen, nach § 86 a Abs. 3 in Verbindung mit § 86 Abs. 3 StGB gerade nicht bestraft werden darf. Denn dort heißt es eigentlich unmissverständlich, dass die Verwendung erlaubt ist, wenn sie „der staatsbürgerlichen Aufklärung, der Abwehr verfassungswidriger Bestrebungen, der Kunst oder der Wissenschaft, der Forschung oder der Lehre, der Berichterstattung über Vorgänge des Zeitgeschehens oder der Geschichte oder ähnlichen Zwecken dient".

Ähnlich versuchte etwa das Rechts- und Ordnungsamt der „Daimlerstadt Schorndorf", mit Verfügung vom 19. 1. 2006 der örtlichen VVN-BdA-Gruppe einen Informationsstand für den 21. 1. 2006 nur mit der genau gleichen Verbotsauflage zu genehmigen: „Das Verteilen bzw. Auslegen von Informationsmaterial mit Kennzeichen verfassungsfeindlicher Organisationen, zum Beispiel einem zerbrochenen Hakenkreuz, ist nicht erlaubt." Und bei einem massiven Polizeieinsatz am 21. 1. 2006 wurden dann am Stand alle entsprechenden antifaschistischen Infomaterialien, soweit sie zerschlagene oder zertrümmerte oder beispielsweise in den Mülleimer entsorgte Hakenkreuze zeigten, beschlagnahmt. Auch hier zog die Stadt die entsprechende Auflage erst nach Klageerhebung beim Verwaltungsgericht Stuttgart (10 K 761/06) zurück, das ihr dann die Kosten des Verfahrens auferlegte.

Was war das Motiv?

Mir ist bis heute nicht klar, ob das Vorgehen der Staatsanwaltschaft Stuttgart in dieser Angelegenheit ein „Alleingang" des inzwischen im vorzeitigen Ruhestand befindlichen Oberstaatsanwalts Häußler war – über mehrere Instanzen und Jahre hinweg –, oder ob er dabei Rückendeckung bei der Behördenleitung oder gar beim Justizministerium hatte. Mir ist auch nicht klar, ob es der Staatsanwaltschaft Stuttgart tatsächlich darum ging, grundsätzlich solche Symbole gegen rechts untersagen zu lassen. Gegen Letzteres spricht, dass kein Jurist, der sich mit der Sache befasst hatte, eigentlich im Zweifel darüber sein konnte, wie die Sache spätestens beim Bundesgerichtshof ausgehen werde. Oder ging es etwa doch darum, einem linken Versand oder antifaschistischen Organisationen und Demonstrationen das Leben so schwer wie möglich zu machen?

Thomas Fischer ist seit 1976 Rechtsanwalt in Stuttgart und seit 1999 Fachanwalt für Strafrecht. Seit Jahrzehnten ist er Vorstandsmitglied im Baden-Württembergischen Strafverteidiger e. V.

Faktotum der politischen Justiz zum Zweiten:
OStA i.R. Bernhard Häußler und das Massaker von Sant'Anna

Die biologische Lösung

Von Hermann G. Abmayr

Der Fall des später als Kriegsverbrecher verurteilten *Erich Priebke* hat der Justiz in Italien Anfang der 90er-Jahre ihr Gedächtnis zurückgegeben. Denn als die italienische Öffentlichkeit erfuhr, dass der SS-Hauptsturmführer am Massaker in den Ardeatinischen Höhlen bei Rom beteiligt war, nichts bereute und von seinem argentinischen Wohnort aus mit provozierenden Aussagen Schlagzeilen machte, musste die Justiz handeln. Hintergrund: Die SS hatte am 24. März 1944 in den Höhlen über 300 Menschen erschossen, der jüngste war 15, der älteste 74 Jahre alt. Der Mord galt als Vergeltung für ein Partisanen-Attentat auf deutsche Soldaten.

„Mein Vorgänger als Militärstaatsanwalt in Rom wusste, dass in einem Archiv Akten liegen, die Kriegsverbrechen betreffen", berichtet Militärstaatsanwalt *Marco De Paolis* der Kontext:Wochenzeitung Ende 2012[1]. Sie befanden sich im Palazzo Cesi in einem Schrank, der als „Schrank der Schande" in die Geschichte eingehen wird. Und sie lagen dort seit 1960[2]. Auf diese Akten stützt sich dann sein Staatsanwalt Antonino Intelisano bei seinen Ermittlungen gegen Erich Priebke.

Gedenken an die Toten auf dem Kirchplatz von Sant'Anna di Stazzema. Die deutschen Täter blieben unbehelligt. *Foto: Martin Storz.*

Priebke hatte bis 1993 unbehelligt mit einem deutschen Pass in Argentinien gelebt. 1995 wurde er nach Italien ausgeliefert. Es folgten mehrere Prozesse. 1998 verurteilt ihn ein Gericht schließlich zu einer lebenslangen Haft.[3] Wie Priebke hätten auch andere SS-Täter in den 90er-Jahren in Italien oder Deutschland verurteilt werden können. Doch die Mühlen der italienischen Justiz mahlen nach der Entdeckung des „Schrankes der Schande" erst einmal langsam, berichtet Marco De Paolis. Bis 2002, so der Militärstaatsanwalt, hätten nur drei Prozesse wegen Kriegsverbrechen stattgefunden. So bleiben die Verantwortlichen für das SS-Massaker in Sant'Anna di Stazzema bei Lucca, wo am 12. August 1944 mehrere Hundert Zivilisten ermordet worden waren, weiterhin unbehelligt.

Auch das Interesse der deutschen Justiz ist nicht groß. In der zweiten Hälfte der 90er-Jahre erreichen Westdeutschland über Interpol die ersten Anfragen aus Italien, die zunächst nur schleppend bearbeitet und meistens negativ beantwortet werden.

Das Massaker in Sant'Anna di Stazzema spielt auch bei der Zentralen Stelle der Länder zur Aufklärung nationalsozialistischer Verbrechen in Ludwigsburg bei Stuttgart lange Zeit keine Rolle. Dabei hätte es nach den Recherchen der Journalistin (Süddeutsche Zeitung) und Buchautorin Christiane Kohl[4] schon Mitte der 60er-Jahre Anhaltspunkte für Ermittlungen gegeben, denn Italien hatte damals einige Akten über mögliche Kriegsverbrechen nach Deutschland geschickt, da eine Verjährung gedroht hatte.

Mitte der 80er-Jahre erhält die Zentrale Stelle dann Kopien der Ermittlungsakten, die US-Amerikaner für die United Nations War Crimes Commission (UNWCC) 1944 nach dem Abzug der Deutschen in der Nordtoskana erstellt hatten.[5] Doch auch jetzt passiert wenig. Die Leute seien nicht bekannt, heißt es in Ludwigsburg. Tatsächlich sind Namen von Beschuldigten falsch geschrieben, da die Zeugen diese Namen nur vom Hören kannten. Der Historiker *Carlo Gentile* beweist dann Mitte der 90er-Jahre, dass es durchaus möglich ist, die verantwortliche Einheit zu identifizieren und Namen von Tatbeteiligten zu finden.

Ein Historiker als Schlüsselfigur

Das Martin-Buber-Institut für Judaistik der Universität Köln: In einem unauffälligen Gebäude, das eher wie ein mehrstöckiges Mietshaus aussieht, trifft man Studenten von allen Kontinenten; sie besuchen das Akademische Auslandsamt. Auch Carlo Gentile, ein Mann mit schwarzem Haar, könnte einer von ihnen sein. Doch als Student würde der gebürtige Italiener, der in einer katholischen Familie in Imperia in Ligurien aufgewachsen ist, nicht durchgehen. Schon, weil das Haar an einigen Stellen ins Grau changiert. Der promovierte Historiker arbeitet hier seit 2006.

Die Regale, Ablagen und der Schreibtisch in Raum 310 sind übersät mit Büchern, Ordnern sowie deutschen, italienischen und englischen Akten. Carlo Gentile hat sie zum Teil schon in den 90er-Jahren in Archiven im In- und Ausland gesammelt. Seit 15 Jahren arbeitet er als historischer Sachverständiger bei NS-Strafverfahren oder bei deren Vorbereitung – in Deutschland, Italien und Kanada. Er ist Mitglied der von den beiden Außenministern berufenen Deutsch-Italienischen Historikerkommission.[6]

Eines von Gentiles Themen war und ist das das Massaker von Sant'Anna di Stazzema. Hätte die Stuttgarter Staatsanwaltschaft den anerkannten Spezialisten 2002 als Gutachter engagiert, hätte sie vermutlich wie die Kollegen in Italien bereits wenige Jahre später Anklage erheben können. Doch der zuständige Stuttgarter Oberstaatsanwalt *Bernhard Häußler* und Gentile sind sich nur einmal begegnet. Im Jahr 2002. „Die Zentrale Stelle hatte mich damals zu einem Vortrag für einen kleinen Kreis von Ermittlern aus Staatsanwaltschaft und Kriminalpolizei eingeladen", erinnert sich Gentile.[7]

Spätestens 1999 hätten die Ermittler schon handeln müssen. Damals veröffentlicht *Christiane Kohl* – gestützt auf die Recherchen von Gentile – in der „Süddeutschen Zeitung"[8] Namen von möglichen Sant'Anna-Tätern. Sie berichtet über den ehemaligen SS-Unterscharführer *Horst Eggert,* den sie in Weil der Stadt, 30 Kilometer von Stuttgart entfernt, besucht hatte. Eggert diente 1944 bei der 16. SS-Panzerdivision „Reichsführer SS". Er gestand, beim Massaker in dem toskanischen Bergdorf Sant'Anna di Stazzema dabei gewesen zu sein. Der Befehl zum „Bandeneinsatz" sei schon am Abend vorher ergangen. Der habe gelautet, man befinde sich im Partisanengebiet und jeder, den man treffe, sei zu erschießen, auch Frauen. Er selbst habe in Sant'Anna die Tür zu einem Stall geöffnet, in dem sich 20 bis 25 Zivilisten befunden hätten. Er habe Kameraden gerufen, die hätten – „drrrr" – mit dem Maschinengewehr in den Stall hineingehalten und alle erschossen. „Da waren wir ein bisserl rücksichtslos", sagte Eggert der Journalistin.

Die deutschen Ermittler vernehmen Eggert erst im Mai 2002, drei Jahre nachdem die „Süddeutsche Zeitung" über ihn berichtet hatte. Und sie vernehmen ihn trotz des Geständnisses als Zeugen, nicht als Beschuldigten, wird die Rechtsanwältin des Nebenklägers *Enrico Pieri, Gabriele Heinecke,* später kritisieren. Dies sei unzulässig gewesen, denn er hätte bei einem Gerichtsverfahren seine Aussage widerrufen können. Wäre er als Beschuldigter befragt worden, hätte das Geständnis ein anderes Gewicht gehabt. Eggert stirbt im Sommer 2003.

Das Gleiche, so Heinecke, gelte auch für andere Zeugen, zum Beispiel für *Ludwig Göring,* der gesteht, in Sant'Anna auf eine Gruppe von über 20 Frauen und Kindern geschossen zu haben. Er wird erst im Sommer 2004 vernommen – als Zeuge; erst danach wird er als Beschuldigter geführt. Göring stirbt Anfang 2011.

2002 ist Carlo Gentile schon fast ein Jahr lang für die Militärstaatsanwaltschaft in La Spezia als Gutachter tätig. 2002 übernimmt dann Marco De Paolis die Ermittlungen. Er drückt von Anfang an aufs Tempo, setzt eine Gruppe zweisprachiger Carabinieri ein und bittet die deutsche Justiz (erfolgreich) um Unterstützung. Auch die Zentrale Stelle bemüht sich 2002 um den Fall. Am Ende des Jahres gibt sie das Verfahren gegen 17 Beschuldigte an die Staatsanwaltschaft Stuttgart ab, wo der Leiter der politischen Abteilung, Oberstaatsanwalt Bernhard Häußler, übernimmt.

Toskana im Sommer des Kriegsjahrs 1944

Im Sommer 1944 wird die Lage der deutschen Besatzer in Italien immer schwieriger. Die Alliierten und die erstarkende Partisanenbewegung erzwingen einen zum Teil überstürzten Rückzug. Am 8. August kommt es zu einem kleinen Gefecht in einer Gebirgsregion in der Nähe von Sant'Anna di Stazzema in den Apuanischen Alpen. Mehrere Partisanen verlieren ihr Leben, fünf Angehörige der Waffen-SS werden verwundet. Die Italiener fliehen. Zwei Tage später erleidet das II. Bataillon der 16. SS-Division in der gleichen Gegend Verluste durch Partisanen.

Am 12. August dann die Rache: Im Morgengrauen dringen mehrere Kompanien der 16. Panzergrenadierdivision „Reichsführer SS" aus vier unterschiedlichen Richtungen in das Bergdorf Sant'Anna di Stazzema ein, das etwa 300 Einwohner und mehrere Hundert Flüchtlinge aus der Küstenregion beherbergt. Außer den Alten sind die meisten Männer längst geflohen, da sie befürchteten, zum Zwangsarbeitereinsatz nach Deutschland verschleppt zu werden.

So machen die SS-Schergen Jagd auf die verbliebenen Frauen, Kinder und ältere Männer. Als die Deutschen den Ort nach wenigen Stunden verlassen, liegen mehrere Hundert Menschen tot auf dem Boden oder in den Trümmern ihrer Häuser – durchsiebt mit Maschinengewehrsalven, verstümmelt, verbrannt. Darunter über hundert Kinder; das jüngste ist 20 Tage alt.

Am Tag nach dem Massaker kommt ein Priester nach Sant'Anna, *Don Giuseppe Vangelisti.* Am schlimmsten sei die Szene auf dem Platz vor der Kirche gewesen, berichtet er. „In der Mitte ein Berg von Leichen, das Fleisch fast noch am Verkohlen; an einer Seite der Körper eines Kindes, ungefähr drei Jahre alt, vom Feuer ganz aufgebläht und aufgeplatzt, mit starr hochgereckten Armen, die gleichsam um Hilfe flehten. Drum herum das Szenario der Häuser, aus denen noch Feuerschein kam und Funken stoben. Die Kirche mit weit geöffneter Tür: Man konnte drinnen einen großen Scheiterhaufen sehen aus Bänken und Möbeln. Die Luft war erfüllt vom Gestank verbrannten Fleisches, der einem fast den Atem nahm und sich im gesamten Tal ausbreitete."[9]

Nur wenige überlebten. So Enrico Pieri, heute Vorsitzender des Vereins der Opfer von Sant'Anna, Nebenkläger im Verfahren in Deutschland und Träger des Stuttgarter Friedenspreises 2013. Der damals Zehnjährige verlor bei dem Massaker seine Eltern, Geschwister, Onkel, Tanten, Cousins und Cousinen, zusammen 27 Familienangehörige.

Die Ermittlung der Zahl und die Identifikation der Opfer gelingen 1944 nur bruchstückhaft. Schon weil viele Leichen bis zur Unkenntlichkeit verbrannt sind. Der Historiker Carlo Gentile geht heute von knapp 400 Ermordeten aus, die auf das Konto der 16. SS-Division gehen. Sie war nach seinen Recherchen die blutrünstigste deutsche Einheit in Italien. In nur zwei Sommermonaten des Jahres 1944 seien ihr etwa 2500 italienische Zivilisten zum Opfer gefallen, darunter die Ermordeten von Valla (107 Tote) und Vinca (200 Tote) im August 1944 und von Marzabotto (770 Tote) Ende September 1944.

Als die alliierten Truppen in der Toskana nachrücken, untersucht eine amerikanische Militärkommission das Massaker von Sant'Anna und vernimmt Zeugen, die zum Teil präzise Berichte abgeben. Doch die Akten werden in den Jahren des Kalten Krieges kaum beachtet und landen schließlich im „Schrank der Schande" in Rom. So geht es auch Beweismitteln anderer Geiselerschießungen und Massaker, die Deutsche – zum Teil mithilfe italienischer Faschisten – zwischen 1943 und 1945 verübt haben. Die Zahl der Opfer unter den Zivilisten schätzt Carlo Gentile auf etwa 10 000.

Das Urteil von La Spezia

2004 und 2005 verhandelt ein Gericht in La Spezia gegen zehn Deutsche wegen des Massakers in Sant'Anna, die jedoch nicht vor Gericht erscheinen, denn Deutschland muss sie nach herrschendem Recht nicht ausliefern. Einige lassen sich durch Pflicht- oder Wahlverteidiger vertreten. Das Militärgericht wertet unter anderem Sold- und Krankenbücher von Kriegslazaretten aus, um Klarheit darüber zu bekommen, in welcher Funktion und bei welcher Einheit die Männer zum Tatzeitpunkt gewesen sind. Durch Befragung von Zeugen und Historikern, durch Geständnisse und aufgrund der von den Alliierten erhobenen Beweise kann nachvollzogen werden, welche Einheiten vor Ort eingesetzt waren und wer aufgrund seines Ranges die verbrecherischen Befehle zumindest weitergegeben haben musste. Nach einjähriger Verhandlung werden die ehemaligen SS-Männer wegen hundertfachen Mordes zu einer lebenslangen Freiheitsstrafe verurteilt:

- Karl Gropler aus Wollin in Brandenburg, geboren am 29. Juli 1923,
- Georg Rauch aus Rümmingen, Landkreis Lörrach, Südbaden, geboren am 31. Mai 1921,
- Gerhard Sommer aus Hamburg, geboren am 24. Juni 1921,

- Alfred Schönenberg aus Düsseldorf, geboren am 28. September 1921,
- Ludwig Heinrich Sonntag aus Dortmund, geboren 25. Mai 1924,
- Alfred Mathias Concina aus Rechenberg-Bienenmühle im Erzgebirge, geboren am 25. März 1919,
- Horst Richter aus Krefeld, geboren am 8. November 1921,
- Werner Bruss aus Reinbek bei Hamburg, geboren am 7. April 1920,
- Heinrich Schendel aus Ortenberg im Wetteraukreis, geboren am 7. März 1922,
- Ludwig Göring aus Karlsbad bei Karlsruhe, geboren am 18. Dezember 1923.

Die Staatsanwaltschaft Stuttgart erklärt am Tag der Urteilsverkündung, es handele sich um einen „Schnellschuss aus der Hüfte". Die zehn ehemaligen Angehörigen der 16. Waffen-SS-Panzergrenadierdivision „Reichsführer SS" seien willkürlich herausgepickt und pauschal verurteilt worden.[10]

2007 wird das Urteil rechtskräftig und vollstreckbar.[11] Der damals in La Spezia ansässige Militärstaatsanwalt Marco De Paolis beantragt deshalb einen europäischen Haftbefehl und die Auslieferung der Verurteilten. Doch die deutsche Justiz lehnt ab. Deshalb verlangt das italienische Justizministerium die Übernahme der Vollstreckung des Urteils gegen die verurteilten Mörder in Deutschland. Immer wieder wird der Stuttgarter Staatsanwaltschaft jetzt vorgeworfen, sie verschleppe die Ermittlungen. Oberstaatsanwalt Häußler weist den Vorwurf zurück. In der „Süddeutschen Zeitung" schildert er „die Schwierigkeiten der Ermittlungen", erklärt, dass er „nebenher auch noch andere Zuständigkeiten" habe. „Da müsste man hinterherhechten."[12]

Im Juni 2012 legt die Ermittlungsgruppe »Nationalsozialistische Gewalt« des Landeskriminalamts ihren Abschlussbericht vor. Kurz danach erscheinen die Ergebnisse von Carlo Gentiles Forschungsarbeit über die Rolle der Wehrmacht und Waffen-SS im Partisanenkrieg in Italien als Buch.[13] Noch hätte Bernhard Häußler die Möglichkeit, die neueste historische Forschungsarbeit für seine Sant'Anna-Entscheidung auszuwerten.

Anfang Oktober 2012 verkündet Häußler in einer 14-seitigen Pressemitteilung die Einstellung des Verfahrens – nach zehn Ermittlungsjahren. Begründung: Obwohl es sich um ein Kriegsverbrechen gehandelt habe, könne er den Beschuldigten weder Mord noch Beihilfe zum Mord nachweisen. Allein die Zugehörigkeit zu einer an dem Massaker beteiligten Einheit genüge nicht. Im Gegensatz zu den italienischen Richtern ist die Staatsanwaltschaft Stuttgart der Auffassung, man könne nicht mit Sicherheit beweisen, dass das Massaker „eine von vornherein geplante und befohlene Vernichtungsaktion gegen die Zivilbevölkerung" gewesen sei. Es bestehe „auch die Möglichkeit, dass das Ziel des Einsatzes ursprünglich die Bekämpfung von Partisanen und die Ergreifung arbeitsfähiger Männer zum Zwecke der Verschleppung nach Deutschland war". Das Massaker wäre dann „spontan" vor Ort „passiert". Eine spontane Aktion aus Verärgerung also. Das wäre Totschlag und verjährt.

Häußlers Verfügung – 150 Seiten – will er Journalisten zunächst nicht einsehen lassen. Auch Gespräche lehnt er ab. Schließlich weist das Justizministerium die Behörde in Stuttgart an, das komplette Werk anonymisiert zur Verfügung zu stellen.

Kritik vom italienischen Staatspräsidenten

Die Einstellung des Verfahrens wird in Italien als Affront aufgenommen. Sogar Staatspräsident *Giorgio Napolitano* äußert sich kritisch. Zudem haben die Italiener nicht vergessen, dass sich die Bundesregierung bis heute weigert, Überlebenden von Massakern eine Entschädigung zu zahlen.

Der Fall Sant'Anna ist spätestens jetzt zu einem Politikum geworden, mit dem sich unter anderem das Auswärtige Amt in Berlin und die Landesregierung in Baden-Württemberg befassen. Justizminister *Rainer Stickelberger* (SPD) war mit dem Fall schon einmal konfrontiert worden, weil mit *Georg Rauch* (Jahrgang 1921) einer der ehemaligen SS-Männer in seinem Wahlkreis, in Rümmingen bei Lörrach, lebte. Rauch war 1940 freiwillig der SS beigetreten. Bevor er als SS-Untersturmführer zur Division „Reichsführer SS" nach Italien kam, war er für einen SS-Totenkopfverband in Frankreich im Einsatz sowie in Russland und Polen.

Carlo Gentile kennt auch andere Verfahren gegen NS-Täter in Deutschland. In guter Erinnerung habe er das Gerichtsverfahren über das Massaker im toskanischen Falzano di Cortona. Gentile hatte es 2009 als Gutachter begleitet. Das Landgericht München I hat damals *Josef Scheungraber* aus Ottobrunn zu einer lebenslangen Haft wegen vielfachen Mordes verurteilt. Grund: Der ehemalige Kompaniechef hatte befohlen, unschuldige Zivilisten aus Rache für einen Partisanenüberfall zu töten. Dieses Massaker sei, abgesehen von der geringeren Zahl der Opfer, vergleichbar mit dem von Sant'Anna. Wenn die bayerische Staatsanwaltschaft den Fall nach den Stuttgarter Kriterien behandelt hätte, wäre es wohl nicht zur Anklage gekommen.

Der Fall Demjanjuk spielt keine Rolle

Das Gleiche gilt für *John Demjanjuk.* Das Landgericht München II hat den ehemaligen Wachmann 2011 in einem weltweit beachteten Verfahren zu einer Freiheitsstrafe von fünf Jahren wegen Beihilfe zum Mord im Vernichtungslager Sobibor verurteilt, obwohl Demjanjuk keine konkrete Tat zugeschrieben werden konnte. Im Gegensatz zu etlichen Führern der Division „Reichsführer SS“ hatte Demjanjuk nicht die Zivilbevölkerung verfolgt, sondern als sowjetischer Soldat auf der anderen Seite gekämpft. Als Kriegsgefangener war er dann wegen Personalmangels für Einsätze in Wachmannschaften rekrutiert worden. Das Gericht sieht in ihm dennoch einen „Teil der Vernichtungsmaschinerie“.

„Ich bin kein Jurist“, betont Carlo Gentile. „Für mich ist es auch nicht wichtig, dass die alten Herren ins Gefängnis kommen.“ Darüber sollten Gerichte entscheiden. Entscheidend sei, „dass wir uns der historischen Wahrheit möglichst weit annähern“. Und dies gelte auch für Sant'Anna di Stazzema. Zumindest wünscht sich der Historiker, dass ein unabhängiges deutsches Gericht die Möglichkeit erhält, ein Urteil zu sprechen.

Dies fordern auch der Nebenkläger Enrico Pieri und seine Anwältin, die Strafrechtlerin Gabriele Heinecke. Heinecke beruft sich jedoch nicht auf das Münchner Demjanjuk-Urteil. Sie verlangt einen individuellen Schuldnachweis und meint, ihn erbringen zu können. Jedenfalls seien die vorgelegten Beweise ausreichend, um ein Gerichtsverfahren zu eröffnen. Die Anwältin legt deshalb Beschwerde gegen die Einstellungsverfügung von Bernhard Häußler ein und beauftragt Carlo Gentile, ein historisches Gutachten zu erstellen, für das sie ihm auch die Akten der Staatsanwaltschaft zur Verfügung stellt, Akten, die für den Wissenschaftler zumindest teilweise neu sind. Damit und mit weiteren Recherchen kann Gentile das Massaker so genau wie niemals zuvor rekonstruieren.

Gutachten sorgt für Aufregung

Am 15. April 2013 übergibt Heinecke das 82 Seite umfassende Werk von Gentile der Generalstaatsanwaltschaft in Stuttgart.[14] Es trägt den Titel „Historisches Gutachten in dem Ermittlungsverfahren der Staatsanwaltschaft Stuttgart gegen Angehörige der 16. SS-Panzergrenadierdivision ‚Reichsführer SS' wegen Mordes in Sant'Anna di Stazzema am 12. August 1944“. Die Expertise sorgt nicht nur bei der Staatsanwaltschaft in Stuttgart, sondern auch im Landesjustizministerium für Aufregung. Denn Minister Rainer Stickelberger (SPD) hatte die Arbeit des umstrittenen Oberstaatsanwalts Häußler mehrfach verteidigt. Er würde seinen Ruf aufs Spiel setzen, wenn die Generalstaatsanwaltschaft dem Beschwerdeführer recht gäbe.

Erste Blamage: Häußler hat so gründlich ermittelt, dass ihm der Tod von zwei Beschuldigten entgangen ist, *Karl-Heinz Bartlewski,* der zuletzt in Karlsruhe wohnte, und *Werner Bruss.* Nur noch sechs Angehörige der Einheit leben zum Zeitpunkt der Einstellung des Verfahrens: *Alfred Baumgart* aus Forchheim in Oberfranken, *Ignaz Alois Lippert* aus Tauberbischofsheim,

Alfred Concina aus dem sächsischen Freiberg, *Karl Ewald Gropler* aus dem brandenburgischen Wollin und der frühere SS-Untersturmführer *Gerhard Sommer*, der Führer der 7. Kompanie. Außerdem *Theodor S.* aus dem Main-Taunus-Kreis, der sich nach den Recherchen von Carlo Gentile zur Zeit des Massakers in einem Lazarett befand und deshalb in Italien nicht angeklagt worden war. Kurz nach Häußlers Einstellungsverfügung stirbt Alfred Concina. Und so sind es noch fünf Beschuldigte.

Zehn Jahre zuvor hatte die Zentrale Stelle dem Stuttgarter Oberstaatsanwalt Häußler die Namen von 17 Beschuldigten übergeben. Gegen zehn von ihnen hatten auch die Italiener ermittelt. Die sieben waren zum Teil einfache Mannschaftssoldaten, was Militärstaatsanwalt De Paolis (wohl aus Gründen der Zeitökonomie) dazu veranlasst haben dürfte, erst gar nicht intensiv nachzuforschen.

Die Massaker waren durchorganisiert

Die 16. SS-Panzergrenadierdivision „Reichsführer SS" tötet in den sogenannten Bandengebieten – so bezeichneten die Nazis Gebiete, in denen sie Partisanen vermuteten – regelmäßig wehrlose Frauen, Kinder und Alte in grausamer Weise. So Carlo Gentile. Auch bei der Suche nach möglichen Zwangsarbeitern sei es immer wieder zu Massakern gekommen. Der Historiker führt dies unter anderem auf „das genuin nationalsozialistische Prinzip der Selektion zwischen Arbeitsfähigen und Nicht-Arbeitsfähigen und deren Vernichtung" zurück.

Dieses Prinzip sei bei den Aktionen in Italien ähnlich zum Tragen gekommen wie in Osteuropa, wo sich Angehörige der Division zum Teil schon an der Bekämpfung von Partisanen und der Ermordung von Juden und Zivilisten beteiligt hatten. Zum Beispiel 1941 in Weißrussland oder 1943 in Warschau. So habe Divisionskommandeur *Max Simon* den SS-Sturmbannführer *Helmut Looß* – beide sind längst verstorben – in Italien zum Sicherungskommandanten ernannt, einen Mann mit 18-monatigen Erfahrungen bei der „Bandenbekämpfung" im besetzten Osteuropa.

Gerhard Sommer habe seit 1940 der „Leibstandarte Adolf Hitler" angehört, Bruss seit 1941 Einheiten des Kommandostabs „Reichsführer SS", Gropler seit 1942 der SS-Division „Totenkopf". Und Alfred Baumgart (Jahrgang 1924) habe seit Winter 1941/42 der Nachrichtenabteilung der SS-Kavallerie-Division angehört, die zwischen Ende Juli und Ende Dezember 1941 auf dem Territorium der ehemaligen Sowjetunion etwa 40 000 jüdische Männer, Frauen und Kinder ermordet hatte.[15] Alle vier seien in Sant'Anna dabei gewesen.

„Die Massaker waren durchorganisiert und folgten einer straffen militärischen Regie", sagt Carlo Gentile. Anders als die Gebirgsjäger, die beim

Kampf gegen Partisanen in Italien ungleich weniger Menschen getötet hätten, habe die Waffen-SS eine lange Blutspur hinterlassen. Gentile kommt zu dem Schluss, dass auch die Aktion in Sant'Anna in militärisch-operativer Hinsicht sorgfältig geplant war und dass die Ermordung der Einwohner schon vor Beginn des Unternehmens feststand. Mindestens für einen Teil der Beschuldigten, so Gentile, vor allem für die Führer und Unterführer, könne mit an Sicherheit grenzender Wahrscheinlichkeit angenommen werden, dass sie an dem Tag im Sommer 1944 schon am frühen Morgen wussten, was sie tun werden. Denn die SS-Männer hätten schon beim Aufstieg nach Sant'Anna willkürlich die ersten völlig unbeteiligten Zivilisten umgebracht. Zumindest Führern wie Gerhard Sommer sei bekannt gewesen, wie man bei der angesagten „Bandenbekämpfung" vorzugehen habe.

„Als SS-Offizier eine Vorbildfunktion ausüben"

Der 1921 geborene Gerhard Sommer trat nach dem zwölften Geburtstag 1933 der Hitlerjugend bei und erreichte den Dienstgrad eines Jungzugführers im Deutschen Jungvolk. Als 18-Jähriger wurde Sommer 1939 in die NSDAP (Mitgliedsnummer 7.111.565) und in die Waffen-SS (SS-Nummer 474.378) aufgenommen. Er war ein überzeugter Nationalsozialist, der „als SS-Offizier eine Vorbildfunktion ausüben wollte", heißt es in den Akten der Staatsanwaltschaft.

In der SS-Division „Leibstandarte Adolf Hitler" kämpft Gerhard Sommer an der Front im Westen, auf dem Balkan und in der Ukraine. 1943 bewirbt er sich als SS-Reserve-Führer. In Italien führt der SS-Untersturmführer (Leutnant) die siebte Kompanie des II. Bataillons des 35. Panzergrenadier-Regiments der 16. SS-Panzerdivision „Reichsführer SS". Seine Kompanie beteiligt sich am 12. August 1944 nach den Recherchen von Carlo Gentile und nach dem Urteil aus La Spezia an der Erschießung der Frauen, Kinder und älteren Männer auf dem Kirchplatz von Sant'Anna sowie an einem Massaker unterhalb des Platzes, bei dem bis zu 50 Zivilisten ermordet werden. Fünf Tage später erhält Sommer das Eiserne Kreuz I. Klasse.

Während Oberstaatsanwalt Bernhard Häußler laut Einstellungsverfügung nicht herausgefunden haben will, welche Aufgaben und welchen Einsatzbereich die siebte Kompanie am Tag des Massakers hatte, sieht es Oberstaatsanwalt *Peter Rörig* im Bescheid der Generalstaatsanwaltschaft vom Mai 2013 als erwiesen an, „dass Angehörige der Kompanie an grausamen Tötungen bzw. Tötungen aus niedrigen Beweggründen" beteiligt waren.[16]

Mangelhafte wissenschaftliche Bearbeitung

Weitere Kritikpunkte des Kölner Historikers an der Einstellungsverfügung von Bernhard Häußler: Er sei nicht bereit, die Bedeutung der Bandenbekämpfungsbefehle Hitlers aus dem Jahre 1942 und des Oberbefehlshabers der deutschen Truppen in Italien, Generalfeldmarschall *Albert Kesselring*[17] aus dem Jahre 1944, zu berücksichtigen. Darin war ein rücksichtsloses Vorgehen gegen Zivilbevölkerung, „auch gegen Frauen und Kinder", ausdrücklich verlangt worden.

Häußler habe etliche Zeugenaussagen und Dokumente, die zum Verständnis des Kriegsverbrechens wichtig sind, nicht verwendet und das „Tatsachengeschehen" in seiner Verfügung „ohne jede Rücksicht auf die Topografie" beschrieben.

An anderer Stelle wirft Gentile dem Stuttgarter Staatsanwalt „eine unklare Vorstellung von Partisanenbekämpfung und eine mangelnde Kenntnis militärischer Entscheidungsprozesse und Sachverhalte" vor. Ganz abgesehen von der „mangelhaften wissenschaftlichen Bearbeitung bei der Erhebung der historischen Daten".

Zudem habe Häußler der italienischen Königsfamilie für 1943 eine „Flucht ins Ausland" angedichtet und aus der italienischen Regierung eine „Exilregierung" gemacht. Gentile: „Tatsächlich floh die Königsfamilie mit Teilen des Hofs, dem Regierungschef *Badoglio* sowie wichtigen Offizieren am 9. September 1943 aus Rom nach Apulien (Süditalien), das bereits von alliierten Truppen befreit worden war." Und die legitime italienische Regierung habe ihre Tätigkeit im befreiten Süditalien fortgesetzt.

Wie sorgfältig man in Stuttgart mit der historischen Wahrheit umgeht, belege auch die Bildunterschrift eines Fotos im Bericht des Landeskriminalamts, das ohne Quellenangabe verwendet worden sei: „Getötete deutsche Soldaten und Wrack eines Fahrzeugs der Waffen-SS nach einem Partisanenüberfall bei Bardine." Tatsächlich, so der Kölner Historiker, zeige das Foto tote Zivilisten. Sie waren am 12. August 1944 im Raum Sant'Anna di Stazzema und Valdicastello festgenommen und nach einigen Tagen Haft und Misshandlungen ermordet wurden. Das Foto (samt korrekter Zuordnung) befinde sich seit 1944 bei den Akten der britischen Ermittlungsbehörden.

Die Staatsanwaltschaft Stuttgart, so die Strafverteidigerin Heinecke zusammenfassend, will nicht anerkennen, dass es sich bei dem Massaker in Sant'Anna um einen nicht verjährbaren Mord handelt. Heinecke: „Es muss bei den Mitgliedern der Waffen-SS eine innere Haltung gegeben haben, die diese Befehle befürwortet hat. Sie müssen einverstanden gewesen sein mit dieser menschenverachtenden, quälenden Behandlung der Kinder, Frauen und Alten. Die Motivation zum grausamen Töten mit gemeingefährlichen Waffen – Maschinengewehren – und aus einer auf unterster Stufe stehenden Gesinnung erfüllt drei Merkmale, die nach dem deutschen Strafgesetz den Vorwurf des Mordes rechtfertigen."

Generalstaatsanwaltschaft lehnt Beschwerde ab

Obwohl Oberstaatsanwalt Peter Rörig die Beschwerde gegen die Einstellung des Verfahrens im Mai 2013 im Namen der Generalstaatsanwaltschaft zurückweist, folgt sein Bescheid teilweise der Argumentation des Nebenklägers Enrico Pieri und seiner Anwältin. Den Mord, so Gabriele Heinecke, habe Rörig ebenso wenig bestritten „wie die Tatsache, dass militärische Organisation nur über die Befehlskette funktioniert".

Um aber eine Anklage zu vermeiden, habe sich die Generalstaatsanwaltschaft in Spekulationen zugunsten der Beschuldigten ergangen: Danach könne es sich zwar um eine geplante Aktion mit dem Ziel der Vernichtung der Zivilbevölkerung gehandelt haben. Aber mangels eines schriftlichen Befehls müssten Zweifel bleiben und könne zugunsten der Beschuldigten nicht ausgeschlossen werden, dass es anders gewesen sei. Nach deutschem Recht genüge der Sachverhalt für den individuellen Schuldnachweis selbst in dem Fall des Kompanieführers Gerhard Sommer nicht: Es könne sein, dass der verbrecherische Befehl auch vor ihm möglichst lange geheim gehalten worden sei, selbst seine Position reiche nicht für die Annahme aus, er sei an dem Morden selbst als Täter oder Gehilfe beteiligt gewesen.

Nach dem Gesetz ist es für die Erhebung einer Anklage jedoch nicht erforderlich, dass die Verurteilung der Anzuklagenden bereits zweifelfrei sicher erscheint. Vielmehr genügt für eine Anklageerhebung das Vorliegen eines „hinreichenden Tatverdachts". Die näheren objektiven und subjektiven Tatumstände zu erforschen und zu beurteilen ist Sache des Gerichts und der entsprechenden Verhandlung.

Enrico Pieri und seiner Rechtsvertreterin Gabriele Heinecke bleibt nach der Ablehnung ihrer Beschwerde gegen die Einstellung des Verfahrens nur noch ein Klageerzwingungsverfahren beim zuständigen Oberlandesgericht Karlsruhe. Derartige Verfahren enden selten mit einer positiven Entscheidung. Doch gerade bei NS-Verbrechen waren Anwälte immer wieder dazu gezwungen. Zum Beispiel im Zusammenhang mit der Ermordung von Ernst Thälmann im KZ Buchenwald. So hat der Strafverteidiger Heinrich Hannover in den 1980er-Jahren eine Anklage gegen einen ehemaligen SS-Funktionär wegen Beihilfe zum Mord durchgesetzt, die die Staatsanwaltschaft verweigert hatte. Gescheitert ist in den Nachkriegsjahren dagegen der Versuch, im Falle des Nazirichters am Volksgerichtshof, Hans-Joachim Rehse, eine Klage zu erzwingen.

6. November 2013: Der Dritte Strafsenat des OLG Karlsruhe unter dem Vorsitzenden Richter Matthias Schwab entscheidet, dass der Antrag auf Kla-

geerzwingung für den Beschuldigten Gerhard Sommer zurückgestellt wird, da man zuerst abklären wolle, „ob er aus gesundheitlichen Gründen (dauerhaft) verhandlungsfähig sei". In den vier weiteren Fällen werden die Anträge erwartungsgemäß zurückgewiesen. Grund: Karl Gropler aus dem brandenburgischen Wollin ist im vergangen Sommer gestorben. Theodor S. habe sich zum Tatzeitpunkt in einem Lazarett befunden. Alfred Baumgart sei „aus gesundheitlichen Grünen dauerhaft verhandlungsunfähig".[18] Und Ignaz Lippert sei im August 1944 erst 18 Jahre alt gewesen, habe nur einen einfachen Mannschaftsdienstgrad gehabt und damit keine Entscheidungen getroffen. Die drei letztgenannten Männer waren übrigens in Italien nie angeklagt.

Und wieder stirbt einer der Verurteilten

Im Sommer 2013 fehlt auf der Liste der Täter dann auch der Name Karl Ewald Gropler. Gestorben in seinem Wohnort Wollin. Gropler gehörte seit 1942 der SS-Division „Totenkopf" an und später der 16. Panzergrenadierdivision „Reichsführer SS". Als Unterscharführer, so der Historiker Carlo Gentile, habe Gropler Tötungsbefehle an die Schützen weitergegeben und war somit unmittelbar für den Tod von vielen Zivilisten verantwortlich. „Entsprechend der im deutschen Heer traditionellen Auftragstaktik, die die Selbstständigkeit der Führer zum Prinzip erhob", hätten Leute wie Gropler, der angab, dass ihm fünf Schützen unterstellt waren, gelernt, „selbstständig und eigenverantwortlich ihre Aufgaben durchzuführen".

Von den zehn in Italien verurteilen Männern lebt damit seit Mitte 2013 nur noch der 92-jährige Gerhard Sommer. Und von den ursprünglich 17 in Deutschland Beschuldigten leben neben Sommer noch weitere drei, darunter Ignaz Lippert. Er ist der letzte Baden-Württemberger, der noch lebt. Wenn er stirbt, so ein Sprecher der Generalstaatsanwaltschaft in Stuttgart, muss die Justiz das Verfahren an ein anderes Bundesland abgeben. Möglicherweise nach Hamburg, den Wohnort von Gerhard Sommer.

Gabriele Heinecke fasst ihre Kritik an den Entscheidungen der deutschen Justiz Anfang November 2013 so zusammen: „Dass nicht frühzeitig gegen zwei Geständige – 1999 Horst Eggert, 2004 Ludwig Göring – und den Kompaniechef Gerhard Sommer Anklage erhoben wurde, lag nicht an fehlendem Tatverdacht, sondern an dem Unwillen der Staatsanwaltschaft Stuttgart." Es sei „unfassbar, dass in Kenntnis der Geständnisse Beschuldigte im Ermittlungsverfahren prozessordnungswidrig als Zeugen vernommen wurden, so dass nun von der Generalstaatsanwaltschaft und dem OLG Karlsruhe argumentiert werden kann, die Aussagen seien mangels ordnungsgemäßer Belehrung unverwertbar". Es wäre seit Jahren die Pflicht der Staatsanwaltschaft gewesen, Anklage zu erheben, aber dieses Verfahren sei „politisch nicht gewollt" gewesen.

Streit um Vollzug des Urteils in Deutschland

Seit 2008 versucht Militärstaatsanwalt Marco De Paolis eine Vollstreckung des italienischen Urteils in der Bundesrepublik durchzusetzen, denn die beantragte Auslieferung der zehn Massenmörder ist abgelehnt worden. Nach Angaben von Gabriele Heinecke ist dies möglich. Die Tat müsse jedoch auch in Deutschland strafbar und nicht verjährt sein, was für den Fall des Totschlags eintreten würde.[19] Mord oder Beihilfe zum Mord wären nicht verjährt. Und genau darum geht es nach dem italienischen Urteil. Die Entscheidung über den Antrag auf Strafvollstreckung in Deutschland liegt beim Landgericht, das für den Wohnort des Beschuldigten zuständig ist.

Das Bundesjustizministerium bestätigt gegenüber dem Autor ausdrücklich, dass italienische Urteile in Deutschland anerkannt und vollstreckt werden können. Dies sehe das Überstellungsübereinkommen des Europarats vor. Bei Entscheidungen jedoch, bei denen die Verurteilten abwesend waren, müssten bestimmte Kriterien erfüllt sein. So müsse der Angeklagte ordnungsgemäß zur Gerichtsverhandlung geladen worden sein und Möglichkeiten gehabt haben, sich zu verteidigen. Daran gibt es keinen Zweifel. Man verweist in Berlin aber auch darauf, dass noch Unterlagen aus Italien erwartet würden und dass nach wie vor einige Fragen offen seien. So müsse beispielsweise geklärt sein, „dass es sich bei dem italienischen Militärgericht nicht um ein Sondergericht handelte".

Mehrere Landesjustizministerien und Justizbehörden zwischen Baden-Württemberg, Bayern und Schleswig-Holstein befassten sich in den vergangenen Jahren mit den Anträgen aus Italien. So ist 2008 beim Justizministerium in Stuttgart ein Ersuchen um Übernahme der Strafvollstreckung für den in Italien verurteilten Mörder Ludwig Göring aus dem Raum Karlsruhe eingegangen.

Schon zuvor habe es einen Schriftwechsel mit den italienischen Behörden gegeben, berichtet eine Sprecherin des Ministeriums. Man habe um Übermittlung bestimmter Verfahrensurkunden gebeten, „die im Hinblick auf die Abwesenheitsverurteilung in Italien für den Fortgang des Vollstreckungshilfeverfahrens in Deutschland benötigt wurden". Die erbetenen Unterlagen seien allerdings nicht zugesandt worden. Die Strafvollstreckungskammer, das Landgericht Karlsruhe, habe sich dann ebenfalls vergeblich darum bemüht. Ludwig Göring ist im Januar 2011 im Alter von 87 Jahren gestorben. Damit konnte die Akte geschlossen werden.

Ausgerechnet für den letzten noch lebenden verurteilten Sant'Anna-Mörder, für Gerhard Sommer, den wichtigsten und ranghöchsten der verurteilten ehemaligen SS-Männer, liegt allerdings kein Vollstreckungsantrag aus Rom vor. So jedenfalls ein Sprecher der Staatsanwaltschaften in Hamburg. Man kenne nur das Auslieferungsersuchen aus dem Jahr 2008, das habe abgelehnt werden müssen. Abgesehen davon, so der Hamburger

Oberstaatsanwalt, hält die Behörde eine Vollstreckung in Deutschland für eher unwahrscheinlich, da Abwesenheitsurteile nach hiesigem Recht bestenfalls in Bagatellfällen akzeptiert würden.

Auch das Bundesjustizministerium bestätigt, dass in Berlin wegen Sommer kein Antrag vorliege. Dem widerspricht Staatsanwalt Marco De Paolis. Die italienische Justizbehörde hätte für acht Verurteilte Vollstreckungshilfe in Deutschland beantragt, auch und gerade für Gerhard Sommer. De Paolis bestätigt, dass es zwischen den deutschen und italienischen Justizbehörden einen regen Austausch gab. Man habe alle Fragen beantwortet, so dies möglich war. So habe er klarstellen können, dass es sich bei dem Gericht in La Spezia nicht um ein Sondergericht gehandelt habe, sondern um ein ständiges Gericht, das dem obersten italienischen Zivilgericht unterstellt ist.

Marco De Paolis will nicht lockerlassen. Er werde jetzt das italienische Justizministerium einschalten und sich dort nach dem Stand des Verfahrens erkundigen, erklärt er noch kurz vor Redaktionsschluss dieses Buches.

Hermann G. Abmayr ist als Filmemacher (SR, SWR, WDR), Online- und Printjournalist sowie als Buchautor tätig. Über die juristische Aufarbeitung des Massakers von Sant'Anna di Stazzema publiziert er seit Sommer 2012 in verschiedenen Medien, vor allem bei der Kontext:Wochenzeitung. 2009 hat er das Buch „Stuttgarter NS-Täter" herausgebracht. In den 80er- und 90er-Jahren war er als Rechercheur beziehungsweise Autor und Regisseur an zwei Fernsehdokumentationen (WDR und SWR) über den KZ-Arzt Josef Mengele beteiligt.

1 Kontext:Wochenzeitung, 26. 12. 2012 (Update: 2. 9. 2013), Interview mit Marco De Paolis. Autor: Sandro Mattioli. Siehe http://www.kontextwochenzeitung.de/ueberm-kesselrand/91/ich-mache-weiter-851.html.

2 Seit Mitte der 50er-Jahre schien es den Italienern nicht mehr opportun, gegen Bürger des neuen NATO-Mitglieds Bundesrepublik Deutschland zu ermitteln, mit dem man zudem gerade ein Anwerbeabkommen für „Gastarbeiter" abgeschlossen hatte. Italien war auch nicht daran interessiert, Verbrechen, die in der Zeit des Diktators Beni to Mussolini begangen worden waren, aufzuklären. Nicht zuletzt wegen der faschistischen Kriegsverbrechen in Afrika oder auf dem Gebiet des damaligen Jugoslawien. Man hätte womöglich gegen italienische Bürger ermitteln oder sie an den Tito-Staat ausliefern müssen.

3 Wegen seines Gesundheitszustands durfte Erich Priebke die Haft in Rom als Hausarrest verbringen, zeitweise zu erleichterten Bedingungen. Bereut hat er seine Taten nie. Am 12. Oktober 2013, gut zwei Monate nach seinem 100. Geburtstag, verstarb der Altnazi, den Neonazis immer wieder als Held feierten.

4 Christiane Kohl: Villa Paradiso. Als der Krieg in die Toskana kam, München 2002. Christiane Kohl: Der Himmel war strahlend blau. Vom Wüten der Wehrmacht in Italien. Reportagenband, Wien 2004

5 Die UNWCC war eine Kommission der alliierten Staaten zur Beweismittelsicherung und strafrechtlichen Ahndung von Kriegsverbrechen der Achsenmächte.

6 Die Deutsch-Italienische Historikerkommission hat 2012 einen Bericht vorgelegt, der sich mit der deutsch-italienischen Kriegsvergangenheit und dem Schicksal der nach Deutschland deportierten italienischen Militärinternierten beschäftigt. Siehe http://www.auswaertiges-amt.de/cae/servlet/contentblob/633874publicationFile/175264/121219-DeuItalHistorikerkommission-Bericht.pdf.

7 Soweit nicht anders gekennzeichnet, basieren die Zitate von Carlo Gentile auf mehreren Gesprächen des Autors mit dem Historiker in den Jahren 2012 und 2013.

8 Der Himmel war strahlend blau. Rekonstruktion eines Kriegsverbrechens. „Süddeutsche Zeitung Magazin", 29. Oktober 1999.

9 Zitiert nach dem Bericht der von den Außenministern der Bundesrepublik Deutschland und der Italienischen Republik am 28. 3. 2009 eingesetzten Deutsch-Italienischen Historikerkommission, Juli 2012, S. 102. Siehe http://www.auswaertigesamt.de/cae/servlet/contentblob/633874/publicationFile/175264/121219-DeuItalHistorikerkommission-Bericht.pdf.

10 „Frankfurter Rundschau", 26. Juni 2007.

11 Spätestens seit 2007 können die zehn ehemaligen SS-Männer als rechtskräftig verurteilte Mörder bezeichnet werden; für die deutsche Justiz sind sie weiterhin Beschuldigte.

12 „Süddeutsche Zeitung" vom 17. Mai 2010.

13 Carlo Gentile: Wehrmacht und Waffen-SS im Partisanenkrieg. Italien 1943–1945, Paderborn 2012.

14 Historisches Gutachten in dem Ermittlungsverfahren der Staatsanwaltschaft Stuttgart gegen Angehörige der 16. SSPZ. Gren.-Div. „Reichsführer SS" wegen Mordes in Sant'Anna di Stazzema am 12. August 1944. Siehe https://www.kontextwochenzeitung. de/fileadmin/user_upload/2013/4/17042013/Sant_Anna-Gutachten_von_C._Gentile_bs.pdf.

15 Historisches Gutachten in dem Ermittlungsverfahren der Staatsanwaltschaft Stuttgart gegen Angehörige der 16. SSPZ. Gren.-Div. „Reichsführer-SS" wegen Mordes in Sant'Anna di Stazzema am 12. August 1944, Seite 63. Siehe https://www.kontextwochenzeitung.de/fileadmin/user_upload/2013/4/17042013/Sant_Anna-Gutachten_von_C._Gentile_bs.pdf.

16 Medieninformation der Generalstaatsanwaltschaft vom 21. Mal 2013 zur Beschwerde gegen die Einstellung der Ermittlungen wegen des Massakers von Sant'Anna di Stazzema. Siehe http://www.kontextwochenzeitung.de/uploads/tx_news/presse mit-teilung.pdf.
Bescheid siehe http://www.kontextwochenzeitung.de/uploads/tx_news/bescheid.pdf.

17 Die Briten hatten Kesselring 1947 als Kriegsverbrecher zum Tode verurteilt; später wurde er zu lebenslanger Haft begnadigt, 1952 vorzeitig entlassen. Er starb 1960.

18 Alfred Baumgart hat in den Nachkriegsjahrzehnten sein Geburtsdatum gefälscht. „Ob er damit seine mögliche Beteiligung an Kriegsverbrechen, insbesondere auch an dem Massaker von Sant'Anna, verschleiern wollte, muss offenbleiben", spekulieren die Stuttgarter Staatsanwälte laut Beschwerdebescheid vom 15. Mai 2013, Seite 43.

19 Es gelten die Vorschriften des Gesetzes über die internationale Rechtshilfe in Strafsachen (IRS).

Antimilitaristisch, frech und quer zur Gesellschaft:

Die Solidaritätskampagne der AnStifter für Sant'Anna di Stazzema

Von Peter Grohmann

Der Stuttgarter Friedenspreis der AnStifter, verliehen am 10. November 2013 an Enrico Pieri und Enio Mancini, war sicherlich ein Höhepunkt in der antifaschistischen Arbeit der Bürgerprojekte, aber auch ein Glied in der Kette jahrzehntelanger Anstrengungen, die Themen Gewalt und Vergessen zu verknüpfen. In den frühen Zeiten unserer politischen Arbeit, den 50-er und 60-er Jahren, waren es in gleicher Weise der Auschwitz-Prozess in Frankfurt und der aktuelle Faschismus in Spanien, die Liaison von Militär, Justiz, Staat und Kirche, die unsere Aufmerksamkeit forderten. Es war die Scharfsichtigkeit unserer Lehrerinnen und Lehrer – hier im Lande etwa Susanne Leonhardt und Fritz Lamm, Fritz Bauer, Richard Schmid oder Willi Bleicher, die uns auf die Kontinuität der Herrschaften hinwiesen, der Machthaber und alten Eliten. Sie gehörten zu den undogmatischen Linken, die man nach 1945 am liebsten mundtot gemacht hätte – von kommunistischer Seite, von den Sozialdemokraten und „von Staats wegen", auch in der DDR. Kriegsdienstverweigerung, Rassismus, die Ermordung Lumum-

Besucher aus Sant'Anna bei der Stuttgarter Friedensgala 2013: Späte Annäherungen.
Foto: Martin Storz.

bas oder Kennedys, Black Panther und Martin Luther King, Che Guevara, Kolonialismus dort und alte Kameraden hier – das gehörte zu unserer Tagesordnung und es war keine leichte im Nachkriegsdeutschland: Alltag als Emanzipation, als „Lernen durch Tun".

Im Geflecht zwischen Ost und West, Intellektuellen und aufmüpfigen Gewerkschaftern, zwischen alter und neuer Jugendbewegung, Außerparlamentarischer Opposition und den Nachwehen der Adenauer-Ära entstanden vieler Orts informelle Zirkel. Was sie auszeichnete, war ein neues Verständnis von Politik jenseits der Parteilinien. In solchen Arbeitszusammenhängen – Oskar Negt sprach vom „Nicht nach Köpfen, sondern nach Interessen organisieren" – entstand das Modell der AnStifter: Wenig Gremien, stattdessen freie und selbstbestimmte Projektarbeit sowie Denkwerkstätten als Versuch, locker an einem Strang ziehende Initiativen zu vernetzen und neben der (täglichen) Praxis eine Theorie ohne Dogma auf dem Stand gemeinsamer Erkenntnisse mit Gebrauchswert zu entwickeln.

Vor diesem Hintergrund entwickelten sich auch Kontakte und Projekte mit Emigrantinnen und Emigranten, politischen Flüchtlingen, die in Stuttgart gestrandet waren, mit Organisationen und Gruppen – teils legal, teils illegal – in Frankreich (Algerienkrieg), später LIP), Jugoslawien (Arbeiterräte), Spanien (Comisiones Obreras), Israel, Iran, Portugal (Nelkenrevolution), gegen die Militärregierenden in Griechenland und der Türkei, in die CSSR (Charta 77), die DDR (Schwerter zu Pflugscharen), und sehr früh auch nach Italien – zur linken Metallarbeitergewerkschaft CGIL, katholischen Basisgruppen, den Eurokommunisten in der KPI, zu Stadtteil-Komitees, Bürgerinitiativen, freien Radios, der Gruppe Il Manifesto, oft im Einklang mit den „Gastarbeitern" hier, um deren rechtliche und politische Beteiligung in der Gesellschaft wir gemeinsam kämpften. Träger dieser Arbeit waren die Sozialistische Jugend Die Falken, später der Club Voltaire in der Leonhardstraße 8, das Kulturkomitee für ausländische Arbeiter mit seinen großen politisch-kulturellen Festen „Zu Gast bei Gastarbeitern" – unter ganz besonderer Beteiligung der italienischen Community – das Sozialistische Zentrum (SZ) und in Betrieb und Gewerkschaft die Gruppe ‚plakat' um Mario d'Andrea, Hermann Mühleisen und Willi Hoss. Im Gefolge dieser Arbeit gab es den Spiel- und Lernclub, das Cannstatter Infostüble, Debatten, Feste und Tagungen z.B. in Rom und Stuttgart und gemeinsame Produktionen, Bücher, Schallplatten, Zeitschriften.

Dieser Hintergrund skizziert die Entstehungsgeschichte der AnStifter: Die Solidaritätskampagne für Sant' Anna di Stazzema ist keine Zufälligkeit, etwa Bernhard Häußler geschuldet. Es hätte der Skandal gereicht, dass eine Staatsanwaltschaft zehn Jahre lang unterwegs ist, um im zehn Stunden entfernten Sant' Anna schlampig zu ermitteln, Zeugen und Zeugnisse zu ignorieren und gewissermaßen mit leeren Händen heimzukommen. Der Einstellung des Verfahrens gegen eine Mörderbande, so die öffentliche Erwartung, hätte durch die Justiz selbst ein Riegel vorgeschoben werden können. Die eben beginnenden neuen Ermittlungen gegen Nazimörder durch die Ludwigsburger Zentralstelle zeigen den hartleibigen Staatsanwaltschaften und ihren Liebedienern in der Gesellschaft, was möglich ist auf dem Wege zu Gerechtigkeit.

Der erste Schritt war die Entschuldigung.

„Wir sind empört und schämen uns über den Umgang der Stuttgarter Justiz mit den Kriegsverbrechen von Sant' Anna di Stazzema", hieß es in einem unmittelbar nach dem Einstellungsbeschluss entworfenen Brief an die Überlebenden und die Einwohner des Dorfes. „Das Bürgerprojekt Die AnStifter und die Initiative 10. Mai wollen sich nicht auf Kritik an der Entscheidung der Stuttgarter Staatsanwaltschaft, das Kriegsverbrechen in Sant'Anna di Stazzema nicht weiter zu verfolgen, beschränken." Mit einer Fahrt in das italienische Dorf, einer Spende und etlichen hundert Unterschriften bekundete die kritische Öffentlichkeit ihre Solidarität. Es war klar, dass dieser spontane Besuch ganz zeitnah zum Einstellungsbeschluss erfolgen musste. Die 40-köpfige Gruppe reiste im Herbst 2012 auf eigene Initiative und Kosten und knüpfte die ersten Kontakte ins Dorf: Gespräche mit Enrico Pieri, ehemaligen Widerstandskämpfern, Opferverbänden, dem Bürgermeister, politischen Aktivistinnen und Aktivisten, Historikern, Künstlern, Journalisten auf italienischer Seite und Deutschen, die lange vor uns in Sant' Anna aktiv waren. Nach dieser ersten Fahrt nominierten die Reiseteilnehmer Enrico Pieri und Enio Mancini – stellvertretend für den ganzen Ort – für den Stuttgarter Friedenspreis 2013. Zu diesem Zeitpunkt war das nur einer unter rund 20 anderen und ebenso bedenkenswerten Vorschlägen für die mit 5000 Euro dotierte Auszeichnung, die jedes Jahr vergeben wird.
http://stazzemafahrt.wordpress.com/

Die „Stazzemagruppe"

erweiterte sich rasch. Interessierte und Aktive aus den Reihen der AnStifter, der Bürgerbewegung gegen das Bahnprojekt und anderen politischen Milieus trafen sich jetzt regelmäßig in der DenkMacherei und entwickelten Theorie für die Praxis. Dazu gehören weitere Fahrten nach Sant' Anna di Stazzema, eine andauernde Mahnwache – eine ärgerliche und öffentliche Präsenz des Themas vor der Haustür des Stuttgarter Justizministeriums – Vorträge und Diskussionen wie jene vom Juli 2013, die dem in Stuttgart geborenen Fritz Bauer gewidmet war: *„Es möchte unsere kriminalrechtliche und kriminal-politische Aufgabe sein, zunächst einmal die autoritären Schla-*

cken vergangener und jüngster Jahrzehnte zu beseitigen, um aus Demokraten des Wortes Demokraten der Tat zu werden", so der Hessische Generalstaatsanwalt am Vorabend des Auschwitzprozesses. Hier kam der Kölner Historiker Carlo Gentile zu einem ganz klaren und messerscharf begründeten Urteil: Das Massaker von Sant' Anna di Stazzema war geplanter, heimtückischer Mord – nix da mit Verjährung und juristischen Purzelbäumen!

Als die AnStifter mit überwältigender Mehrheit Pieri und Mancini für den Friedenspreis 2013 wählten, entschloss sich das Bürgerprojekt, nicht nur die beiden Preisträger nach Stuttgart zu bitten: "Sant' Anna – ein ganzes Dorf ist eingeladen!" – war das Motto der Friedensgala am 10. November. Es war für alle ein bewegender Moment, als die über 50 Gäste aus der Versilia – Überlebende, Angehörige von Opfern, Engagierte in der Sache Sant' Anna sowie politische und kommunale Repräsentanten – unter großem Beifall die Bühne betraten. Fast 900 Zuhörerinnen und Zuhörer hörten in einer Atmosphäre größter Konzentration, Intensität und Stille die Berichte der Überlebenden und Angehörigen über das, was sie erlebt hatten, und darüber, wie sie heute mit ihrem Erleben umgehen. Ministerpräsident Winfried Kretschmann hatte die Gäste vorher empfangen und angekündigt, 2014 Sant' Anna zu besuchen. Schon vorher, im März 2013, setzen Giorgio Napolitano und Joachim Gauck in Sant' Anna ein wichtiges Zeichen gegen die ungesühnten Verbrechen: Die AnStifter hatten gemeinsam mit Enrico Pieri die beiden Präsidenten eingeladen.

Gegen Gewalt und Vergessen kämpft man nicht mit den Parolen von gestern. Wenn sich die Gemeinde 2014 in Sant' Anna versammelt, werden die Verbrechen nicht gesühnt sein, die Mörder, sofern sie noch leben, frei herumlaufen. Die Medien, häufig resistent gegen die Resistanza, den Widerstand gestern und die Populisten heute, werden das Kapitel nach 70 Jahren gern abschließen wollen: Man reicht sich ein weiteres Mal die Hand, während in den Hinterzimmern Europas die neue Rechte jubelt.

Peter Grohmann („Alles Lüge außer ich", eine politische Biografie) ist Verleger, Autor und Akteur bürgerschaftlicher, kultureller und politischer Projekte, u.a. mit Ebbe Kögel Gründer der AnStifter und mit Gudrun und Werner und Schretzmeier des Theaterhauses. In zahlreichen presserechtlichen Verfahren geriet er sich mit der Justiz und den Herrschaften in die Haare – so mit Daimler-Benz, der Deutschen Bank und Bundeskanzler Kiesinger. Peter Grohmann lebt als Kabarettist auf freiem Fuße.

Faktotum der politischen Justiz zum Dritten:
OStA i. R. Bernhard Häußler und S 21

Der Vorschlaghammer

Von Jürgen Bartle

Stuttgart bleibt eine gespaltene Stadt – wegen S 21. Großen Anteil daran hat die Staatsanwaltschaft, die fast täglich einen groben Keil in diesen Spalt treibt. Den Vorschlaghammer führt ein Mann, dem schon lange das Attribut „umstritten" anhaftet: Oberstaatsanwalt Bernhard Häußler, der Chef der „politischen" Abteilung. Trotzdem lässt der Vorwurf, Partei zu sein, anstatt aufzuklären, die Ermittlungsbehörde völlig kalt.

Der Mann, sagen Kollegen durchaus respektvoll, sei ein „hervorragender Jurist", und was er zu Papier bringe, sei stets fundiert, ausführlich, dazuhin glänzend formuliert, und außerdem halte es meistens. Dass etwas „hält", vor Gericht zum Beispiel oder wenn gar der Minister es prüfen lässt, ist unter Juristen der Ausweis von Können. Dass er was kann als Jurist, streitet Bernhard Häußler niemand ab. Der 62-Jährige ist seit mehr als 30 Jahren bei der Staatsanwaltschaft Stuttgart, schon lange leitet er die Abteilung 1, die schon immer so was wie die Eliteeinheit innerhalb dieses Hauses war, das immerhin die fünftgrößte Anklagebehörde in Deutschland ist.

Bernhard Häußler auf Tatortrecherche: Mit zwei Augen immer nur die Hälfte sehen.
Foto: privat.

Respekt vor der Arbeitsleistung Häußlers ist das eine, aber es gibt auch Kollegen, die den Mann kritisch sehen.

Der Oberstaatsanwalt hat es längst zu zweifelhafter Bekanntheit gebracht. Häußlers Uralt-Konterfei – denn der Mann, der keine Interviews gibt, lässt sich auch nicht fotografieren – tragen Demonstranten auf Plakaten durch die Stadt und tragen es auf Buttons an der Brust, wenn sie „Häußler weg!" skandieren, so wie sie – nicht ohne Erfolg – einst „Mappus weg" gebrüllt haben. Doch nicht nur die Straße mobbt ihn. Anwälte ersuchen den Justizminister, Häußler und seiner Abteilung 1 die Verfahren rund um Stuttgart 21 und den Schwarzen Donnerstag wegzunehmen und sie einer anderen Staatsanwaltschaft zu übertragen; ein pensionierter Strafrichter schreibt dem Minister sogar, nur so sei „der Rechtsfrieden wieder herzustellen". Und in einer Internet-Petition haben im Juli 2012 fast 3000 Menschen mit ihrer Unterschrift „die sofortige Ablösung" Häußlers gefordert.

Staatsanwälte sprechen von einer „Hasskampagne"

„Eine Hasskampagne" nennen das auch jene Kollegen in der Staatsanwaltschaft, die Häußler persönlich nicht mögen. Hoch gegriffen, denn Hass ist aus den zitierten Kommentaren wohl kaum herauszulesen und es sind, anders als sonst, beileibe auch nicht die Medien, die sie fahren. Wenn, dann sind es Bürger, die sich in ihrem Rechtsempfinden getroffen fühlen, und es sind nicht zuletzt auch viele Juristen. Längst haben sich Vereinigungen gebildet („Juristen zu Stuttgart 21" oder „Arbeitskreis Jura"), die entweder Betroffenen fachliche Hilfe anbieten oder ihrerseits versuchen, den Schwarzen Donnerstag gesamthaft aufzuarbeiten. Am 30. September 2012, dem zweiten Jahrestag, wurde die Aktion „Roter Faden" gestartet, ein Aufruf an alle, gegen die Verfahren liefen oder noch laufen, sich zu melden, um Fakten zu sammeln. Um an exakte Zahlen zu kommen. 4500 Verfahren sollen es insgesamt sein im Zusammenhang mit Protesten gegen das Bauprojekt Stuttgart 21. Genaues weiß niemand, auch die Staatsanwaltschaft nicht. Deren Computersoftware wirft übrigens deswegen keine Statistiken aus, weil niemand auf die Idee kam, diese Verfahren bei der Erfassung so zu kennzeichnen, dass man sie hinterher wiederfindet. Als ob ein Schwarzer Donnerstag jede Woche passiert.

Während Strafbefehle, wenn sie akzeptiert werden, gewöhnlich nicht in die Öffentlichkeit gelangen, liefert das, was sich Woche für Woche vor dem Stuttgarter Amtsgericht abspielt, reichlich Nahrung für Verschwörungstheorien. Denn da werden dann Einsprüche gegen Strafbefehle verhandelt, und oft genug gegen solche, an denen sich die Geister ganz besonders scheiden.

Beispiele gefällig? Wir haben mal drei gesammelt. Alle verhandelt vor dem Amtsgericht Stuttgart, innerhalb einer Woche im Oktober 2012.

Fall eins. Ein Button auf der Brust: 20 Tagessätze à 25 Euro

Heinz M., 56, Mechaniker, demonstriert am 5. Oktober 2011 im Schlossgarten gegen den Weiterbau des „bis heute nicht genehmigten" Grundwassermanagements. Er ist bereits seit 5 Uhr morgens an der Baustelle, trifft Bekannte, führt aber auch Gespräche mit Polizisten, die den Bauzaun bewachen. Die Lage ist friedlich. Gegen 11 Uhr wird M. plötzlich festgenommen, zwei Beamte führen ihn ab zur Feststellung seiner Personalien. Sie erklären ihm, was er angestellt hat: M. trägt auf der Brust einen Button, der das Konterfei jenes Polizisten zeigt, der am Schwarzen Donnerstag 2010 in besonders rabiater Weise von seinem Schlagstock Gebrauch gemacht hat. Die Bilder der „Prügelglatze" gingen um die Welt. Der Button trägt die Aufschrift: „Gewaltliebende brutale Schlägercops – Verurteilen und ab in den Knast." Der Anstecker sei verboten, sagen die Beamten. Heinz M. nimmt ihn daraufhin sofort ab und übergibt ihn der Polizei. Er hatte den Button Tage zuvor bei einer Montagsdemo an einem Infostand gegen eine Spende erworben und ihn an diesem Tag zum ersten Mal getragen. Von einer Pressemitteilung der Staatsanwaltschaft Stuttgart, die Tage zuvor vor dem Tragen genau dieses Ansteckers gewarnt hatte, wusste M. nichts. Er liest die „Bild"-Zeitung nicht. Die hatte berichtet und ein Foto des Buttons gezeigt – ungestraft.

Heinz M., der vor Gericht angibt, „etwa tausend Euro netto" im Monat zu verdienen, erhält einen Strafbefehl wegen Beleidigung sowie eines Vergehens gegen das Kunsturhebergesetz in Höhe von 20 Tagessätzen à 25 Euro. Obwohl das ein halbes Monatsgehalt ist – und er sich einen Anwalt ohnehin nicht leisten kann –, legt er Einspruch gegen den Strafbefehl ein und verliest vor Gericht eine persönliche Erklärung, die sogar die Richterin als „sprachlich brillant" und als „prägnante Zusammenfassung" lobt. M.s Darstellung des Hergangs wird auch in der Beweisaufnahme nicht bestritten. Er argumentiert, die Aussage auf dem Button könne keinen einzelnen Beamten beleidigen, weil „Schlägercops" schließlich der Plural sei. Und da er den inkriminierten Anstecker „nachweislich nicht weitergegeben und somit auch nicht verbreitet" habe, könne er sich auch nicht gegen das Kunsturhebergesetz vergangen haben.

Staatsanwalt F. aus der Abteilung 1 sieht dagegen einen „erheblichen Eingriff in die Persönlichkeitsrechte des abgebildeten Polizisten" und wirft Heinz M. vor, er habe sich „bewusst entschieden", den Beamten zu beleidigen. Er plädiert nunmehr auf 20 Tagessätze à 30 Euro zuzüglich Verfahrenskosten. Die Belehrung des Angeklagten, „dass Unwissenheit vor Strafe nicht schützt", gibt's dagegen gratis obendrauf.

Das Urteil: 20 Tagessätze à 25 Euro zuzüglich Verfahrenskosten.

Fall zwei. Gewaltfrei einbetoniert: 70 Tagessätze à 40 Euro

Dominik B., 30, Parkschützer-Aktivist, will in der Nacht zum 15. Februar 2012 im Schlossgarten ein besonderes Zeichen setzen gegen die anberaumte Räumung des Parks und das bevorstehende Fällen der bis dahin noch verbliebenen Bäume: Zusammen mit einem Freund kettet er sich an einen Stahlstab an, der in einer einbetonierten Röhre liegt, und wartet ab, was passiert. Denn B. ist Pazifist, für ihn kommt nur gewaltfreier Protest infrage. Als die Räumung beginnt, halten B. und sein Kollege die Polizei drei Stunden lang von ihrer Arbeit ab. So lang braucht eine technische Einheit, bis sie die beiden „Einbetonierten" mit Presslufthammer und Trennschleifer befreit und den Park danach endgültig geräumt hat. Dominik B. und sein Kollege verhalten sich den Beamten gegenüber „kooperativ und friedlich". So sagen die es als Zeugen in der Verhandlung auch aus.

Dennoch erhält Dominik B. einen Strafbefehl über 90 Tagessätze à 40 Euro wegen Widerstands gegen Vollstreckungsbeamte, legt Einspruch ein und nimmt vor Gericht erstaunt zur Kenntnis, dass die Richterin seinen Protest als „durchaus kreativ" bezeichnet. Verhandelt aber wird die Frage, ob die Aktion auch gewaltfrei war. Gewalt oder mindestens die Androhung derselben sind Voraussetzung für den Tatvorwurf des Widerstands.

Nichts davon kann B.s Anwalt erkennen: „Noch nie in Deutschland, noch nicht einmal nach Castor-Transporten", sagt dieser, seien Ankettaktionen so bewertet worden. Nur in Stuttgart sehe die Staatsanwaltschaft das anders, hier habe man „plötzlich eine sehr umstrittene BGH-Entscheidung zum Widerstand gegen Vollstreckungsbeamte entdeckt und weiterentwickelt".

Bei der Staatsanwaltschaft gibt der Chef der Abteilung 1 persönlich den Sitzungsvertreter. Es geht ja um was. Sehr wohl habe Dominik B. Gewalt angewendet, argumentiert Bernhard Häußler, und zwar durch „eine physisch wirksame Zwangsmaßnahme in Bezug auf eine rechtmäßig durchgeführte Amtshandlung". Er plädiert auf 100 Tagessätze à 40 Euro zuzüglich Verfahrenskosten.

Das Urteil: 70 Tagessätze à 40 Euro zuzüglich Verfahrenskosten. Wobei die Amtsrichterin (siehe den Beitrag: „Eine völlig unbefangene Amtsrichterin") hinzufügt, dass man angesichts der umstrittenen Rechtsprechung „auch zu einem anderen Urteil hätte kommen können".

Der Verteidiger nennt Häußlers neue Definition des Gewaltbegriffs „uferlos" und kündigt noch im Gerichtssaal an, Rechtsmittel gegen das Urteil einzulegen. Er ist nicht der erste Anwalt, der den Vorwurf in den Mund nimmt, in Stuttgart werde versucht, „den Protest zu kriminalisieren".

Fall drei. Der erste Polizist vor Gericht: Gefängnis und 3000 Euro Geldstrafe

Sergej Z., 33, Polizeihauptmeister bei der Bereitschaftspolizei in Göppingen, ist am Vormittag des 30. September 2010, des Schwarzen Donnerstags also, einer der ersten Polizisten, die im Schlossgarten eintreffen. Verspätet, denn seine Einheit ist im morgendlichen Berufsverkehr stecken geblieben, so wie auch fast alle Kommandos, die aus anderen Bundesländern zur Verstärkung angefordert wurden. Z. ist Gruppenführer und soll mit seinen Kollegen eine Kette bilden und den Bereich des Parks absperren, in dem ab Mitternacht die ersten Bäume gefällt werden dürfen. Um 10 Uhr hätte der Einsatz beginnen sollen, um 10.26 Uhr gaben die Parkschützer Großalarm, um 10.40 Uhr, als Z. und seine Kollegen endlich eintreffen, sind bereits etwa tausend Demonstranten im Park, aber kaum Polizisten. Nichts klappt mehr von da an, der Einsatz läuft aus dem Ruder. Und um 10.49 Uhr bereits setzt Sergej Z. als erster Polizist an diesem Tag seinen Schlagstock ein. Um einen Mann „abzudrängen, der mich sonst umgerannt hätte", behauptet er vor Gericht.

Sergej Z. ist nämlich auch der erste Polizist, der im Zusammenhang mit dem Schwarzen Donnerstag vor Gericht steht. Mehr als zwei Jahre nach dem Vorfall. Und weil er einen Strafbefehl über 90 Tagessätze à 60 Euro wegen Körperverletzung im Amt nicht angenommen hat. Z. will freigesprochen werden. Doch gleich zu Sitzungsbeginn warnt ihn die Staatsanwältin ein letztes Mal: Wenn er seinen Einspruch nicht zurückziehe, könne es teurer werden.

Und das wird es, denn der Fall ist vergleichsweise eindeutig, es gibt Videos und Fotos. Und es gibt Zeugenaussagen. Zum einen den Betroffenen. Der ist Anwalt, kam in Anzug und mit Aktenkoffer gerade vom Gericht, als er den Lärm im Schlossgarten hörte und nachsehen wollte, was da los war. „Nichts im Park war zu diesem Zeitpunkt konfrontativ", sagt er als Zeuge aus, er selber sei es auch nicht gewesen. Dennoch traf ihn Sergej Z.s Schlagstock zweimal. Ein Foto, zwei Tage danach aufgenommen, zeigt Blutergüsse quer über die Brust des Betroffenen. Und ein Video zeigt zumindest, wie Sergej Z. zum Schlag ausholt. Zum anderen bestätigt auch Andreas D., Erster Kriminalhauptkommissar in der Abteilung Amtsdelikte der Stuttgarter Polizei, dass zum Zeitpunkt dieses Vorfalls im Schlossgarten noch keine aggressive Atmosphäre herrschte. D. hat in der polizeilichen Aufarbeitung des Schwarzen Donnerstags mehr als hundert Stunden Videomaterial ausgewertet, Fotos gesichtet, Anzeigen und Zeugenaussagen ausgewertet. Sein Minutenprotokoll des gesamten Tages weist die Freigabe „unmittelbaren

Zwangs“ durch die Einsatzleitung, also dass Schlagstöcke und Reizgas eingesetzt werden durften, erst für 11.53 Uhr aus. Sergej Z. hatte schon eine Stunde und vier Minuten früher zugeschlagen.

Da kann nicht einmal mehr die Abteilung 1 der Staatsanwaltschaft Stuttgart helfen. Immerhin sieht die Sitzungsvertreterin nur einen „minderschweren Fall“ von Körperverletzung im Amt, denn der Beamte habe sich „in einer Sondersituation“ befunden, weil „die Polizeikräfte in der Luft hingen und der Einsatz so chaotisch war“. Dennoch plädiert sie schließlich auf die doppelte Anzahl von Tagessätzen.

Und wird von der Amtsrichterin spektakulär überboten. Die sieht keineswegs einen minderschweren Fall gegeben, und der verkorkste Einsatz sei überhaupt kein Grund gewesen, so vorzugehen. Zum Zeitpunkt der Tat habe es noch keine Aufforderung durch die Polizei gegeben, den Park zu räumen, und dann „darf sich dort aufhalten, wer will, und laufen, wohin er will“.

Das Urteil: acht Monate Gefängnis auf Bewährung und 3000 Euro Geldstrafe.

Die einen reinhauen, die anderen rauspauken

Die einen reinzuhauen, die anderen rauszupauken, das ist der Vorwurf, dem sich die Staatsanwaltschaft Stuttgart vor allem dadurch aussetzt, dass sie nicht erklärt, was sie tut und warum. Warum zum Beispiel Verfahren gegen Demonstranten zügig abgearbeitet werden, solche gegen Polizisten aber auch zwei Jahre danach noch immer nicht zu einem Ergebnis gebracht worden sind. Dass eine Staatsanwaltschaft ihre Ermittlungen im Geheimen führen muss und, solange diese laufen, gar keine Auskünfte dazu geben darf, ist das eine. Allerdings gilt das nur für jedes einzelne Verfahren, nicht aber für einen Komplex von mehreren Tausend Verfahren. Das andere, sagen deshalb die Kritiker, sei das Verkennen der politischen Brisanz des Themas. Angesichts der Einmaligkeit des Vorgangs Schwarzer Donnerstag wäre von Anfang an Öffentlichkeitsarbeit im Sinne von Transparenz und ordentlicher Buchführung angesagt gewesen. Die hat es in zwei Jahren nie gegeben und gibt es bis heute nicht.

Und das ist nun wirklich nicht die Schuld des Oberstaatsanwalts Bernhard Häußler. Der ist als einzelner Staatsanwalt nicht auskunftspflichtig, wohl aber ist es seine Behörde. Und nebenbei bemerkt: Dass ausgerechnet die weitere Verbesserung der Auskunftspflicht von Behörden gegenüber den Bürgern sogar im Koalitionsvertrag der grün-roten Landesregierung als wichtiges politisches Ziel festgeschrieben wurde, ist übrigens (k)ein Witz. Allerdings ein schlechter.

Dieser Beitrag fußt auf einem Artikel, den der Autor am 31. 10. 2012 in der Kontext:Wochenzeitung veröffentlicht hat.

Beispiele politischer Justiz gegenüber „Ausländern"

Von Jörg Lang

Die Entwicklung des deutschen Ausländerrechts und ebenso die Rechtsprechung der deutschen Gerichte in den vergangenen Jahrzehnten in Bezug auf die Rechte von „Ausländern" beziehungsweise Migranten waren und sind besonders geprägt von politischen Einflüssen. Dies gilt nicht nur für den aufenthaltsrechtlichen Status, der den verschiedenen Migrationsgruppen in einem ausgeklügelt abgestuften System jeweils zugebilligt wird, sondern auch für ihre sozialen Rechtsansprüche. Je nach den politischen und europapolitischen, insbesondere aber den arbeitsmarktpolitischen Interessen Deutschlands und „seiner Wirtschaft" haben Abwehr- bis hin zu Abschreckungsinstrumentarien das Ausländerrecht der Bundesrepublik Deutschland und die Verwaltungspraxis der Ausländerbehörden wie auch die Rechtsprechung der Gerichte geprägt oder aber Ziele einer möglichst selektiven Immigrations- und Integrationspolitik – und prägen sie noch. Im

Auswuchs einer Hass-Kampagne oder berechtigter Bürger-Protest? Belege für Letzteres liefert auch dieser Artikel. *Foto: privat.*

Kern ist das deutsche Ausländerrecht bis heute immer noch „Ordnungsrecht" im Interesse der staatlichen und wirtschaftlichen Herrschaft geblieben. Die persönlichen und sozialen Interessen der betroffenen Migranten und ihrer Familien spielen dabei eine eher nachrangige Rolle.

Dieses Thema eingehender zu behandeln kann nicht Gegenstand der vorstehenden Publikation sein. Bemerkenswert ist dabei aber vor allem auch, dass und wie dabei deutsche Justizorgane ihrerseits derartige Interessen offensichtlich verinnerlichen und ihre Praxis und Rechtsprechung auch ohne die Änderung von Gesetzen entsprechend anpassen können. Dies gilt beispielsweise hinsichtlich der vielfältigen Auswirkungen des Assoziierungsabkommens der EWG mit der Türkei vom 1. 12. 1964 und seiner ergänzenden Richtlinien in den Folgejahren. Sie nach und nach und eher widerstrebend umzusetzen, waren die deutschen Gerichte erst wirklich ab Ende der 90er/Anfang der 2000er-Jahre bereit – unter dem Druck einer tatsächlich bereits in großem Ausmaß vollzogenen Migration und auch angesichts eines wachsenden politischen und wirtschaftlichen Potenzials der Türkei. Oft genug mussten ihnen dabei europäische Gerichtsorgane Nachhilfe erteilen.

Kein Kindergeld für Migranten außereuropäischer Herkunft – oder doch?

Ein weiteres frappierendes Einzelbeispiel soll hier erwähnt werden: Mitte der 90er-Jahre wandte sich eine libanesische Frau aus Tübingen, Mutter von vier Kindern, die mit ihrer Familie seit Langem in Deutschland lebte, schließlich mit einer Verfassungsbeschwerde an das Bundesverfassungsgericht, nachdem ihr zuvor der Bezug von Kindergeld sowohl von der Kindergeldkasse, dann dem Sozialgericht Reutlingen, dem Landessozialgericht Baden-Württemberg und schließlich dem Bundessozialgericht verweigert worden war. Sie argumentierte, dass darin ein Verstoß gegen das Gleichheitsgebot des Art. 3 GG liege, abgesehen von einem Verstoß auch gegen das Schutzgebot nach Art. 6 GG, weil sie dadurch effektiv wegen ihres Kinderreichtums nicht nur sozialrechtlich, sondern auch ausländerrechtlich benachteiligt wurde. Der Hintergrund war folgender: Die Frau und ihr Ehemann, die Anfang der 80er aus dem Libanon geflohen waren, besaßen inzwischen seit Jahren ein humanitäres förmliches Aufenthaltsrecht in Form einer Aufenthaltsbefugnis. Die beiden arbeiteten in Vollzeit beziehungsweise Teilzeit. Da sie jedoch kein Kindergeld erhielten, waren sie mit ihren vier Kindern auf den ergänzenden Bezug von Sozialhilfe angewiesen. Kindergeld hätten sie erst dann erhalten können, wenn sie in den Besitz einer unbefristeten Aufenthaltserlaubnis gelangt wären. Dieser aber wurde ihnen – obwohl sie unter anderem die zeitliche Voraussetzung hierfür mit acht Jahren Aufenthalt erfüllten – einzig deshalb versagt, weil sie auf ergänzende Sozialhilfe angewiesen waren – und dies eben nur deshalb, weil ihnen das Kindergeld versagt wurde. Nach dem Wortlaut des Gesetzes – und der langjährigen Rechtsauffassung der Sozial- und auch der Verwaltungsgerichte – mussten sie nämlich erst eine unbefristete Aufenthaltserlaubnis besitzen, bevor sie einen Anspruch auf Kindergeld hatten; andererseits aber wiederum erst Kindergeld erhalten und sozialhilfefrei sein, bevor sie eine unbefristete Aufenthaltserlaubnis erhalten konnten. Das Ergebnis dieses Teufelskreises war: Sie mussten wegen ihrer Kinderzahl dauerhaft auf ergänzende Sozialhilfe angewiesen bleiben und damit ebenso wie die Kinder auch auf ihren bloßen, jeweils befristeten Aufenthaltsbefugnissen sitzen bleiben.

Diese mit der Diskriminierung von Ausländern – die zwar seit vielen Jahren ein legales Aufenthaltsrecht besaßen, aber eben als ehemalige Flüchtlinge „nur" in Form eines Aufenthaltsrechts aus „humanitären" Gründen – verbundene Regelung traf im Übrigen naturgemäß hauptsächlich Migranten außereuropäischer Herkunft. Die Vorenthaltung von Kindergeld für diese Bevölkerungsgruppe sollte – ein solcher rassistischer Hintergedanke darf durchaus vermutet werden – wohl auch einen Anreiz zum Kinderreichtum beziehungsweise Nachwuchs außereuropäischer Provenienz vermeiden.

Durch einen einstimmigen Beschluss dreier seiner Richter – darunter der damalige Vizepräsident Papier – lehnte es jedoch der Erste Senat des Bundesverfassungsgerichts am 19. 5. 1999 (1 BvR 1260/97) ab, die Beschwerde der libanesischen Mutter überhaupt zur Entscheidung anzunehmen.

Ohne dass sich danach an den gesetzlichen Voraussetzungen irgendetwas maßgeblich geändert hätte, entschied das Bundesverfassungsgericht (und zwar wiederum der Erste Senat!) jedoch nur fünf Jahre später – nunmehr auf Vorlage eines Landessozialgerichts – mit Beschluss vom 6. Juli 2004 (1BvL 4/97 und andere), dass ebendiese Gesetzeslage beziehungsweise der generelle Ausschluss von Ausländern mit humanitärem Aufenthalt vom Bezug von Kindergeld verfassungswidrig sei, weil er gegen das Gleichheitsgebot verstoße. An diesem Beschluss wirkten zwei der Verfassungsrichter wieder mit – darunter der inzwischen zum Präsidenten des Bundesverfassungsgerichts aufgestiegene Richter Papier –, die den früheren Ablehnungsbeschluss verfasst hatten.

Was war geschehen? Noch während und bis Ende der Neunzigerjahre war die herrschende Ideologie der Bundesrepublik die, dass Deutschland kein Einwanderungsland sei und dass Ausländer – von Flüchtlingen einmal abgesehen – grundsätzlich nur „Gastarbeiter" seien, die im Grunde möglichst bald Deutschland wieder verlassen sollten. Während Ihres Aufenthalts sollten sie auch so wenig wie möglich soziale Ansprüche geltend machen. Offensichtlich hatte sich dann aber Anfang der 2000er-Jahre auch in den Köpfen der Richter die Einsicht durchgesetzt, dass Deutschland nicht nur tatsächlich ein Einwanderungsland ist, sondern auch allein schon aufgrund der demografischen Entwicklung sein müsse, wobei man nunmehr den Kinderreichtum auch von Ausländern „mit humanitärem Aufenthalt" gebrauchen konnte beziehungsweise honorieren musste, selbst wenn sie nicht aus Europa kommen.

Polizei und Staatsanwaltschaft Stuttgart jagen „Scheinlibanesen"

Im Jahre 2001 wurde bei der damaligen Landespolizeidirektion Stuttgart II – in Abstimmung mit dem Regierungspräsidium Stuttgart und den zuständigen Abteilungen der Staatsanwaltschaft Stuttgart – eine sogenannte Ermittlungsgruppe illegaler Aufenthalt gebildet. Es ging darum, dass angeblich im Raum Stuttgart rund 220 sogenannte Scheinlibanesen ausgemacht worden waren, die sich mit unwahren Angaben zu ihrer Herkunft und Identität Aufenthaltsrechte erschlichen hätten und illegal teilweise auch Sozialleistungen kassieren würden. Für die spezielle Ermittlungsgruppe wurden mehrere Beamte zusammengezogen. Sie wurde mit erheblichen sachlichen und finanziellen Mitteln ausgestattet und entfaltete neben einer beträchtlichen Öffentlichkeitsarbeit einen umfangreichen Ermittlungsaufwand unter anderem auch für Reisen und mit der Einholung rechtsmedizinischer Universitätsgutachten zur Feststellung von Verwandtschaften.

Die Ermittlungen richteten sich – teilweise aufgrund von Denunziationen – insbesondere gegen verschiedene Familien, die nach eigenen Angaben insbesondere während des Bürgerkriegs im Libanon Ende der 70er-, Anfang der 80er-Jahre von dort aus nach Deutschland geflohen waren. Es handelte sich vorwiegend um die Angehörigen einer Personengruppe, die im Libanon als Staatenlose gelebt und gearbeitet hatten. Die Ermittlungsbeamten fanden nun heraus, dass die betreffenden Personen und ihre Familien häufig auch Verwandte in der Türkei, insbesondere in der Provinz Mardin (Merdin), hatten. Mehr noch: Für Verschiedene wurde festgestellt, dass sie – wenn auch mit türkischen Namen, Geburtsorten und -daten in der Türkei – (auch) dort registriert waren. Hieraus schlossen die Ermittler nun ohne Weiteres, dass die anderslautenden arabischen Namen und Geburtsdaten einschließlich der Geburtsorte im Libanon falsch sein mussten und dass die betroffenen Menschen beziehungsweise Familien bis zu ihrer angeblichen Flucht aus dem Libanon gar nicht dort gelebt hatten. Eine Fülle von Ermittlungsverfahren wurde eingeleitet, in großem Umfang wurden den Betroffenen, die teilweise dadurch auch arbeitslos wurden, ihre zum Teil langjährigen Aufenthaltsrechte mit Sofortvollzug entzogen, einschließlich derer ihrer in Deutschland geborenen Kinder. Parallel wurden strafrechtliche Anklagen erhoben. In verschiedenen Pressemitteilungen – teilweise auch seitens der Presseabteilungen der beteiligten Gerichte einschließlich des Verwaltungsgerichts Stuttgart –, wurde stolz verkündet, man habe in großem Umfang aufenthaltsrechtliche Täuschungen und Sozialleistungsbetrug aufgedeckt.

Die weiteren Ermittlungen und vor allem auch das Vorbringen der beteiligten Rechtsanwälte ergaben dann allerdings, dass es sich bei der Mehrzahl dieser Personen um sogenannte Malhalmis handelte, also um Angehörige einer Bevölkerungsgruppe arabischen Ursprung und arabischer Muttersprache, die schon während des Osmanischen Reiches in dem besagten Gebiet in der heutigen Osttürkei gelebt hatte. Zahlreiche davon, parallel dazu auch Kurden, wanderten dann ins benachbarte Syrien oder in den Libanon aus beziehungsweise flohen im Zusammenhang mit der Verfolgung und versuchten Türkifizierung dieser Personengruppe nach Gründung der Türkei in den Zwanzigerjahren. Die Zurückgebliebenen mussten türkische Namen annehmen. Die Geflohenen lebten und arbeiteten dann tatsächlich jahrzehntelang meist in den Armenvierteln im Raum Beirut. Sie galten als quasi Staatenlose im Libanon, der ihnen bis in die 1990er-Jahre nur einen Status „sur l'etude" („wird untersucht") einräumte. Ebenso waren ihre Kinder und Kindeskinder dann tatsächlich im Libanon geboren und dort aufgewachsen. Die Familien hielten aber immer noch Kontakt zu den Verwandten in der Türkei, wobei häufig zusätzliche beziehungsweise vorsorgliche Eintragungen auch in den dortigen türkischen Registern erfolgten, jedoch unter den aufgezwungenen türkischen Namen und mit falschen Geburtsdaten, insbesondere mit naturgemäß falschem Geburtsort.

Die weiteren Ermittlungen ergaben auch, dass noch bis jedenfalls Mitte der 90er-Jahre in den entsprechenden Orten der Osttürkei Geburtsregistereintragungen sogar durch Dritte problemlos vorgenommen oder veranlasst werden konnten, auch ohne Vorlage von Geburtsunterlagen. Weiter stellte sich heraus, dass dabei häufig Geburtsdaten uniform und serienmäßig benutzt wurden, die – auch im Vergleich mit tatsächlich vorliegenden anderen objektiven Unterlagen einschließlich von datierten und lokalisierten Fotos –, unmöglich stimmen konnten. In einem Fall wurde beispielsweise festgestellt, dass ein schließlich aus dem Libanon wieder in die Türkei übersiedelter Mann nicht nur sämtliche seiner Kinder, einschließlich derer, die nachweislich in Deutschland geboren waren, nachträglich in die türkischen Geburtsregister mit falschen türkischen Geburtsdaten hatte eintragen lassen, sondern sogar seine in Ludwigsburg geborenen Enkel (als seine eigenen Kinder).

Bezeichnend bei alledem war auch, dass offenbar nicht nur der Ermittlungsgruppe illegaler Aufenthalt, sondern auch den weiter beteiligten Ausländerbehörden und den Strafverfolgungsbehörden, allen voran der Staatsanwaltschaft Stuttgart, mit ihrem deutschen Ordnungssinn zunächst offenbar jedes Verständnis für die komplizierten und verworrenen politischen und staatlichen Verhältnisse und die politischen und historischen Zusammenhänge fehlte und ebenso jedes Verständnis für die Tragödien von betroffenen Volksgruppen und die Flüchtlingsschicksale der betroffenen Menschen. Stattdessen konnten sie nur überall individuellen Betrug und Kriminalität wittern, wobei sie dies nicht hinderte, zugleich die von ihnen beigebrachten fragwürdigen türkischen Registerauszüge als Grundlage ihrer Verfolgungsmaßnahmen heranzuziehen.

Spätestens vor Gericht mussten die entsprechenden Ermittlungsverfahren dann eingestellt werden, soweit keine Freisprüche erfolgten. Allerdings zogen sich die entsprechenden Verfahren über Jahre hinweg mit schwerwiegenden, insbesondere ausländerrechtlichen Folgen für die Betroffenen, insbesondere auch für deren Kinder, denen jahrelang Aufenthaltsrechte, Ausbildungen und Arbeit verweigert wurde.

Ende Februar 2008 wurde die Ermittlungsgruppe illegaler Aufenthalt „sang- und klanglos aufgelöst", wie die „Stuttgarter Zeitung" in einem Artikel vom 18. 3. 2008 („Der große Betrugsskandal ist verpufft") feststellte. Sie wies auch auf die schweren Konsequenzen hin, die die jahrelangen Ermittlungen für die betroffenen Familien hatten, denen ihre Pässe und Aufenthaltserlaubnis entzogen worden waren.

Oberstaatsanwalt Häußler jagt einen Anwalt

Als einer der beteiligten Anwälte und Verteidiger der betroffenen Familien war es damals auch meine Aufgabe, der Ermittlungsgruppe illegaler Aufenthalt das Leben schwer zu machen. Im Fall einer von mir vertretenen Familie, der vorgeworfen worden war, dass die Eltern über ihrer Herkunft und Flucht aus dem Libanon getäuscht hätten und dass sie in Wahrheit dort nie gelebt hätten, konnte nachgewiesen werden, dass die von der Ermittlungsgruppe beigebrachten türkischen Personenstandsregisterauszüge zahlreiche inhaltliche Widersprüche und offensichtliche Unrichtigkeiten enthielten. Andererseits konnte durch Zeugen und Urkunden letztlich bewiesen werden, dass die betroffenen Familien tatsächlich aus dem Libanon stammten, die Eltern dort geboren waren und dort auch bis zu ihrer Flucht gelebt hatten, wobei sich dies auch anhand von datierten Fotos oder durch Auskünfte von den libanesischen Behörden und auch von noch im Libanon lebenden Verwandten belegen ließ.

Im Fall der Mandantin hatte ihr die Ermittlungsgruppe beispielsweise vorgeworfen, aus den türkischen Geburtsregistern ergäbe sich, dass sie dort im Jahre 1971 geboren sei, während sie angeblich unter Vorlage eines libanesischen Ausweises behauptet habe, sie seit 1966 im Libanon in „sur l'etude" geboren (die Ermittlungsgruppe hatte dabei offensichtlich den in dem von der Mandantin tatsächlich vorgelegten libanesischen Aufenthaltsausweis eingetragenen Rechtsstatus „sur l'etude" – „Status wird untersucht" – verwechselt mit der Angabe eines Geburtsorts). Vor allem aber konnte das türkische Geburtsregisterdatum schon deshalb unmöglich stimmen, weil die zum Zeitpunkt der Flucht nach Deutschland und der Asylantragstellung 1982 aufgenommen Bilder offensichtlich eine junge Frau von etwa 15 bis 16 Jahren zeigten, niemals aber ein Mädchen von lediglich circa zehn Jahren. Weiter konnte ich durch die Vorlage einer Fülle von Dokumenten, Unterlagen, Fotos und den Nachweis von entsprechenden Zeugen belegen, dass die Mandantin und ihr Ehemann bis zu ihrer Flucht im Libanon gelebt hatten und dort mutmaßlich auch geboren waren. Hierbei unterlief mir jedoch ein Fehler, der jedem Anwalt unterlaufen kann: Zu einer der zahlreichen vorgelegten libanesischen Urkunden, einem Ausweisersatzpapier, gab ich aufgrund der Übersetzung einer der Mandantin (die selbst Analphabetin war) dabei behilflichen arabischen Person an, dass sich aus dieser Urkunde der Geburtsort Beirut ergäbe. In Wahrheit stellte sich dann heraus, dass dort zwar „Beirut" eingetragen war, jedoch nicht als Geburtsort der Mandantin, sondern als Ausstellungsort des Ausweises. Bei einer zweiten vorgelegten Urkunde, einem libanesischen Geburtsregisterauszug, der von einem vereidigten amtlichen Übersetzer gefertigt worden war, war diesem im Übrigen genau dieselbe Verwechslung unterlaufen.

Der Leiter der Ermittlungsgruppe illegaler Aufenthalt – der ja beispielsweise für die Fehlübersetzung „sur l'etude" die Verantwortung trug – nutzte den Fehler des Anwalts, um – nach einer aus den Akten ersichtlichen telefonischen Vorabstimmung mit Oberstaatsanwalt Häusler vom 29. April 2005, dem Leiter des Dezernats Staatsschutz der Abteilung 1 der Staatsanwaltschaft Stuttgart, der auch für die Verfolgung von Berufsdelikten von Rechtanwälten zuständig ist – alsbald am 2. Mai 2005 eine entsprechende Strafanzeige zur Einleitung eines strafrechtlichen Ermittlungsverfahrens gegen mich zuzuleiten. Der Vorwurf: Ich hätte durch wissentlich falschen Vortrag bei Gericht mit manipulierten Sachbeweisen aufenthaltsrechtliche und strafrechtliche Vorteile für die Mandantin erwirken wollen und überdies insoweit zusätzlich auch betrogen, als ich hiermit Anträge auf Prozesskostenhilfe für die Verfahren beim Verwaltungsgericht begründet hätte.

Dieser Vorwurf war schon insoweit haltlos, als ich dem Gericht stets die Vorlage und Überprüfung der betreffenden Originaldokumente ausdrücklich angeboten und zugleich um die Einholung durch das Gericht von offiziellen Übersetzungen durch eine unabhängige Übersetzungsperson gebeten hatte – allerdings nicht durch die Ermittlungsgruppe illegaler Aufenthalt „im Hinblick auf die zutage getretene fehlende sachliche und rechtliche Objektivität und ergebnisorientierte Voreingenommenheit der bisherigen Ermittlungen".

Dies wiederum nahm mir die Ermittlungsgruppe offenbar übel. Statt die dem Gericht angebotene alsbaldige Vorlage der Originale und unabhängige Überprüfung anzufordern, ließ sich Oberstaatsanwalt Häusler die Steilvorlage der Ermittlungsgruppe zum Vorgehen gegen einen unliebsamen Anwalt nicht entgehen: Am 4. August 2005 beantragte die Staatsanwaltschaft beim Amtsgericht Stuttgart den Erlass einer Durchsuchungsanordnung mit der Begründung, der Anwalt habe „in Kenntnis des tatsächlichen Inhalts des libanesischen Aufenthaltspasses vorsätzlich falsche Angaben gemacht, um für seine Mandantin eine Aufenthaltsgenehmigung bzw. Duldung zu erwirken, bzw. um einen Freispruch in dem Verfahren vor dem Amtsgericht gegen sie zu erreichen".

Am Morgen des 3. September 2005 erschien dann Oberstaatsanwalt Häußler (der beispielsweise zur Begründung der Verzögerung des von ihm geführten Ermittlungsverfahrens gegen die Mörder von Sant'Anna di Stazzema auch immer auf die Überlastung seiner Abteilung hingewiesen hat) höchstpersönlich zur Durchsuchung in meiner Kanzlei, unterstützt von acht Polizeibeamten. Die Durchsuchung einschließlich der Kellerräume führte dazu, dass 36 Mandanten- und Verteidigerakten vorläufig beschlagnahmt und abtransportiert wurden! Alle mussten schließlich vollständig und ohne jedes strafrechtliche Ergebnis wieder zurückgegeben werden.

Es kann nur vermutet werden, dass diese Durchsuchung – abgesehen von der Ausforschung der Tätigkeit eines Anwalts – auch dem Zweck diente, womöglich auf „Zufallsfunde" zu der vermuteten türkischen Identität der Mandantin und ihrer Familie zu stoßen, eine freilich eitle Hoffnung.

Versuchter Strafbefehl über 5000 Euro gegen den missliebigen Anwalt

In den anschließenden Gerichtsverfahren stellte sich dann sowohl vor dem Strafgericht wie auch vor dem Verwaltungsgericht heraus (siehe oben), dass die Mandantin ebenso wie ihr Ehemann tatsächlich aus dem Libanon stammten und dort auch geboren waren und dass die gegenteiligen türkischen Registereintragungen falsch waren. Die Vorwürfe, die Mandantin und ihre Familie hätten als „Scheinlibanesen" über ihre Identität und Herkunft getäuscht, wurden fallen gelassen.

Nachdem dann auch die Ermittlungsgruppe illegaler Aufenthalt aufgelöst worden war, wurde schließlich das Ermittlungsverfahren gegen den vereidigten Dolmetscher, der ja tatsächlich eine falsche Übersetzung einer Urkunde geliefert hatte, mit Verfügung der Abteilung von OStA Häußler vom 17. September 2009 eingestellt mit der Begründung, der Dolmetscher habe glaubhaft dargetan, ihm sei fahrlässig ein Fehler unterlaufen. Nicht so das Ermittlungsverfahren gegenüber dem Anwalt: Nach jahrelanger Verzögerung (die Durchsuchung hatte ja schon im September 2005 stattgefunden!) wurde vielmehr – auf wiederholtes Drängen meines Verteidigers, endlich auch das Verfahren gegen den Anwalt einzustellen – stattdessen gegen mich von Häußlers Abteilung beim Amtsgericht Stuttgart ein Strafbefehl über 5000 Euro beantragt, der am 3. August 2010 auch pflichtschuldig erlassen wurde. Selbstverständlich legten wir hiergegen Einspruch ein. Darauf geschah wiederum lange Zeit nichts. Erst am 23. Mai 2012 (inzwischen war die Abteilung Häußlers ja auch wegen der Vorgänge um S 21 in Bedrängnis geraten) verfügte dann die nunmehr zuständige Amtsrichterin – mit Zustimmung der Staatsanwaltschaft – die Einstellung des Verfahrens unter voller Übernahme der Verfahrenskosten auf die Staatskasse einschließlich der Anwaltskosten.

Dies ändert nichts daran, dass ein unliebsamer Anwalt über mehr als fünfeinhalb Jahre hinweg mit einem sachlich haltlosen, aber strafrechtlichen erheblichen Vorwurf (parallel dazu war auch ein standesgerichtliches Verfahren anhängig) überzogen, mit einem erheblichen zusätzlichen Arbeitsaufwand belastet und nicht zuletzt auch mit dem möglichen Ausschluss als Verteidiger aus dem Verfahren gegen seine Mandantin gemäß § 138 a StPO bedroht worden war.

In memoriam Richard Schmid

Von Jörg Lang

Der aus Sulz am Neckar stammende Richard Schmid hatte von 1945 bis 1953 das Amt des Generalstaatsanwalts in Stuttgart für das nach der Niederlage des Faschismus zunächst gebildete Land Württemberg-Baden inne. Nach der Gründung des neuen „Südweststaats" Baden-Württemberg ging der damalige Ministerpräsident Reinhold Maier (Demokratische Volkpartei – DVP, später FDP), eine Koalition mit der SPD und dem BHE (Bund der Heimatvertriebenen und Entrechteten) ein. Er berief Schmid als Staatssekretär in das nominell von ihm mitgeführte Justizministerium, das dieser jedoch praktisch leiten sollte. Nach dem Sieg der CDU bei den Bundestagswahlen im September 1953 zerbrach jedoch die Regierung Maier. Schmid aber wurde zum Präsidenten des Oberlandesgerichts Stuttgart berufen, ein Amt, das er dann bis zu seiner Pensionierung 1964 innehatte. Ob dieser Amtsantritt 1953 (zeitgleich mit dem der Regierung des auf Maier folgenden konservativen CDU-Ministerpräsidenten Gebhard Müller) unter den späteren CDU-Ministerpräsidenten Filbinger und Kiesinger angesichts der Personalpolitik von deren Regierungen in den folgenden Jahrzehnten in Baden-Württemberg noch vorstellbar gewesen wäre, muss bezweifelt werden. Beide waren nicht zuletzt ehemalige Mitglieder der NSDAP und aktive Funktionsträger im „Dritten Reich".

Richard Schmid

Richard Schmid trug nach Faschismus und Krieg maßgeblich zum Aufbau einer rechtsstaatlichen Justiz in Württemberg und Baden, den „Kernländern" des deutschen Liberalismus, bei und darüber hinaus zum Aufbau eines rechtsstaatlich verfassten und demokratisch verpflichteten Staatswesens in ganz Deutschland. Er veröffentlichte zahlreiche Schriften und Aufsätze, die sich insbesondere mit der Bedeutung der Grundrechte, vor allem der Meinungs- und Pressefreiheit, und mit Fragen des Rechtsstaats beschäftigten, aber auch mit Fragen der Kunst und der Literatur, mit deren Vertretern er persönliche Freundschaften pflegte. Schmid beschäftigte sich immer wieder mit der antidemokratischen Entwicklung der Justiz schon in der Weimarer Republik und untersuchte die Rolle der Justiz im NS-Staat. Er kritisierte vor allem auch, dass in der jungen Bundesrepublik NS-Verbrecher weitgehend und insbesondere Angehörige der NS-Justiz fast gänzlich ungeschoren blieben, ja wieder Karriere machen konnten. Eines seiner zentralen Themen war auch die Unabhängigkeit der Justiz, wobei er Vorbilder unter anderem im Bereich des angelsächsischen Rechtswesens suchte.

Richard Schmid war 1899 als Sohn einer Müllerfamilie in Sulz am Neckar geboren worden. Er wurde zu Ende des Ersten Weltkriegs noch kurz als Soldat eingezogen. Danach studierte er ab 1918 Jura unter anderem in Tübingen. Zunächst wurde er Richter am Amtsgericht in Stuttgart, um dann ab 1925 in Stuttgart als Anwalt zu arbeiten. Er galt damals als „linksliberal". Nach der Machtergreifung der NSDAP versuchte er noch, als Anwalt unter anderem auch Mitglieder der KPD und der SAPD (Sozialistische Arbeiterpartei Deutschlands, die sich 1931 von der SPD abgespalten hatte) zu verteidigen. Er unterhielt Kontakte zu Organisationen des illegalen Widerstands, insbesondere zu der KPD-O (einer Oppositionsgruppe, die noch während der Weimarer Republik unter anderem wegen ihrer Kritik an der separatistischen RGO-Gewerkschaftspolitik der damaligen KPD-Führung und deren „Sozialfaschismus"-Vorwurf gegenüber der SPD aus der KPD ausgeschlossen worden war). Weiter hatte er Verbindungen zum Widerstand im Ausland einschließlich der Sowjetunion, bis er 1938 verhaftet wurde. 1940 wurde er vom Volksgerichtshof wegen Vorbereitung zum Hochverrat zu drei Jahren Zuchthaus verurteilt. Nach seiner Entlassung arbeitete er bis zum Kriegsende noch als Landarbeiter. Nach dem Sieg über den Faschismus schloss sich Schmid der SPD an, aus der er allerdings im Zusammenhang mit deren Haltung zu den Notstandsgesetzen und der Neuaufrüstung der Bundesrepublik 1968 wieder austrat.

Richard Schmids Weg, sein Denken und seine Arbeit einschließlich seiner konstruktiven Mitwirkung am Aufbau eines demokratischen und rechtsstaatlichen Deutschlands in der Zeit nach 1945 zeigen beispielhaft, dass es in Deutschland auch „andere" – wirklich unabhängige – Juristen gab und gibt, die ihre Gesinnung und ihr Handeln nicht an der Macht und den herrschenden Mächtigen in Staat und Gesellschaft orientieren. Schmid glaubte allerdings zugleich auch an die Möglichkeit einer Neuentwicklung Deutschlands, geprägt von sozialer Gerechtigkeit im Innern und frei von Dominanzstreben und Aggressivität nach außen.

„Richard Schmid hat darauf hingewiesen, dass der Richter nur dann eine Chance zur Unabhängigkeit hat, wenn er sich seiner Abhängigkeit bewusst ist. Hat der Richter nicht seine wahre Abhängigkeit vom Volk, in dessen Namen er entscheidet, vor Augen, so wird er nachlässig und schließlich blind gegenüber seiner Abhängigkeit von der Politik" (aus Wikipedia). In seinem Buch „Einwände, Kritik an Gesetzen und Gerichten", Stuttgart 1965, hat er selbst so formuliert:

„Kein Beruf sollte so sehr wie der Richter sich vom standesgemäßen Denken lösen; von den Gruppeninteressen, zwischen denen er häufig zu entscheiden hat, muss er innerlich unabhängig werden, und er darf die Fähigkeit nicht verlieren, sich in die Lage aller Menschen zu versetzen, mit denen er zu tun hat."

Im nachstehenden Beitrag, der aus dem Jahr 1977 stammt, hat sich Richard Schmid mit dem sogenannten Radikalenerlass befasst, der von den Regierungschefs der Bundesländer und dem damaligen Bundeskanzler Willy Brandt am 28. 1 .1972 verabschiedet wurde und der zwar nicht auf dem Papier, jedoch in der Praxis insbesondere gegen Angehörige und Sympathisanten von sozialistischen und kommunistischen Gruppierungen links von der SPD eingesetzt wurde. Hierzu wurden dann örtlich beispielsweise auch Organisationen wie die Deutsche Friedensgesellschaft/Vereinigte Kriegsdienstgegner (DFG-VK) oder die Vereinigung Demokratischer Juristinnen und Juristen (VDJ) gerechnet. Danach konnte schon aus der bloßen Mitgliedschaft und Sympathie für solche Gruppen beziehungsweise aus entsprechend zutage getretenen "Gesinnungen" – unabhängig von irgendwelchen Handlungen oder gar Straftaten – der Vorwurf der angeblich fehlenden Verfassungstreue abgeleitet werden.

Die Folge war, dass insbesondere Angehörige des öffentlichen Dienstes, vom Lehrer oder Juristen bis zum Lokomotivführer, sich einer entsprechenden politischen Überprüfung mit einer „Regelanfrage" beim Verfassungsschutz zu unterziehen hatten. Eine zwangsläufige Folge war zugleich der weitere Ausbau der Geheimdienste und von entsprechenden Überwachungsaktivitäten. In den folgenden Jahren wurden laut Wikipedia bundesweit insgesamt 1,4 Millionen Personen überprüft. Circa 1100 davon wurde schließlich der Eintritt in den oder das Verbleiben im öffentlichen Dienst verwehrt. Insgesamt wurden 11 000 entsprechende förmliche Verfahren eingeleitet.

Dieser Erlass und seine Praxis stießen europaweit auf Ablehnung und Kritik. Ende der 70er-Jahre nahm schließlich zunächst die Bundesregierung Abstand von der sogenannten Regelanfrage beim Verfassungsschutz; nach und nach wurde sie bis Mitte der Neunzigerjahre auch in allen Bundesländern wieder abgeschafft. Der Europäische Gerichtshof für Menschenrechte (EGMR) stellte im Übrigen am 26. September 1995 fest, dass jedenfalls die Entlassung einer Lehrerin aus dem Staatsdienst allein aufgrund ihrer Mitgliedschaft in der DKP einen Verstoß gegen die Art. 10 und Art. 11 der Europäischen Menschenrechtskonvention (Recht auf Meinungs- und Versammlungsfreiheit) darstellte, und verurteilte die Bundesrepublik zur Zahlung von Schadenersatz. Bis heute sind jedoch, auch nach Aufgabe der Regelanfragen beim Verfassungsschutz, entsprechende Befragungen der Betroffenen selbst in einzelnen Bundesländern, insbesondere in Bayern, immer noch üblich. Dabei wird auch nach wie vor immer wieder auf geheimdienstliche „Erkenntnisse" zurückgegriffen.

Diese Verfolgung von im Ergebnis vor allem Angehörigen linker Organisationen im Wesentlichen allein aufgrund von Gesinnungen in der Bundesrepublik steht in äußerlich krassem, inhaltlich jedoch nur in scheinbarem Gegensatz zu der Nachsicht, die Staat und Justiz des Nachkriegsdeutschlands der Bundesrepublik den Gewalttaten von NS-Verbrechern und NS-Juristen hat angedeihen lassen. In Wahrheit spiegelt sie eine bedrohliche Kontinuität wider.

Zum Radikalenerlass:

Anpassung und politisches Duckmäusertum dürfen nicht höchste Beamtentugend werden

Von Richard Schmid (1977)

Immer wenn die Praxis der Verwaltungsbehörden und -gerichte über Radikale im öffentlichen Dienst nach außen dringt, überkommt mich albdruckhaft die Erinnerung an das, was sich im Beamtenwesen in den Jahren 1933 bis 1945 zugetragen hat. Am Beispiel des Studienrats Fritz Güde – er ist ein Sohn des früheren Generalbundesanwalts Max Güde – will ich diesen Albdruck, der manchmal zur Ahndung wird, zu artikulieren versuchen: Der 1935 geborene Fritz Güde ist seit etwa zehn Jahren Beamter auf Lebenszeit. Durch Urteil der Disziplinarkammer beim Verwaltungsgericht Karlsruhe vom 8. 11. 1977 wurde er mit der Entfernung aus dem Dienst bestraft – der schwersten Dienststrafe nach dem Beamtengesetz.

Als Begründung dafür blieb aus einem ganzen Katalog von Vorwürfen die Mitgliedschaft und Tätigkeit beim Kommunistischen Bund Westdeutschland (KBW), den hiesigen Maoisten, in den Jahren 1973 bis 1975 übrig. Der Fall macht neben dem allgemeinen Verhängnis unserer Radikalenpraxis auch einen offenen Widerspruch in der Rechtsprechung des Bundesverfassungsgerichts deutlich, eine radikale Schwenkung zugunsten des Modebegriffs von der „streitbaren Demokratie". „Streitbar" ist das Bundesverfassungsgericht nun nicht mehr, wie in den ersten zehn Jahren seiner Tätigkeit, für die Grundrechte der einzelnen Menschen, auf denen die Demokratie beruht, sondern für die Interessen der Exekutive, bis hinunter zu denen der Nachrichtendienste. Das Gericht hat sich in weitem Umfang auf die Seite der Macht und ihrer Apparate geschlagen.

Der Widerspruch im Fall Güde liegt im Folgenden: Das Bundesverfassungsgericht hatte in einer berühmten Entscheidung vom 21. 3. 1961 die skandalöse Verfolgung und Bestrafung von KBD-Funktionären für ihre Tätigkeit vor dem KPD-Urteil vom August 1956 annulliert. Das grundgesetzliche Parteienprivileg, so das Gericht, schütze die Tätigkeit für eine Partei so lange vor Verfolgung, bis die Partei vom Bundesverfassungsgericht für verfassungswidrig erklärt worden ist. Die Tätigkeit *vorher* war danach also weder objektiv rechtswidrig noch subjektiv schuldhaft. Das ist eindeutig als Schutz der in einer nicht verbotenen Partei tätigen Menschen vor rechtlichen Sanktionen wegen dieser Tätigkeit gemeint. Wie ist es zu erklären, das wegen einer solch objektiv rechtmäßigen Handlung eine Dienststrafe, und gerade die allerschwerste, verhängt wurde?

In seiner Radikalenentscheidung vom 22. 5. 1975 – in der es, wohlgemerkt, um die *Übernahme* eines Bewerbers in das Beamtenverhältnis ging, und zwar in den Vorbereitungsdienst, also in ein widerrufliches –, gibt das Gericht diese Eindeutigkeit preis, indem es eine höchst künstliche Unterscheidung trifft zwischen "dem politischen Aktivbürger in der Gesellschaft" und dem Bürger „als Beamten", eine standesmäßige Unterscheidung gleichsam, die in anderen, älteren Demokratien undenkbar wäre. Außerdem widerspricht sie den Begriff des *Grundrechts,* das allen Bürgern zusteht.

Das Bundesverfassungsgericht hat sich in dieser Entscheidung in seinem streitbaren Eifer auch gleich zum Gesetzgeber, über den ihm vorliegenden Fall hinaus, aufgeworfen, indem es auch im Fall eines *bereits angestellten* Beamten die Disziplinarstrafe der Entfernung aus dem Dienst für zulässig erklärt, und zwar wegen Verletzung der „Treuepflicht".

Mithilfe dieses Begriffes werden die Rechte aus dem Parteienprivileg aus den Angeln gehoben und wird gerade das ermöglicht, was das Grundgesetz verbieten will: dass nämlich irgendwelche Verwaltungsbehörden und Gerichte nach ihrem Ermessen über die Verfassungswidrigkeit von Parteien entscheiden können. Das geschieht nun massenhaft.

Es ist klar, dass das *Dienst- und Treueverhältnis,* von dem Art. 33 des Grundgesetzes spricht, nicht die spezielle, neue und einschneidende Gestaltung des Parteienprivilegs außer Kraft setzen kann. Dieses Parteienprivileg ist als Recht auf freie Gründung und freie Betätigung von Parteien ja doppelt gesichert: sowohl durch das Monopol des Bundesverfassungsgerichts wie durch den notwendigen Verbotsantrag der Regierung.

Mit dem "Dienst- und Treueverhältnis" wollten die Verfassungsväter, wie die Beratungen des Parlamentarischen Rates ergeben, Beamtenstreiks vorbeugen. Es ist das Verhalten im und zum Amt gemeint; nicht Treuepflicht, sondern Pflichttreue. Auch soweit die Beamtengesetze darüber hinausgehen, können sie nicht die Voraussetzungen ändern, an die das Grundgesetz das Verdikt der Verfassungswidrigkeit geknüpft hat; im Gegenteil, sie werden dadurch erst wichtig und notwendig, weil davon lebensentscheidende Sanktionen gegen einzelne Bürger abhängig sind. Der Fall Güde zeigt das deutlich.

Das Parteienprivileg des Art. 21 hatte seine guten historischen Motive: vor allem die skandalöse Einseitigkeit der politischen Verfolgung in der Weimarer Zeit durch die Justiz. Als die Nationalsozialisten sich des Staatsapparats bemächtigt und schon im Jahre 1933 mithilfe der SS die ersten massenhaften Terrorakte gegen Freiheit und Leben begangen hatten, musste man mit wachsender Bestürzung feststellen, wie die Beamtenschaft zuhauf in die NSDAP strömte und wie sich vor dem schlauerweise verordneten Torschluss vom 1. 5. 1933 für den Parteieintritt riesige Schlangen bildeten.

Nicht aus Gesinnung oder Überzeugung, beileibe nicht; es gab recht wenig Nationalsozialisten in der Beamtenschaft. Nein, aus Anpassung, aus

Angst um die Karriere oder aus Angst schlechthin, allenfalls aus Heimweh nach den vergangenen Tagen des Obrigkeitsstaats. Nationalsozialistische Gesinnung wurde nur gemimt, im vertrauten Kreise verspottet.

Am 1. 7. 1937, dem nächsten Eintrittsschlusstermin, wiederholte sich der Vorgang ebenso massenhaft. Als im Jahre 1945 die Hitler-Himmler-Bande abgetreten war, wurde mir dieser Sachverhalt noch einmal in riesigen Stößen von Fragebogen gegenwärtig. Der deutsche Beamte hatte Gesinnung durch Gehorsam ersetzt. Das war schon der Albdruck Theodor Mommsens, der den Drang der Deutschen beklagt, "im Glied zu dienen".

Diese Anpassung und dieser Gehorsam waren die Voraussetzungen für die Ausübung des Massenterrors. Man lese dazu das große Werk von H. G. Adler: „Der verwaltete Mensch". Die Beamten der Staats- und Kommunalverwaltungen haben bei den Judendeportationen, bei der Ausraubung und Tötung fast reibungslos kooperiert, einschließlich der Finanzbehörden, die mit der Einziehung und Verwertung des Vermögens der Juden samt ihren Goldzähnen und Schmuckstücken befasst waren. Die beamteten Professoren des öffentlichen Rechts haben die theoretische Begründung für die Praxis des Himmler-Staats geliefert.

Was geschähe, wenn wieder das Kommando „rechtsum" käme? Das ist historisch die reale Gefahr, während wir uns mit der Radikalenpraxis gegen ein fiktives Risiko wenden. Je freier und mannigfaltiger die politische Meinungsäußerung und Gruppenbildung ist, je ungehemmter sich politische Gesinnungen betätigen können, umso geringer ist die Gefahr. Die Engländer wissen das längst. Die Grenze ist das Strafgesetz.

Dass sich radikale, extremistische Tendenzen zeigen, vor allem bei Menschen in der ersten Lebenshälfte, ist ein natürlicher Vorgang. Häufig hat solche Radikalität religiöse Wurzeln; manche halten den Staat überhaupt für Teufelswerk und berufen sich auf die christliche Botschaft. Es wäre verhängnisvoll, wenn solche Gesinnungen, soweit sie nicht so strafbaren Handlungen führen, wieder zum Gegenstand von rechtlichen Sanktionen, zur bürgerlichen Ächtung, zur Feinderklärung im Sinne des Professors Carl Schmitt würden. Aus Radikalen sind schon oft wertvolle Mitbürger und angesehene Politiker geworden. Ein unverfängliches Beispiel ist Frankreich: Georges Clemenceau und Aristide Briand haben als scharfe Radikale begonnen.

Extremisten integrieren

Ein freies und vernünftiges Staatswesen wird solche Extremisten integrieren, indem es sie zum "langen Marsch durch die Institutionen" einlädt. Ist das nicht ein Stück demokratischer Prozess? Es ist merkwürdig, dass ebender junge Mann – Rudi Dutschke –, von dem diese Formel stammt, nicht Täter, sondern Opfer des Terrorismus geworden ist.

Ganz falsch ist es, Bekenntnisse abzuverlangen, die Polizei nach Gesinnungen forschen zu lassen, Parteiprogramme oder sozialistische Klassiker auf Gewaltthesen abzusuchen, da doch diese Programme und Schriften historisch nur der Reflex sozialer Zustände des 19. Jahrhunderts sind, der aus Tradition oder Trägheit weiter gepflegt wird.

Die kommunistischen Sektierergruppen mit der heutigen Welle des Individualterrors zu belasten ist unrichtig; am allerwenigsten dürfte es bei den Maoisten zutreffen. Die Diskussion über die wirklichen Ursachen des Terrorismus, die endlich in Gang gekommen ist, hat bis jetzt andere, vor allem individuelle, psychologische oder gar psychopathische Kausalitäten zutage gefördert.

Aus: Richard Schmid: „Letzter Unwille“, edition cordeliers, Stuttgart 1984

Ein notwendiges Nachwort

Dieses Buch ist ein Beitrag zur kritischen Analyse – mit dem Blick zurück und nach vorn. Mehr als ein Dutzend Autorinnen und Autoren haben auf Honorierung verzichtet. Herzlichen Dank dafür, besonders an den Herausgeber Jörg Lang. Danke auch an die Ungenannten, die mit Hinweisen und Materialien das Buch unterstützt haben. Die Wochenzeitung kontext und das Bürgerprojekt der AnStifter wollen der Entfremdung zwischen Citoyen und politischer Herrschaft ihre eigenen Projekte entgegenstellen: Eine unabhängige Presse und ein öffentliches Podium für den Diskurs. Wer die herrschenden Zustände nicht länger hinnehmen will, muss raus aus der Reserve des Privaten. Für diese Form der Öffentlichkeit brauchen wir jede Form Ihrer Unterstützung!

Josef-Otto Freudenreich, kontext-Wochenzeitung
Peter Grohmann, Die AnStifter

KONTEXT:Verein für ganzheitlichen Journalismus e. V.,
VR 720879, AG Stuttgart
Hauptstätter Str. 57, 70178 Stuttgart
Fon +49 (711) 460 589 10 | Fax +49 (711) 66486547

KONTEXT:
WOCHENZEITUNG

Die AnStifter e.V.
Peter Grohmann, Vorsitzender / Fritz Mielert, Geschäftsführer
Büro: +49 (0)711 - 248 69 620, kontakt@die-anstifter.de
DenkMacherei (Mo-Fr 10-16 h): Werastr. 10, 70182 Stuttgart
Bank: GLS-Bank, BLZ 430 609 67, KNr 7000 582 701
IBAN: DE31 4306 0967 7000 5827 01, BIC: GENODEM1GLS

AnStifterIn werden? Formlos mailen – Infos folgen!
AnStiften. Der Zivilgesellschaft den Rücken stärken!
www.die-anstifter.de

Inhaltsverzeichnis

Diskurs

Abweichungen halten den Diskurs lebendig

Die **An**Stifter in der
DenkMacherei
Werastraße 10
70182 Stuttgart
www.die-anstifter.de
kontakt@die-anstifter.de

Bankenrettung?
Nein danke!
Wir sind gemeinnützig:
Bank: GLS-Bank
BLZ 430 609 67
KNr 7000 582 701
IBAN: DE31 4306 0967 7000 5827 01
BIC: GENODEM1GLS

Brücken bauen
Streit schlichten
Frieden stiften

Die AnStifter
Einmischen:
Zivilcourage und
Eigensinn